浙江省哲学社会科学规划课题（科普读物）
——22KPDW03YB——

悦读丛书

浙江民航简史

ZHEJIANG MINHANG JIANSHI

钱秋英 主编

浙江工商大学 出版社
ZHEJIANG GONGSHANG UNIVERSITY PRESS
·杭州·

图书在版编目（CIP）数据

浙江民航简史 / 钱秋英主编. — 杭州：浙江工商大学出版社，2023.12
ISBN 978-7-5178-5815-7

Ⅰ.①浙… Ⅱ.①钱… Ⅲ.①民用航空－交通运输史－浙江 Ⅳ.① F562.9

中国国家版本馆 CIP 数据核字 (2023) 第 226459 号

浙江民航简史
ZHEJIANG MINHANG JIANSHI
钱秋英 主编

策划编辑	王黎明
责任编辑	张 玲
责任校对	沈黎鹏
封面设计	胡 晨
责任印制	包建辉
出版发行	浙江工商大学出版社
	（杭州市教工路 198 号　邮政编码 310012）
	（E-mail：zjgsupress@163.com）
	（网址：http://www.zjgsupress.com）
	电话：0571-88904980，88831806（传真）
排　　版	杭州彩地电脑图文有限公司
印　　刷	杭州宏雅印刷有限公司
开　　本	710 mm×1000 mm　1/16
印　　张	21.5
字　　数	363 千
版 印 次	2023 年 12 月第 1 版　2023 年 12 月第 1 次印刷
书　　号	ISBN 978-7-5178-5815-7
定　　价	88.00 元

各方代表在浙江航空引进的冲-8型飞机前合影（中国国际航空股份有限公司
浙江分公司提供）

浙江航空"中"字杭徽机队（中国国际航空股份有限公司浙江分公司提供）

机务人员清洗图-154 M 型飞机（中国国际航空股份有限公司浙江分公司提供）

杭州萧山机场首航典礼（浙江省机场集团有限公司提供）

杭州萧山机场通航（杭州萧山国际机场有限公司提供）

杭州萧山机场首航机组成员合影（中国国际航空股份有限公司浙江分公司提供）

英国著名物理学家霍金与中国国际航空机组成员合影（中国国际航空股份有限
公司浙江分公司提供）

杭州萧山国际机场合资公司成立仪式（杭州萧山国际机场有限公司提供）

由厦门航空执飞的杭州一台北常态化包机正式启动（厦门航空有限公司杭州分公司提供）

温州永强机场移交仪式（温州机场集团有限公司提供）

宁波栎社国际机场外景（宁波机场集团有限公司提供）

宁波栎社国际机场停机坪（宁波机场集团有限公司提供）

停机坪上的中国国际航空机群（中国国际航空股份有限公司浙江分公司提供）

杭州萧山国际机场 T1 航站楼外景（杭州萧山国际机场有限公司提供）

杭州萧山国际机场停机坪及航站楼卫星厅（杭州萧山国际机场有限公司提供）

建德千岛湖通用机场（浙江东华通用航空有限公司提供）

国航股份浙江区域峰会保障誓师大会（中国国际航空股份有限公司浙江分公司提供）

浙江省机场集团有限公司成立揭牌仪式会场（浙江省机场集团有限公司提供）

中国南方航空股份有限公司杭州营业部协同杭州萧山国际机场提前"备战"
暴雪寒潮（中国南方航空股份有限公司杭州营业部提供）

浙江省人民政府与中国航空集团有限公司签署战略合作协议（中国国际航空股份
有限公司浙江分公司提供）

台州路桥机场全景（浙江省台州机场管理有限公司提供）

中国东方航空执飞援鄂医疗队返程航班(中国东方航空股份有限公司浙江分公司提供)

GJ8817 和 GJ8757 航班双双起飞标志着杭州萧山国际机场迈入双跑道独立运行时代（杭州萧山国际机场有限公司提供）

"沪舟风景快线"水上飞机首航仪式（舟山普陀山机场有限公司提供）

衢州—武汉首航仪式（浙江省衢州机场管理有限公司提供）

衢州机场外景（浙江省衢州机场管理有限公司提供）

中国东方航空股份有限公司浙江分公司顺利实现安全飞行 30 周年（中国东方
航空股份有限公司浙江分公司提供）

中国东方航空股份有限公司浙江分公司 2022 年度航空安保应急演练（中国东方
航空股份有限公司浙江分公司提供）

舟山普陀山国际机场航站楼（舟山普陀山机场有限公司提供）

本书主编钱秋英（右）与钱永刚教授（左）合影留念

序

20 世纪以来，世界的经济、社会和文化都发生了巨大变革，尤其是航空航天科技发展日新月异，不仅改变了人们对世界的认识，还推动了人们从幻想太空到探索宇宙的发展进程，进而给航空航天历史的编纂和研究工作提供了千载难逢的机会！中国航空航天产业集现代工业技术之大成，在"一张白纸"上开基立业，砥砺奋进，如今已成为彰显国家硬实力的大国重器。

民航业作为航空航天产业的重要组成部分，已经不再局限于原来交通运输业的范畴。它不仅是国民经济发展的基石，也是国民经济发展的先导，更是现代化建设的坚实基础，在政治、经济、文化、国防等方面都有着不可忽视的重要地位。浙江是我国首批航空航天产业全面发展的省份之一。《浙江民航简史》的编写者，从历史学的视角重新理解档案与历史的关系，为发展浙江省大航空航天经济和完善战备掀开了新的篇章。

《浙江民航简史》整理、挖掘、展示了浙江民航由小到大、由弱变强的历史过程，是档案为浙江经济服务的重要成果，是档案学理论与实践相结合的典范，也是反映浙江民航深厚历史的严谨之作。

非常有意思的是，编写者在撰写此书的过程中居然发现了我父亲钱学森为我国航空航天事业耕耘实践（在中央杭州飞机制造厂）的旧照。望着照片上他年轻、幸福的脸庞，我不由自主地提笔写下这篇"序"，以纪念那些为我国航空航天事业献身的先辈！

钱永刚

2023 年 4 月 24 日

前　言

　　浙江民用航空运输肇始于 1929 年，至今已有 90 多年的发展历史。浙江民航事业从零开始，快速发展，运输规模不断扩大，服务能力逐步增强，行业地位持续提升。至 2020 年，浙江已一跃成为全国第二个拥有 3 个千万级机场的省份，年旅客吞吐量突破 7000 万人次。客观记述浙江民航的发展历史，总结经验，启迪后人，既是行业管理人员的分内之事，也是一个交通人的责任所在。

　　《浙江民航简史》按照专业史志的编写要求，全景式地记录了浙江民航事业从无到有、从弱到强的发展历程，如实地记录了浙江民航事业的发展变化及经验教训。本书主要有三方面特点：一是内容丰富、客观，以民航改革和发展为主线，遵循求实存真、确保质量的原则，真实地记述浙江民航事业的发展路径和阶段成果；二是专业特色突出，围绕体制演变、机场建设、航空运输、空中管制、航空安全、航空教育等主业谋篇布局，并在附录中编写浙江民航大事记，再现浙江民航事业的历史轨迹；三是编写方式规范，聚焦重大事件，用精练的语言清晰地交代事物源流、发展始末。

　　历史是一个民族安身立命的基础，中华民族向来重视历史，并善于从历史中总结经验、汲取智慧。在"两个一百年"奋斗目标的历史交汇期，在全党、全国开展党史及行业发展史的学习教育，从历史中获得启迪，对于增强"四个意识"、坚定"四个自信"、做到"两个维护"具有重要的政治意义。

　　《浙江民航简史》的出版，是浙江民航发展史研究的重要成果，是宣传交通人的奋斗精神和核心价值观、展现浙江民航发展成就的重要参考资料。浙江民航事业的历史积淀、非凡成就及宝贵经验，必将为奋进新征程、建功新时代凝聚更磅礴的力量。

钱秋英

2023 年 5 月 27 日

目 录

CONTENTS

绪 论

一

1929年11月，中国航空公司开始办理杭州、汉口邮件运递业务。1931年12月，国民政府在杭州笕桥设军用机场，由此翻开了浙江航空发展的历史篇章。1933年10月25日，美国太平洋航空公司以中国航空公司名义经营的上海—广州航线开航，经停温州，执飞的是西可斯基（Sikorsky）水陆机。1931年12月，国民政府将军政部航空学校从南京迁到杭州，以笕桥旧营址为校址，以校场为机场。当时使用机型和机场规模都很小，后关闭停航。由日本人扶植的中华航空公司于1941年8月1日公布的航线中有上海—杭州的航线。1945—1949年间，浙江没有定期航班飞行。

中华人民共和国成立后，杭州笕桥机场成为解放军空军机场。1956年，中国民用航空局在杭州笕桥机场筹建中国民用航空杭州站，并于1957年1月1日开通上海—杭州—南昌—广州航线。当年，旅客量为971人次，货邮发运量21.4吨。1957年至20世纪70年代初，杭州笕桥机场经过3次改建、扩建，1973年8月杭州笕桥机场被国务院、中央军委确定为国际航班备降机场。

1984年和1987年，宁波庄桥机场和黄岩路桥机场先后实行军民合用，开辟宁波至上海、黄岩至上海、黄岩至杭州航线。1990年，宁波栎社机场和温州永强机场相继竣工启用。1990年5月1日，浙江省政府和中国民航局共同投资3300万元，对杭州笕桥机场进行改扩建并于7月26日竣工。整修后的杭州笕桥机场可起降波音747-400型等大型客货机。1991年，杭州笕桥机场旅客吞吐量突破100万人次；2000年，杭州笕桥机场的国际、国内和地区航线有46条，全年旅客吞吐量为249万人次、货邮吞吐量为7.5万吨。

2000年12月30日，杭州萧山机场建成通航，次年12月13日更名为杭州萧山国际机场。杭州萧山国际机场成为全国重要的干线机场、国际定期航班机场和对外开放的一类航空口岸，也是固定的国际备降机场。其间，台州机场、义乌机场、衢州机场分别于 1987 年 12 月 2 日、1991 年 4 月 1 日、1993 年 11 月 26 日成为军民合用机场，开始营运民航运输业务，1997 年 8 月 8 日，由地方政府出资兴建的舟山机场通航，全省民航业务迅速发展。2010 年以来，浙江省以民航试点改革为引领发展大航空建设，位居全国前列。2011 年，浙江省政府与中国民航局签署《共同推进浙江民航机场事业发展会谈纪要》，成为全国通用航空综合试点省和低空空域管理改革试点区。构建以杭州萧山国际机场为龙头，宁波、温州机场为骨干，台州、义乌、舟山、衢州机场为支撑的民用机场体系，建成杭州萧山国际机场二期、温州机场飞行区扩建等重点项目，全省新增航站楼面积 18 万平方米，新增旅客吞吐能力 2000 万人次；并在全国率先发布省级通用机场发展规划，建成投用平湖九龙山通用机场、嵊泗水上机场等项目。

2018 年 10 月 19 日，杭州萧山国际机场三期扩建项目破土动工。机场三期北侧引入三条地铁线，其中 1 号线、7 号线已于 2020 年底开通运营；南侧的地下高铁站在未来规划中将引入杭黄、杭绍台、沪乍杭等铁路线，届时将形成集航空、轨交、地面交通于一体的综合交通枢纽。

浙江省民航机场体系由 1 座国际枢纽机场、2 座区域枢纽机场、2 座国际支线机场和 2 座国内支线机场组成，已形成"一门户二枢纽四支线"的机场分布格局。杭州萧山国际机场定位为浙江省第一空中门户、国际航空枢纽，其飞行区等级均为 4F 级；宁波栎社国际机场定位为区域航空枢纽、国际货运枢纽，其飞行区等级为 4E 级；温州龙湾国际机场定位为区域航空枢纽、对台桥头堡，其飞行区等级为 4E 级；义乌机场（中国第一座县级国际机场）和舟山普陀山机场（波音 737 完工和交付中心）为航空口岸机场，飞行区等级均为 4D 级；其他机场飞行区等级均为 4C 级。截至 2020 年，丽水民用机场在建，嘉兴军民合用机场已奠基，湖州军民合用机场、衢州民用机场（衢州机场迁建）、金华义乌国际机场（义乌机场迁建）正处于前期筹建阶段。

二

浙江省的民用航空公司从无到有，经历了不断发展壮大的历程，至 2010 年，拥有 3 家民用航空分（子）公司、1 家通用航空公司。

　　1987 年 10 月 4 日，浙江省人民政府和中国民航局联合组建地方性民航企业——浙江航空公司。浙江航空公司向民航山东省管理局租用 1 架肖特-360 飞机及引进 3 架加拿大冲-8-300 型飞机，开展民航运输业务。1990—1996 年，公司与地方政府脱钩，划归民航，由中国东方航空公司主管，民航浙江省管理局代管，向俄罗斯贝加尔航空公司租了 2 架图-154 飞机。1996 年 3 月，中国民航总局通过公开竞标的方式，将公司划归中国航空股份有限公司，并更名为中航浙江航空公司，成为中航在内地的唯一一家航空子公司，并于次年引进公司第一架空客 320 飞机。2000 年 12 月底，公司迁入杭州萧山机场新基地。2002 年 10 月 11 日，公司成为中航集团主业公司——中国国际航空公司旗下的浙江分公司。2004 年，公司正式更名为中国国际航空股份有限公司浙江分公司。

　　东航宁波分公司是中国东方航空股份有限公司下属的分公司之一，前身是中国民航飞行学院于 1992 年 6 月在重庆成立的长城航空公司；1997 年迁入宁波，作为宁波的基地航空公司；2001 年 6 月长城航空公司改制为东航宁波分公司。

　　厦门航空有限公司杭州分公司于 2006 年落户杭州，当时已在杭州先后开辟了 23 条国际、国内、地区航线。

　　除此之外，另有 9 家航空公司在浙江设有临时过夜基地，有日航、全日空、大韩、韩亚、马航、新航等 10 家外国航空公司在浙江运营。2015 年，全省机场开通国际国内航线 392 条，民航运输旅客吞吐量 4520 万人次、货邮吞吐量 59 万吨、航班起降 39 万架次，综合排名居全国第五位。杭州萧山国际机场成为全国第五大航空口岸。

　　按照浙江省委、省政府"整合全省机场资源、搭建航空大平台"的战略部署，2017 年 11 月 17 日，浙江省机场集团有限公司正式揭牌成立，全省 7 家运输机场"七星汇聚"，浙江民航开启了全省机场一体化、高质量发展的新征程。浙江省机场集团有限公司对全省机场进行资源整合，通过资产纽带方式，宁波、温州、舟山机场 100% 股权划入集团，注册资本金从 36 亿元增加到 100 亿元。同时，受托管理衢州、台州、义乌三个军民合用机场及正在建设的嘉兴、丽水机场。2018 年，宁波、温州机场旅客吞吐量双双突破千万人次大关。2019 年，杭州机场旅客吞吐量突破 4000 万大关。2019 年，全省机场定期通航点合计 467 个，其中国内通航点 365 个，国际及地区通航点 102 个。国际航线覆盖全球五大洲，国内航线实现全国省会城市（西藏除外）与直辖市的直接联通。

2020 年在新冠疫情巨大冲击的背景下，民航机场完成旅客吞吐量 4996 万人次（升至全国第四），货邮吞吐量 102 万吨。

浙江省机场集团有限公司设立 12 个职能部门，基本搭建集团化管控一体化架构，推动航空关联、临空经济、通航、航空投融资四大业务板块稳健起步。

浙江通用航空（1986 年前称专业航空）始于 20 世纪 30 年代初的航空摄影与测量。20 世纪 50 年代至 80 年代，浙江民航配合省地质、测绘和农林等部门，开展航空探矿、航空地形测绘和农林播种、施肥、治虫及灭蚊蝇、人工催雨等作业飞行 1.43 万小时，飞播造林成林率居全国之首。1978 年改革开放以来，浙江民营经济活跃、市场发达，浙江通用航空事业同样取得快速发展。1997 年成立浙江东华通用航空有限公司，2004 年浙江东华通用航空有限公司通过 CCAR-91 部运行合格审定，成为全国首家取得商业（非运输）航空营运人运行合格证的通用航空公司。2005 年，全省通用航空起降达 2652 架次，累计飞行 4823 小时。2010 年，浙江东华通用航空有限公司全年飞行时间 1018 小时。

党的十八大以来，浙江民营航空公司发展迅速、势头良好。2012 年，浙江启动大航空建设。实施省政府与中国民航局战略合作协议，成为全国通用航空综合试点省、低空空域管理改革试点区，完成并发布《浙江建设大航空战略研究》课题，着手编制通用机场发展规划，加快发展通用航空。省内通用航空企业业务涵盖工业、农业、林业、渔业、矿业、建筑业、医疗卫生、抢险救灾、气象探测、海洋监测、科学实验、遥感测绘、教育训练、文化体育、旅游观光等领域。浙江建德、德清、万丰等通航特色小镇活力四射，不断丰富浙江通航产业新业态。2013 年浙江长龙航空客运首航，标志着浙江首家民营运输航空公司正式运营。2015 年，圆通航空货运正式启航，机队规模逐渐扩张，已拥有 10 架全货机，开通多条国内、国际定期货运航线。以国航浙江分公司、东航浙江分公司、厦航杭州分公司等为代表的国有运输航空公司亦稳步发展，不断扩大公司版图。2015 年，国航温州分公司成立，成为首家落户温州的基地航空公司。2018 年，成立浙江省通用航空产业发展有限公司，构建全省通航信息互联共享的低空飞行服务保障体系，完成省级低空气象服务中心、省级低空情报服务中心建设并投入运行，划设全省"两横两纵"的低空主干航路，低空航线拓展至 23 条，位居全国前列，基本建成省域低空航线网络，为打造全省"空中一小时交通圈"奠定扎实基础。2019 年 10 月，杭州迅蚁网络科技有限公司获得全国首张"特定类无人机试运行批准函"与"无人机物流配送经营许可证"，截至 2022 年已经开通无人机物流航线 160 余条。

三

1961 年 6 月 13 日，民航杭州站更名为民航浙江省管理局，民航浙江省管理局为浙江民航统一的管理机构。

改革开放后，随着浙江省民航业的高速发展，民航浙江省管理局也不断发展壮大，人员、科室和下属单位历经变革。1989 年 12 月，民航浙江省管理局代管浙江航空公司。1990 年，民航浙江省管理局已有下属宁波、温州两个直属航站。同年，中国油料公司杭州分公司成立，油料部门从省局划出。1992 年，机场安检、消防由地方移交给民航浙江省管理局，成为公安处的下属机构。同年，民航浙江省管理局对所属二级机构进行了较大的调整，并由科级升格为处级。1987—1993 年期间，黄岩、义乌、舟山、衢州等航站也相继通航。至 1995 年底，民航浙江省管理局共有直属二级机构 21 个，直属航站 2 个，并负责对省内其他航站的行业管理。

1996 年 8 月 30 日，浙江航空公司脱离民航浙江省管理局的代管，在管理体制上实行局场分离。1997 年 12 月 5 日，为促进杭州萧山民用机场建设，省政府成立浙江航空投资公司。

2000 年 8 月 31 日，民航浙江省管理局成立，负责浙江省内民航行业行政管理工作（宁波、温州两个航站划归民航华东地区管理局直接领导、管理）。12 月 26 日，中国民用航空总局确定了民航浙江省管理局的主要职责、机构设置及人员编制，下设综合办公室和安全监察处两个直属机构，负责浙江省内民航业的行政管理工作。

2000 年 12 月 28 日，杭州萧山国际机场有限公司成立，标志着民航浙江省管理局的局场分离、政企职责分开任务已经完成。在华东地区管理局的指导帮助下，省局妥善处置了局场分离后的诸多遗留问题，理顺了与民航行业管理部门的职能关系、与地方政府及各职能部门的关系，针对全省航空业点多面广的特点，明确了"分层次，抓重点，严实细"的行业管理工作思路，积极探索并逐步实施省局的行业管理职能。

2002 年，中国民航总局进一步深化体制改革。2002 年 3 月 3 日和 11 月 19

日先后下发的有关民航体制改革的通知精神，民航浙江省管理局予以撤销。民航浙江安全监督管理办公室（简称"民航浙江监管办"）于 2003 年 12 月 28 日正式成立。民航浙江省管理局撤销，浙江省机场管理有限公司成立。2008 年 12 月 6 日，浙江省机场管理公司成建制划归浙江省交通运输厅，并更名为浙江省机场管理局。此后，空管、油料等系统也相继进行改革。改革后的浙江民航各单位各司其职、协调配合，共同保障浙江民航安全运行和发展。党的十八大以来，浙江民航形成了布局合理、运营良好的机场网络，进入高质量发展轨道。

2017 年 11 月，浙江省机场集团有限公司成立，全省机场资源得到全面整合。民航规划体系逐步完善，发布并实施《浙江省通用机场布局规划（2020—2035年）》，完成《浙江省民航中长期发展规划》编制，杭州、宁波、温州三大核心机场完成新一轮总体规划，并获得中国民航局批复，以机场为核心的空港综合交通枢纽建设迈出坚定步伐。

第一章

浙江民航的起步

>>>>>>>>（1929—1948 年）

1931 年 12 月，国民政府将位于杭州笕桥的清末炮营驻扎校场改设为军政部航空学校机场，此为浙江机场建设之始。1942—1945 年间，浙江各地相继建设段塘水上机场、南泓机场、栎社机场、庄桥机场、南塘机场、衢州机场等 20 余个机场，这些机场都属军用机场。浙江民用航空运输始于 1933 年。浙江通用航空始于 1929 年。是年 8 月，在杭州西湖博览会展示航空表演。

第一节 浙江民航起步和有影响的航空活动

1929 年 11 月，开设杭州、汉口的邮件运递业务。但杭州未正式开通民用航空线，只能间接空运邮件，且不持续。1930 年上海—广州航线开通，宁波、温州率先在浙江发展航空邮运；1946 年 4 月，国民政府开通南京—杭州—台北—台南航线。1946 年开通的这条航线，每周三、周五飞台北、台南，周四、周六返回南京，但经常停运，故不能算作真正的定期航线。

一、沪粤线途经宁波、温州，航空邮运起步

京沪杭地区客流物流频繁，区域重要，近代历史上该地区的邮运就很发达。随着航空事业进一步发展，为促进浙江的社会进步，航空邮路应运而生。浙江发展航空邮运的历史经历了两个阶段：第一个阶段是 1930 年民用航线沪粤线的开通，宁波、温州率先在浙江发展航空邮运；第二个阶段是在 1946 年，省会城市杭州航空邮路的起步。

1929 年 11 月，中国航空公司开始办理杭州、汉口邮件运递业务。这是杭州最早见于文字的航空运输记载。但是苦于省内尚无民用航空线路（尽管 1930 年浙江迎来了第一条真正意义上的民用航空线——沪粤线，但是并未经过杭州），无法直接开展航空邮运，只好利用上海在航空运输上的优势，通过沪杭铁路线，将收寄国内各地的航空邮件，由火车运至上海再转航空邮运。这种间接型的航空邮运一直持续到抗日战争结束以后才有了改善。

1933 年 10 月 25 日，美国太平洋航空公司（泛美航空公司的子公司）以中国航空公司名义经营的上海—温州—厦门—汕头—广州航线开航，并使用西可斯基 S-38 型水陆机开展定期航空邮运，每周 2 架次。1 个月后，开始载运旅客。美航空公司的飞机上漆上中国航空公司的标志，由泛美付

给中国公司全部邮运费的 20% 和客运费的 7.5%。中国航空公司在温州建设水上机场，在江心屿至麻行埠头之间的瓯江水面抛设 1 艘大舢板，供旅客上下飞机，另设有 1 只小浮筒，用以系带飞机并作降落标志。1933 年 11 月 24 日、1934 年 4 月 10 日发生飞行事故，国民政府遂对该航线进行近半年的停航整顿。1934 年 11 月 10 日复航。复航后，温州水上机场撤去大舢板，改为 1 艘长 12.2 米、宽 6.7 米的木质趸船，趸船上建有 1 个候机亭。1936 年，上海—广州航线由广州延长至香港，浙江同英、美两国之间的联运航程分别缩小为 10 天和 8 天。1936 年 10 月 1 日，此航线由美方正式归还中国航空公司，后停航。

从 1946 年 4 月起，为了更加便利对东南沿海省份的管理，国民政府调整航空线，新建了南京—杭州—台北—台南的航线。这是经过杭州本地的极其重要的一条航线，也是中华邮政时期在杭州开办的唯一一条定期航线。该机每周三、五飞台北、台南，四、六返回南京，单程 1100 千米。然而，这条航线的运行并不正常，时常有停运的现象出现，邮运事业时有间断。直到 1948 年 12 月，南京至台湾军用飞机定时飞行，途停杭州、福州两站，带运邮件以及包裹，航空邮运才算真正稳定下来。

二、有影响的航空活动

（一）"珠江号"飞越浙江的两次全国长途飞行

1928 年夏，国民革命军第八路军航空处计划组织一次全国长途旅行，并且以中华航空协会第二特区（广东区）的名义，从美国购进瑞安飞机公司的 2 架 5 座 NYP-2B-5 型小型运输机，其中一架改装为水上型飞机，定名为"珠江"号（另一架改装成陆上型，命名为"广州号"）。在经过多次试飞并掌握了它们的性能后，开始筹划长途旅行。1928 年 12 月 8 日，"珠江号"由广州大沙头机场起飞，作沿海长途飞行。机组人员分别是：机长陈庆云，驾驶员黄光锐、周宝衡，机械师梁庆铨。"珠江号"沿中国海岸北上，经汕头、福州、杭州、宁波，于 12 月 8 日在上海与另一架先行起飞的"广州号"会合，12 月 20 日向西南方向回航，经汉口于 23 日飞抵长沙，30 日飞经桂林、梧州，并于当日飞返广州。"珠江号"此次飞行全程 3560

千米，历23天。"珠江号"途经浙江各地，受到当地政府和人民的热烈欢迎，并轰动了国内外航空界。

（二）陈文麟等人途经浙江的飞行

1933年6月15日，上海海军制造飞机处处长曾贻经和外国驾驶员蒲里（Brill）驾驶自制的"江凤号"水上飞机，从上海出发，沿长江长途飞行。经过南京、芜湖、安庆、九江、汉口，6月27日飞到岳州。因为长江风浪大，飞机浮在水上被冲撞而损伤漏水，就把飞机运回上海修理。原定飞越长沙、宜昌、沙市的计划，没能完成。"江凤号"运回上海后，改装成陆上飞机，又飞往杭州、厦门等地。

1933年7月19日，时任厦门航空处处长的陈文麟和海军航空处机械科科长潘鼎新，驾驶由潘鼎新设计制造的"江鹊号"双翼双座教练机，从厦门出发，沿中国东南，途经浙江杭州抵达上海，10月20日从上海返航，途经浙江杭州，于22日回到厦门。这次长途飞行使浙江人民进一步对国产飞机坚定了信心。

1937年，杭州失守后，中央航空学校搬迁到云南，后又辗转到印度。抗战胜利后的1946年5月初，50多架教练机分别由飞行教官和学生驾驶，分批从印度东飞回国。经过大约一个月的时间，飞行了6400多千米，回到旧址杭州笕桥机场。这一次空前的集体长途飞行，在民国时期的浙江航空史上也是不多见的。

另外，永康籍留法学生胡知源曾经有驾机从国外飞回首都南京的未竟壮举。胡知源1936年学会飞行，1937年4月29日，他驾驶着高德隆式单翼飞机，从巴黎出发，飞到意大利，再经埃及、印度、缅甸、暹罗等国，最后飞抵南京，全程约14000千米。到5月13日，他已经飞行了12000千米，在暹罗境内离安南100千米处遭遇气候骤变，被迫降落在水田里。人受轻伤，但飞机已严重受损，不能继续飞行。长途飞行的计划不得不中断。

（三）西湖博览会及全国运动会上的航空宣传

杭州有飞机是在20世纪20年代卢永祥督浙时期。当时有几架小型军用飞机，用于航空侦察。

1929年6月，西湖博览会开幕。当年8月8日，第十路航空司令部"金马号"水上飞机及中央航空司令部和平第一、第二号陆上飞机被邀请来杭表演。（见图1-1）8月9日下午，"金马号"飞机在西湖举行了湖中飞行，和平第一、第二号飞机表演了飞行技术。当时"金马号"在天空盘旋俯仰，散发传单，又与和平第一、第二号飞机翱翔湖上，观众如潮。杭州城内各商店放鞭炮庆祝。8月10日，"金马号"飞机又应西湖博览会之请，经宁波、温州、兰溪、桐庐环飞浙江省一周。

图 1-1 "金马号"水上飞机（1929 年）

1930 年 4 月 1 日至 4 月 11 日，杭州在省立体育场举办第四届全国运动会，有 14 个省、7 个特别市及华侨团体共 22 个单位 1707 位运动员参加。为报道盛况空前的第四届全运会，上海《时报》雇佣飞机每日清晨将图文并茂的《时报》运送至杭州发售。这成为当时轰动杭城的一大新闻。每天有万余名观众在沙场观看飞机起降送报，并争相购买《时报》。（见图 1-2）

图 1-2 观众争相阅读从上海空运来的《时报》（1930 年）

第二节　民国期间的浙江机场建设

一、杭州笕桥机场

杭州笕桥机场位于杭州市东北，原为清末八十一标马队、炮营驻扎校场，北洋政府时期改建为浙江航空队驻地。1931 年 12 月，国民政府将军政部航空学校从南京明故宫飞机场迁入杭州，以笕桥旧营址为校址，以校场为机场。（见图 1-3）1935 年，修建 1 条长 1400 米、宽 60 米的跑道。1937 年抗日战争全面爆发后，中央航空学校内迁。是年 12 月，机场被日军占领。

1945 年抗日战争结束，中央航空学校迁回杭州笕桥机场，机场设施逐步修复。1937 年，杭州笕桥机场占地面积 2062.5 亩，拥有水泥混凝土跑道（1400 米 ×60 米）、滑行道（800 米 ×30 米）、推机道（260 米 ×30 米）和停机坪（210 米 ×40 米）。设有电台 1 座与夜航灯光设备，能起降中型飞机。

图 1-3　杭州笕桥中央航空学校大门（20 世纪 30 年代）

二、宁波庄桥机场

宁波庄桥机场位于宁波市西北的庄桥镇。1944 年 9 月，驻甬侵华日军强征民夫 6000 余人修建，年底建成。机场占地面积 240 万平方米。1945 年 4 月，盟军飞机轰炸机场，炸毁日机 2 架、汽油库 1 座。是年 8 月，日本无条件投降，机场由国民政府空军接管。10 月 23 日，2 架美国飞机在庄桥机场降落。1947 年 3 月，机场废弃。

第三节　浙江航空教育

一、以杭州笕桥中央航空学校为龙头，发展浙江航空教育事业

航空业作为交通运输业的组成部分，也是军事的一个组成部分，航空产业包括所有与航空器研发、制造、维修、运营等活动直接相关、具有不同分工、由各个关联行业所组成的业态总称，为之配套支撑的是航空科研教育。

由于航空教育的相对独立性，以及航空教育自身发展的规律性和阶段性，不能撕裂开浙江航空教育自身发展的历史关联，需要兼顾浙江航空教育外部的历史事件，同时又要注意浙江航空教育发展的历史大背景。

浙江航空教育的初始发展阶段以航空军事教育起步。

1929 年 4 月、1931 年 4 月，国民政府在南京相继召开了两次全国航空会议，从十个方面提出了当时我国航空界在经济、科技、教育、制造、国防等领域的各种愿景及详细规划。包括：

①组织中国防空军行政统一扩张；

②国防空军的建设（包含空军编制及应备之兵力方案）；

③航空人才之培养，设立航空中央大学案；

④航空行政法规建设；

⑤航空科技研究；

⑥航空工业发展，飞机制造修理；

⑦航空场站建设类；

⑧航空政策问题类，含国际民航交通之发展、民间航空之奖励；

⑨航空预算，发展航空经费来源筹集；

⑩编制地面航空建设规划。

同时，由于中国北方受阎锡山、冯玉祥势力威胁，南昌又接近红军根据地，而浙江省为蒋介石老家，杭州交通运输方便，适合飞行人员生活，也有历史遗留炮校为基础，最后决定在杭州笕桥建立中央航空学校，开展正规的航空教育。（见图 1-4）

图 1-4　保存至今的中央航空学校大营门遗址

南京国民政府利用原清代炮校兵营旧址，合并了浙江高级蚕桑科中学校址，在美国的"协助"下，南京国民政府建立了杭州笕桥中央航空学校（简称"笕桥航校"），由此成为当时中国空军的重要基地，也成为国内有名的军事航空学校。建成的笕桥航校教学基础设施完备，教学设备、教练飞机、教具、各种技术教室、实习厂、空中战斗射击和轰炸演习场等，都按美国式的现代化建设，教学方式和飞行有关各种规模也是按美国标准执行。由蒋介石亲任校长，周至柔任代校长，毛邦初任副校长，美国空军上校裘维德担任总顾问，少校罗兰作飞行技术主任，教职人员中多数为军阀时期保定航校、东北航校、南苑航校和云南航校的飞行教官，其中有 12 名美国飞行教官，5 名美国机务员，教职队伍实力强劲，被称为中国现代航空教育的摇篮。

笕桥航校于 1932 年 9 月 1 日正式开学。初期，分设教授科和飞行科。下设分组为：秘书组，发动机组，电气通信组，空中轰炸组，战斗射击组，侦察照相组，飞机装备和仪表组，气象组，体育组，英语组等。设立的学科以航空军事服务为主，兼具航空产业基础教学。从 1931 年 3 月中央军官学校航空班开始，至 1937 年 5 月抗日战争全面爆发前夕，中央航空学校第六期学员毕业，共培养航空人才 1000 余名，其中，飞行员 700 多名，机械员 343 名，其余还有照明士、轰炸员、测候员（气象员）等数百名，为新中国航空业发展积累了人才。

作为南京国民政府建立空军的重要基地，笕桥航校的发展从一开始就得到了蒋介石等国民政府领导人的高度重视。蒋介石亲自为航校写下 12 条校训，不惜重金征集校歌。笕桥航校逐步以"训、教、管"为基点建立起自己的教育系统和管理体制。因此，笕桥航校无论是从组织机构、教官编制、设备情况，还是从实际训练等诸多方面来看，在民国建立后的 20 多年里，地位和贡献实居第一。

随着国民政府在全国航空会议确定的各种愿景及详细规划的落实，以及经费筹措的逐步到位，笕桥航校于 1934 年相继开始建设附属工厂、子弟学校、掩护营、飞机制造厂、弹油库、机修厂等附属机构，规模庞大，人员众多，如中央杭州飞机制造厂、杭州航空降落伞厂等。（见图 1-5、图 1-6）

图 1-5 笕桥航校与中央杭州飞机制造厂航拍

图 1-6 中央杭州飞机制造厂标志

笕桥航校将航空教学与航空科研相结合（见图 1-7），开发、组装生产各类进口飞机（美机为主），是中国近代规模最大、设备技术最先进、产量最多的飞机制造厂；生产的飞机作为抗战初期主要力量发挥了重要作用；同时成功研发了仿制教练飞机，命名为"成功一号"。（见图 1-8）

图 1-7 笕桥航校教学与工程设计室

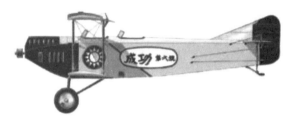

图 1-8 "成功一号"复原图

　　此教练机除发动机外，均为国内自制，费用远低于国外，性能却相差无几，这在我国航空史上有较重要意义。但当时中国的经济结构落后，没有完备的生产链和基础工业设施，各类原材料需要依赖进口，在这样的大环境下，自主生产飞机只能作为尝试，无法实现大量生产，"成功一号"没有引起国人的重视，但却锻炼了航空制造业人才。生产产品主要是自制、组装美式飞机，以及滑翔机等。（见图 1-9、图 1-10）

图 1-9 组装的美国"霍克机"机身

图 1-10　学员在中央杭州飞机制造厂实习（1935 年）

同时，学校和工厂也联合自主开发了相配套的坐式、背式、胸式降落伞等，由于材料采用浙江省本地蚕丝原料，成本仅为国际上的 1/4。（见图 1-11）除降落伞外，还生产有高射炮射击用靶伞、飞机座舱安全带和飞行衣帽等，共制造各种型号伞 1 万余具。

图 1-11　杭州降落伞制造厂的背式和胸式降落伞（1935 年）

笕桥航校会集了中国早期留学的航空高级人才，也为中国早期航空工业培养了一批专业技术人才，所创建的航空教育课程系统、训练系统、管理体制等，都具有奠基性意义。

其间，我国著名的"两弹一星"元勋钱学森、吴自良和"共和国飞机设计之父"徐舜寿都曾来这里工作和学习。1934 年，钱学森留学美国前到中央杭州飞机制造厂当实习生。图 1-12 为他与导师王助（被称为"波音之父"）的合影。王助是波音公司第一位设计师，回国后在中国航空公司当总工程师，后来出任中央杭州飞机制造厂第一任监理，在笕桥航校工作了 3 年。

图 1-12　钱学森（左）和王助（右）的合影

　　1937 年七七事变后，经过 8 月 14 日著名的"八一四空战"，国民政府航空委员会指示飞机厂迁往武昌。1937 年 11 月，在武昌开始恢复生产，1938 年 8 月，日军已经逼近武汉，国民政府航空委员会又决定继续西迁，目的地是云南昆明。当时著名的西南联大也是迁往昆明的。直至 1946 年 6 月，中央航校迁回笕桥。中央航校的主体迁址路线大概是：笕桥—柳州—昆明—笕桥。

　　1937 年 5 月 29 日，美国人陈纳德应邀来中国，受到蒋介石、宋美龄的接见，担任中央航校飞行教官。陈纳德 1937—1941 年一直担任航校的顾问，实际相当于空军参谋长。在航校期间，陈纳德严格要求，是一个令人生畏的外籍教官。1941 年 8 月 1 日，"中国空军美国志愿援华航空队"成立，陈纳德被委任为大队长。之后，在与侵华日军的作战中，该航空队英勇善战，极大地鼓舞了中国人民的抗战志气，因此被称为"飞虎队"，陈纳德本人也被称为"飞虎将军"。

　　1937—1945 年，随着抗日战争局势的发展，中央航校规模不断壮大，中央航校几经变迁，其间也衍生出了许多的分校。同时，还开展了军管民航的高端航空服务教育——招收男女空乘服务人员、地勤服务人员。

1945年抗日战争胜利后，中央航校于1946年迁回笕桥。国民政府航空教育开始与国际接轨。虽然是军事航空为主，也开始发展民航服务业务。为此，中央航校聘请了英语教师，开始培训空中乘务员。（见图1-13）

图1-13　女空中乘务员培训结束与教师合影

1946年4月，南京—杭州—台北—台南航线开通。每航班上驻2名女空中乘务员。（见图1-14）

图1-14　航线上的女空中乘务员

1948年冬，航校开始分批迁往台湾冈山。历史翻过了国民政府笕桥航校的一页。

1949年杭州解放，中国人民解放军七兵团进驻笕桥，不久航校转交至中国人民解放军空军，一直使用至今。

2004 年，杭州市政府将笕桥航校遗址作为重点保护单位给予规划保护。

二、薪火传承下的浙江大学航空工程门

浙江大学是一所历史悠久、声誉卓著的高等学府，坐落于中国历史文化名城、风景旅游胜地杭州。浙江大学的前身求是书院创立于 1897 年，为中国人自己最早创办的新式高等学校之一。1928 年，定名国立浙江大学。其时，所建学科涵盖哲学、经济学、法学、教育学、文学、历史学、艺术学、理学、工学、农学、医学、管理学等 12 个门类。学校设有 7 个学部，37 个学院（系）。拥有一级学科国家重点学科 14 个，二级学科国家重点学科 21 个。当时，国立浙江大学有 17 个学科进入世界学术机构前 1%，居全国高校第二；4 个学科进入世界前 1%，居全国高校第一；6 个学科进入世界前 100 位，4 个学科进入世界前 50 位，居全国高校第一。（见图 1-15）

图 1-15　国立浙江大学校门

1933 年，国立浙江大学校长程天放先生为了落实国民政府全国航空会议提出的人才教育规划，跨学科成立了航空工程门，隶属于工学院机械工程学系，由张闻骏教授任主任，对学生实行军事管理。（见图 1-16）例如，规定学生应穿仿照中央航空学校式样的校服，胸前要佩戴标示班级、姓名的标志，路遇校长、教官应在七步外立正行礼，目迎目送，如有衣冠不整、礼貌不周的会被记名处分。吃饭前要结队进入膳厅，由教官发令"立正、坐下、开动"，不准喧哗走动等。

航空工程门设立电机工程、化学工程、土木工程、机械工程 4 个科系，配有航空工程研究实验室。（见图 1-17）成立时仅有一年级学生，至 1937 年秋一至四年级学生齐备，方有 4 年完整的课程。其成立之初，所设教学科目有限。

图 1-16　国立浙江大学工学院（工学院机械工程学系也在内）

图 1-17　国立浙江大学时期的航空工程研究实验室

1936 年 4 月，在蒋介石的干预下，正式聘请笕桥航校气象研究所所长竺可桢教授任国立浙江大学校长。这段时间是国立浙江大学重要发展时期，尽管办学条件十分艰苦，但竺可桢校长敦聘名师，倡导"求是"校风，鼓励学术研究。国立浙江大学一时人才济济，成果卓著，学校有了很大的发展，筚路蓝缕，崛起为当时国内有影响的几所著名大学之一，被英国著名学者李约瑟誉为"东方剑桥"。国立浙江大学的航空工程门也成绩斐然，建立了国内首个初级的低速"风洞"，开展严谨的航空空气动力学研究。

1937年7月7日，抗日战争全面爆发，战火很快延烧到浙江。同年11月，竺可桢校长率领全校师生员工及部分家属，携带大批图书资料和仪器设备，开始西迁，流亡办学。

初迁浙江西天目、建德；继迁江西吉安、泰和；三迁广西宜山；几经周折，历尽艰辛，行程2600余千米，于1940年2月到达贵州，在遵义、湄潭、永兴等地坚持办学7年，直到抗战胜利的1945年。

其间，竺可桢校长仍坚持充实人才，使得国立浙江大学机械工程系（含航空工程系）师资队伍不断充实壮大。1940年，我国著名航空专家范绪箕教授（与钱学森同学，在世界著名科学家西奥多·冯·卡门指导下获航空工程博士学位），从美国加利福尼亚理工学院航空工业学成归国，被聘为浙江大学机械工程系教授，组建航空工程教育专业，当时参加该组的有余承业、周森沧、陈洪钟、倪步青、王启东等专家。

1945年8月14日，日本宣布无条件投降，抗战取得了最后胜利。国立浙江大学迁回杭州，并成立了航空工程教育系，聘请范绪箕为航空工程教育系主任。

当时，国立浙江大学航空工程教育系面临专业需求大、师资力量弱、教学计划薄的局面。而"二战"期间航空科学与技术的发展已经迈出了很大的步伐：如空气动力学已经突破了音障；世界上已经有了火箭；喷气式飞机面世；飞机航行已有自动导航设备；等等。为了改变旧中国航空工程教育落后的局面，必须把这些新知识加到航空专业人才的教育计划中去。为此，国立浙江大学航空工程教育系减少了技术基础课，加强了专业课，物色并聘请海外回国的相关专业背景的专家学者来任教，当时相对有名望的专家学者有万一、梁守槃、黄培枬、戴昌辉、陈维新、胡维群、史家骏、陈克宣、岳劼毅、黄玉珊、柳克平、王培德、沈达宽、吕茂烈、梁国炜、陈辅群、孙希任、王适存等，还白手起家创建喷气发动机原理实验室，把笕桥航校淘汰的飞机拆开运回学校进行实验。（见图 1-18）没有风洞就利用木板制作烟风洞，用鼓风机将烟吹入风洞中，然后，在烟风洞表面装上大玻璃，让同学们观察气体流过机翼断面的流动状况，实验非常形象。之后，终于在经费的支持下建成了低速风洞、地面实验设备和相应的工具、加工机床。

图 1-18　喷气发动机原理实验室（1946 年）

　　由于经费不足，师生们利用旧厂房建设实验室；利用日本空军备件仓库，挑选旧机床建设小型加工厂；加工自制活塞式发动机试验台、结构试验机、落震试验台、光弹性试验、飞机仪表传感器试验等数十项教学、实验装备；充分利用废旧材料、因陋就简加以创建，如利用捡来的钢轨做低速风洞的支架和框架，手工敲打收缩段和拐角导流片。（见图 1-19）

图 1-19　范绪箕设计建造的刚体风洞

　　短短 3 年，航空工程教育系建成风洞、结构、发动机、仪表 4 个重点实验室。相应开设的专业课实验数量在全国航空工程系中最多。

　　国立浙江大学航空工程教育系培养了大量航空高级人才，也为新中国航空事业培养了一批专业技术人才。钱学森曾于 1947 年回国结婚，其间，还专程来杭参观国立浙江大学航空工程教育系。

　　进入 1948 年，国内战争加剧，国立浙江大学航空工程教育系也随时局动荡而处于艰难挣扎中，学校教育活动全面停止，校长竺可桢也离开了学校赴北京任中国科学院副院长。国立浙江大学在等待新学期的开始中迎来了杭州市的解放。

第二章

浙江民航艰辛探索、曲折发展

>>>>>>>>（1949—1977 年）

1949年中华人民共和国成立后，杭州笕桥机场成为解放军空军机场。1956年，中国民航局在杭州笕桥机场筹建民航杭州站。1959年，杭州笕桥机场新建航站大楼，民用航空设施得到改善。此后，全省在杭州笕桥、宁波栎社和庄桥、温州永强、台州路桥、上虞、慈溪、萧山、岱山、嘉兴、金华、义乌、衢州等地陆续新建和改扩建13个机场。其中，笕桥机场和庄桥机场为军民合用，宁波栎社机场和温州永强机场为民航使用，路桥、上虞、萧山、嘉兴、金华、衢州、丽水等机场为军用但可临时作为专业航空使用。

1957年1月1日，民航上海管理处开辟由上海出发经停杭州、南昌至广州的往返航线。当年旅客量为971人次，货邮发运量为21.4吨。此后，航线网点及航班密度逐年增加，航线使用机型也不断更新。

1972年9月，日本首相田中角荣访华，中国民航向日方提供北京、上海、杭州笕桥机场资料和有关航线飞行资料，并在上述机场向日方飞机提供固定备降保障。

第一节　组建民航杭州站

1956年1月30日，国务院同意在空军杭州笕桥机场设站。6月，依照中国民航局要求，民航上海管理处派员筹建民航杭州站，1957年1月1日正式通航。建站初期，未设下属机构，除通信部门外，基本上一个工种一个人，计有调度员、气象观察员、电台报务员、无线电机务员、油机员、航空机械员、汽车驾驶员、管理员、会计等共13人。

1958年2月27日，国务院将中国民航局划归交通部领导。根据是年6月17日中共中央批准交通部党组关于体制下放意见，民用航空实行双重领导和部分下放给地方的原则，12月2日，浙江省人民委员会同意在交通厅内设立民用航空管理处，实行处、站合署办公，由省交通厅和民航上海管理局双重领导。

1961年6月13日，浙江省民航管理处改称为民航浙江省管理局。1962年4月15日，中共中央决定中国民航总局由交通部部属局改为国务院直属局，其业务工作、党政工作、干部人事工作等均归空军管理，原省交通厅民航管理处随之撤销。1963年5月11日，空军司令部、中国民航总局确定民航浙江省管理局由空五军负责领导，设置下属机构办公室、调度室、气象台、电台（下设收信台、发报台）、机务组（包括汽车班、油库）、运输服务处（包括售票处、候机室、小卖部）。除运输业务工作外，其他工作均由空军负责管理，按部队生活方式进行，成为半军事化的单位。1964年改为中国民用航空浙江省管理局。

1969年11月20日，国务院、中央军委批转中国民航总局党委《关于进一步改革民航体制和制度的请示报告》，民航划归军队建制，成为空军的组成部分。民航浙江省管理局的局长、政委由空军按师级干部待遇任命，内设机构按军队组织形式进行相应调整，局下设指挥部、政治处、后勤处，指挥部下设调度室、气象台、运输分队、通信分队、机务分队，后勤处下设场务分队、汽车分队、油库、炊事班、卫生所、综合仓库、生产队等。

第二节 杭州笕桥机场建设和整修

1949年5月杭州解放后，杭州笕桥机场由中国人民解放军接管，成为解放军空军机场。1951年6月22日中央军委下令修复杭州笕桥机场，1952年8月13日动工兴建，1953年1月竣工。修复工程征地面积1390亩，组织民工4000名，将原跑道改为滑行道和停机坪，新建跑道（2153米×60米，能承受19吨重飞机起降）、滑行道（2780米×14米）和停机坪（3.13万平方米），设有昼夜通信导航、油库（容量1380吨）、排水等辅助设施，机场占地面积8662.5亩。

1957年1月1日，民航杭州站正式成立，杭州笕桥机场始为军民合用。是日，使用革新型106号飞机开通上海—广州（经停杭州）航线，每周2个航班。在机场东西场之间建有候机室、发射台。1959年，新建综合大楼，建筑面积3150平方米，供候机、航行、通信、气象和办公使用。1965年，新建汽车库和油库各1座。

为满足美国总统尼克松访华时大型机起降的需要，1971年11月8日，国务院、中央军委决定改扩建杭州笕桥机场，改扩建工程简称"118工程"。工程主要包括：

①场道改建工程。1971年11月26日动工，1972年1月15日竣工。包括跑道、滑行道、停机坪及排水系统，跑道由原来的2200米延长至3200米，滑行道由原来的1800米延长至2900米，新建联络道216米，停机坪由原来的长160米、宽80米扩建为长340米、宽100—110米，并新建环形停机坪2.53万平方米。

②新建候机楼。1971年11月25日动工，1972年2月竣工。建筑面积5763.8平方米，分南、中、北3个部分，设候机大厅、贵宾室、接见厅、休息室、

餐厅及宾馆等。建成后候机室与综合大楼分设。候机楼设有空调、通信、广播等设施和变电所等辅助工程,建筑面积954.5平方米。候机楼后侧修建停车坪,共1.52万平方米。

③新建通信导航工程。包括发报台1座,变电所2座,远、近归航台各1座,固定夜航灯1套,TF200门复式电话总机1台,埋设电力电缆43千米、通信电缆34.3千米。

④改建杭州笕桥公路。杭州笕桥公路自机场大营门口至闸弄口,全长6.17千米,路基宽24米,中间铺筑沥青路面快车道,宽9米,两侧铺筑水泥路面慢车道,各宽4米,快慢道之间有绿化带。沿途新建桥梁1座,扩建桥梁2座,安装荧光灯80只。

1972年2月,整个工程经国家验收投入使用,杭州笕桥机场遂成为当时中国四大机场之一。1973年8月27日,国务院、中央军委将杭州笕桥机场确定为国际航班备降机场。

1976年,中国民航总局批准在笕桥建设新油库。新油库由机场业务油库、卸油站和机场外油库三部分组成,可储油1.55万立方米。

第三节　民航客货运输

民航浙江省管理局由民航杭州站、浙江省民航管理处发展而成。1957年1月1日民航杭州站成立,开辟上海—杭州—南昌—广州航线。1960年5月25日,民航浙江省管理局成立,航站取消,局站合一。

一、航线

1957年1月1日,由民航上海管理处首辟始发上海,途经杭州、南昌至广州,翌日飞返航线,航线里程1253千米。此后,航线网点及航班密度逐年增加,机型不断更新。1964年,民航北京管理局启用英制"子爵号"和苏制伊尔-18型客机,开辟杭州—北京、杭州—广州的往返航线。1971年,扩建杭州笕桥机场,使其能降落波音707型以上客机。1972年4月,民航北京管理局启用苏制伊尔-62大型机,随后有"三叉戟"、波音707型飞机相继加入航线。（见表2-1）

表 2-1　1957—1977 年民航杭州站航线一览表

日期	新开航线	机型	班次
1957 年 1 月 1 日	上海—杭州—南昌—广州	机型苏制立二型，1958 年启用伊尔-14	每周 2 班
1964 年 8 月 6 日	北京—杭州—广州	子爵号	每周 1 班
1966 年 4 月 11 日	北京—杭州—广州—北京	伊尔-18	每周 2 班
1971 年 4 月 1 日	上海—杭州—南昌—长沙—广州	伊尔-14	每周 2 班；1972 年 11 月停航
1972 年 4 月 1 日	北京—广州—杭州—北京	伊尔-62；1973 年 4 月 1 日改三叉戟	每周 1 班；1973 年 11 月停航
1973 年 5 月	上海—杭州—南昌—贵阳—昆明	安-24	每周 2 班
1973 年 11 月 1 日	广州—长沙—杭州—上海	安-24	每周 2 班
1974 年 4 月 1 日	上海—杭州—长沙—广州	安-24	每周 2 班；1976 年 11 月停航
1974 年 12 月 5 日	上海—杭州—福州	安-24	1979 年 3 月停航
1977 年 4 月 1 日	上海—杭州—长沙—桂林	安-24	每周 2 班

注：《杭州市志》，中华书局 1997 年版，第 453—457 页。

二、旅客运输

1957 年 1 月 1 日，民航杭州站正式开办航空运输业务。通航初期，仅保障由民航上海管理处开辟的上海—杭州—南昌—广州这条航线，每周飞行 2 班。开航的第一个月，共飞行 13 架次，出港旅客只有 5 人。1957 年杭州笕桥机场出港旅客为 971 人次。

20 世纪 60 年代中期，到中国参观访问的外国友人及华侨旅游团体约占乘机人数的 70%。1965 年，杭州笕桥机场出港旅客 4638 人次。1966 年起，由于"文化大革命"，航空运输受到严重影响，杭州笕桥机场客运量逐年下降，1969 年全年出港旅客只有 195 人次，是杭州航空运输史上运量最少的一年，仅为开航首年（1957 年）出港量的 1/5。

1971 年，民航浙江省管理局增至每周保障 6 个航班，航班目的地有北京、上海、广州、南昌、长沙等 5 个城市。1971 年起，国务院采取大幅度降低客运价格和适当放宽乘坐飞机的限制措施，杭州笕桥机场客运量开始逐年增加，当年出港旅客为 1073 人次，是 1970 年的 3 倍。1971 年 11 月，为迎接美国总统尼克松访华，国务院、中央军委下达关于扩建杭州笕桥机场的紧急指示。杭州笕桥机场扩建后可以起降波音 707 型以上客机，杭州至北京、广州航班密度及客运量逐年增加。1974 年出港客运量 1.47 万人次，首次突破万人大关。

三、货邮运输

1957 年 1 月 1 日，民航杭州站通航，开办航空客货运输业务。开办当年，全年货邮吞吐量仅为 9.3 吨，运输物品主要是小型包裹。随着国民经济的发展，航空货运量逐年增加，1960 年杭州笕桥机场货邮吞吐量 133 吨。

1962 年，杭州笕桥机场货邮吞吐量一度下降到 74 吨。1965 年，经国民经济调整，杭州笕桥机场货邮吞吐量又回升到 192 吨。

1966 年后因"文化大革命"的大串联造成地面交通阻塞、中断，部分物品如云母纸、咖啡因、电子管、绝缘材料、农业机械和医药用品等由陆运转为空运。1967 年，杭州笕桥机场货邮吞吐量 320 吨。1968 年起，货邮出港量开始下降。

1971 年杭州笕桥机场扩建，此后货邮吞吐量逐年上升。1977 年货邮吞吐量 669 吨。

表 2-2　1957—1977 年民航浙江省管理局所辖航站旅客、货邮吞吐量一览表

年份	旅客吞吐量 / 人次	货邮吞吐量 / 吨	年份	旅客吞吐量 / 人次	货邮吞吐量 / 吨
1957	971	1.9	1968	474	145
1958	650	25	1969	195	129
1959	970	66	1970	351	191
1960	690	133	1971	1069	167
1961	1080	114	1972	3877	175
1962	760	74	1973	8837	376
1963	1444	83	1974	14604	367
1964	2981	118	1975	17831	463
1965	4638	192	1976	14485	518

年份	旅客吞吐量 / 人次	货邮吞吐量 / 吨	年份	旅客吞吐量 / 人次	货邮吞吐量 / 吨
1966	4091	0	1977	16053	669
1967	1170	308			

注：《中国民用航空志·华东地区卷》，中国民航出版社 2012 年版，第 685—686 页。

第四节　通用航空

浙江通用航空（1986 年前称为专业航空）始于 20 世纪 20 年代末期。1929 年 8 月 3 日，云南革命军第十路军航空司令刘沛泉购入轻型水上飞机"金马号"，并驾机从广州飞往杭州，参加杭州西湖博览会航空展，进行航空表演，并多次载客在西湖的上空观光游览。

1958 年，中国民航局和国家航测队以杭州笕桥机场为基地用苏制安-2 型飞机对浙江地区进行以航空磁测为主的航磁普查和放射性测量。此后，用里-2、伊尔-14、云雀、双水獭、运-5 等机型先后进行过航空工业物探、地貌摄影、农林播种施肥、人工催雨、城市灭蚊等十多种作业飞行。1997 年，浙江东华通用航空有限公司成立。1990—2000 年，在桐庐、安吉建立直升机场，从事旅游观光和农林作业。2004 年，浙江大学医学院附属第二医院开展医疗救护用直升机运输服务。2005 年，全省通用航空起降 2652 架次，累计飞行 4823 小时，至 2010 年成为全国通航作业最频繁的省份之一。

一、航空物探

1958 年，中国民航局派飞机配合地质部航测队、第二机械工业部 608 队，以杭州笕桥机场为基地，用苏制安-2 飞机在浙江进行 1∶10 万、1∶20 万比例尺的低精度航磁普查和放射性测量，共飞行 604 小时。1959—1960 年，以衢县机场（现为衢州机场）为基地，在浙南闽北测量面积 2.7 万平方千米，共飞行 241 小时、2.4 万测线千米。1973 年 9 月开始，民航上海管理局第十四飞行大队配合地质部 309 队和浙江省航空物探队，用运-5 飞机先后在浙北地区开展 1∶5 万的比例尺航磁（局部航放）测量，飞行 445.21 小时，完成 40.1 万测线千米。

二、航空摄影和测绘

1931 年 6 月 2 日，浙江省水利局聘用德国飞行员哈尔达曼和航空摄影师等 5 人，驾驶高顶单式单发动机航摄飞机在浦阳江上自诸暨至钱塘江汇合口 1 段河道上空，采用 1∶20000 比例尺，航摄 36 千米，编制 60 平方千米的 1∶5000 像片平面图，为治理钱江流域提供基础资料。本次航空摄影测量为期 2 年，是国内组织的首次航空摄影。20 世纪 50 年代，人民空军用飞机对新安江水库（千岛湖）选址进行航空摄影测量飞行。1975 年开始，民航航测队对浙江省地区地貌进行航空摄影，以绘制 1∶10000 和根据地区需要其他比例尺的地形图。同时，还在富阳、新安江（杭州辖区）进行 1∶14000、1∶16000、1∶4000 比例尺的地形图摄影。

三、播种造林

1961 年 4 月，浙江省民航局与浙江省林业部门在黄岩方山区使用运 -5 飞机进行黑松籽播种试验，每亩用种籽 0.1 千克，共飞行 14 小时，作业面积 5805 亩，有效面积 3270 亩。1963 年，在临海、衢州两地进行马尾松、黑松子飞机播种，每亩用马尾松籽 3 千克、黑松籽与马尾松混合用种 0.14 千克，飞行 1.6 小时，作业面积 3 万亩。为做到落点均匀、密度适中（每平方米 11—20 粒），对每亩用种量、播种器风门、飞行高度都进行观察测算，取得较系统的资料。

四、护林

1964 年，民航首先使用运 -5 飞机在临海、德清、吴兴等林区喷洒六六六农药，作业飞行 209 小时，防治面积 6.35 万亩。1965 年 8 月，配合余杭林业部门在长乐实验林场喷洒六六六等化学药剂防治松毛虫，飞行 14 小时，防治面积 0.98 万亩。1971—1972 年，在浙江省内进行林区病害防治，防治面积 100 万亩。随后又在杭州（长乐林场）、余杭、建德、云和、长兴、慈溪、衢县、上虞、鄞县、宁波、嘉兴、金华、兰溪、临安、安吉等 10 多个县市的林区用飞机喷药防治，累计飞行 4948 架次、3294 小时，防治面积为 264.43 万亩。1975—1976 年，省民航局配合省农科所及衢县农林部门，用超低量喷雾新技术喷洒专用灭虫剂（20%DDT，20% 马拉松，60% 异苯焦油）防治松毛虫。先后进行 2 次，喷洒面积分别为 7755 亩和 1.22 万亩。

五、直播农作物、施肥、治虫

1960 年 7—8 月，浙江省民航局派运 –5 飞机，配合省农业厅、省农科所在宁波庄市、骆驼、邱盖、姜山等地的 9.3 万亩早稻田进行喷洒六六六、二二三和西力生农药的治虫试验。是年 7—9 月，又在萧山城北喷洒六六六、DDT 农药防治棉麻病虫害，累计飞行 603 架次、234 小时。此后飞播治虫逐步在省内水稻区和棉区推广。

六、人工催雨

驻浙空军、东海航空兵部队、省民航局与省气象局配合，为缓解浙江旱情和增加新安江水库蓄水量，从 1961 年起在省内用飞机进行人工催雨试验，民航派出里-2、伊尔-14 等飞机，至 1988 年，共计飞行 566 小时。

第五节　民航管理机构和管理体制

一、民航杭州站成立

1954 年 11 月 10 日，国务院决定将中央人民政府革命军事委员会民用航空局由空军建制改为国务院直属局，其工作由国务院第六办公室和空军按分工掌管。同时，对外保留的军委民航局名称撤销。是年 12 月 1 日，军委民航局华东（军区）管理处改称民航华东管理处，四个月后，又改称民航上海管理处。1956 年 12 月，中国民航局调配给民航上海管理处一个飞行中队，执管革新型飞机 7 架。

1956 年 2 月，中国民航局下文〔56〕场字 260 号批准民航杭州站设站初步设计，同时任命纪星然为民航杭州站副站长，马立龙为政委，并先后到达杭州笕桥机场走马上任，着手组织筹建航站事宜，随后，民航上海管理处派无线电机械员乐兆成携带无线电通信设备和器材到达杭州笕桥机场筹建电台。

1957 年 1 月 1 日，民航杭州站正式成立，并开通上海—杭州—南昌—广州航线，次日返回，每周往返两次，航线里程 1253 千米，首航班机为革新型 106 号飞机，首航机长是廖清纯。机场军民合用，导航台、调度指挥设备是借用空军的，指挥塔台在跑道头（两头均有）。民航杭州营业处暂设在杭州饭店内，同日起正式营业办理客货邮运输业务，当时民航杭州站受民航系统和浙江省计委运输委员会双重领导。

1958 年 3 月，国家民航体制下放，2 月 27 日国务院决定将中国民航局划归交通部领导。浙江省交通厅组建民航处，以管理规划浙江民航事业，民航处与民航杭州站并存，受省交通厅和民航上海管理处双重领导。

二、民航浙江省管理局

1960 年 5 月 25 日，在民航杭州站的基础上，组建了民航浙江省管理局。但受当时"左"的思潮的影响，错误地提出了"运输航空四通八达，专业航空（通用航空）遍地开花"的口号，浙江省规划要开辟杭州至丽水、温州等地的地方航线，省农业厅还购买了一架安-2 飞机，但规划未获得国务院、中央军委批准，所购的一架安-2 飞机由民航上海管理处专业飞行队接收。

1961 年 6 月 13 日，浙江省民航管理处改为民航浙江省管理局，它的成立为发展浙江民用航空事业奠定了基础。随着国民经济的发展，社会对航空的需求逐步扩大，1964 年 8 月 6 日开辟北京—杭州—广州航线，"子爵号"和伊尔-18 型客机先后投入使用。其他航线航班密度亦相应增加。

1966 年"文化大革命"开始，全国红卫兵串联，工厂停工停产，地面交通受阻，上下信息不通，民航根据中央决定，按部队方式进行正面教育，减少地方的干扰，从而保持航空运输的畅通，保证浙江与中央信息畅通。虽然如此，民航浙江省管理局还是受到不同程度的冲击。

三、民航划归中国人民解放军建制

1969 年 11 月 20 日，国务院、中央军委批准中国民航总局党委《关于进一步改革民航体制和制度的请示报告》，民航划归中国人民解放军建制，成为空军的组成部分，并实行义务工役制。一切制度按部队执行。民航浙江省管理局归民航上海管理局和空五军双重领导，干部按部队干部待遇，职工按战士待遇，干部的工资仍按地方规定，人员来源实行义务工役制。1969 年民航招收第一批义务工时，民航浙江省管理局没有分配计划指标，1970 年根据上级分配指标招收首批义务工 30 名。

1971 年 10 月中国恢复在联合国的合法席位，中美关系解冻，美国总统尼克松准备访华，并计划来杭州。为适应大型机起降笕桥机场，国务院、中央军委于1971 年 11 月 8 日决定扩建笕桥机场，将原 2200 米的跑道加长、加厚，新建候机楼，扩建停机坪，修建杭笕公路，工程于 1972 年 2 月前全部竣工。此后，随着国家对外交往的增多，来杭外宾及港、澳同胞日益增加，促进民用航空事业的发展，杭州—广州、北京的航班密度增加，伊尔-62、"三叉戟"等大型客机相继加入航线，杭州客运量大为增长。

第六节 民航运行保障

一、航行调度

航行调度是在服从空军统一管制下由民航组织指挥的空中交通管制服务，实行中国民航局、地区管理局、省（区、市）管理局和航空站四级管理体制。民航各级管理机构均设有航行调度业务机构和组织指挥飞行的指挥调度机构，中国民航局设航行司、地区管理局设航行处、省（区、市）管理局设航行科。设四级指挥调度室，中国民航局设总指挥调度室（简称"总调"），地区管理局设管理局指挥调度室（简称"管调"），各省（区、市）管理局设区域指挥调度室（简称"区调"），航空站设航站指挥调度室（简称"站调"）。

1957 年 1 月 1 日，民航杭州站在笕桥机场建立。始设航行指挥调度员 1 人，负责杭州空域内（以笕桥机场为中心，半径 50 千米内的空域）的民用航空飞行管制和组织指挥。2 月 1 日起，中国民航局《中国民航全国飞行调度区域划分规定》实施。站调负责对本航站空中和地面的飞机进行直接调度与指挥；区调负责对本区域内航线上飞行的飞机进行直接指挥，如航线距离太长可通过所辖航站进行指挥，并对所辖航站调度室进行监督；管调除对规定的区域内的飞行进行指挥外，还负责对所辖区域调度室、航站调度室进行指挥和监督；总调负责对全国民航航行中和地面的飞机及各级调度室进行总的指挥与监督。2 月 10 日，民航上海管理处调度室与区域调度室合并，管理处调度室直接指挥区域调度室，并管辖上海、徐州、合肥、南京、杭州、南昌等航站调度室。

1959 年 9 月 1 日，中国民航局实施《中国民航全国飞行调度区域划分规定》。

按此规定，民航上海管理局航行科调度室管辖上海、南昌、杭州 3 个航站调度室。1961 年 6 月 13 日，民航杭州站改名为民航浙江省管理局后，设立航行调度室。航行调度室还兼管气象、通信等工作。1961 年，国家精简民航机构。

1963 年初，开始筹建领航室，1964 年 2 月建立领航室，领航值班工作由航行调度员兼任。1965 年 7 月，民航上海管理局将南京、杭州两调度室的航线指挥范围适当扩大，杭州调度室的航线指挥范围为：沪杭线以切嘉兴，南昌—杭州线以切分水至杭州两航段。凡进入杭州调度室所负责的航线指挥区域的飞机，应在进入上述各点时主动用特高频与杭州塔台取得联系。8 月 20 日，民航上海管理局颁发《关于沪管地区有关飞行指挥的几个具体问题的规定》，明确杭州调度室应掌握本地的空军分区所辖范围内的飞行动态并进行飞行冲突的调配，负责军民航间的相互飞行情况的通报和转报，必要时可直接实施飞行指挥。

因"文化大革命"，至 1970 年仅剩 4 名航行调度员。1972 年后，采取以老带新、跟班见习和选调送院校培训等方法对部分优秀入伍军人进行培养，1982 年以后，陆续从民航大专院校接收毕业生，航行调度人员逐渐增加。1974 年，民航浙江省管理局建立"浙江省（区）调"，担任省（区）调范围内中低空的一切飞行活动的指挥。浙江省（区）调的范围是：自范岛山—庵东—嘉兴—溧阳—芜湖—安庆（不含）—屯溪（含）—浦城—福鼎的连线范围。

二、机务维护

民用航空机务的任务是：保持和恢复飞机的适航性与可靠性，确保飞行安全，提高飞机利用率，及时满足飞机任务的需要。

民航杭州站是飞机过往经停站，机务工程部门主要是负责过站短停飞机的检查维护，按各型飞机的放行标准把好放行关。开航时只有一名航空机械员承担上述工作。1964 年 8 月新开京杭广航线，"子爵号"和伊尔-18 型飞机相继投入运行，因机型更新，航班增多，人员亦相应增加，同年成立机务组，1969 年改为分队。1972 年 4 月开始使用安-24、伊尔-62 和"三叉戟"型飞机，这时分队已增加到 11 人，按班次进行混合编组。

航空机务工作是一项复杂的系统工程。要实现检查维护的高质量，做到不漏检、不放过疑点，机务人员必须具有应知应会的专业技术知识、高度的责任心和一丝不苟的工作作风。为此，既要加强政治思想教育又要抓紧专业技术培训，1967 年 6 月至 1990 年底，机务人员送民航学院（原民航机专）、技校和飞机执管单位培训的有 168 人次，上岗人员均按职责考取维护放行执照。1990 年科里（不含甬、温和浙航）有工程师 2 名、助理工程师 12 名，占机务人员总数的 30.8%。

为了防止发生地面碰撞或火灾事故，除飞机进出客机坪画有引导线外，对指挥飞机滑进滑出，各种障碍物的间距，机动车辆在机坪的行驶速度以及飞机的启动，加、放（抽）油等都逐项做出具体规定。由于严格执行条例规定，完成了任务，保证了安全。

三、油料供应

民航杭州站在建站开航时，油库仅有两只容量 47 立方米的汽油罐，所需航空煤油暂由驻场空军提供，费用年终结算。民航上海管理处派来一名油料员负责此事。油料化验则请驻场空军将油样封好送上海做。1965 年 5 月，又调来一名油料员。1966 年，在油库又安装了三只容量 150 立方米的煤油罐和两只容量 50 立方米的汽油罐，建了泵房，从此，航空燃料油全部自供。随着工作量的增加，1967 年底油料员增加到 3 名。1972 年、1973 年，陆续有 7 名义务工分配到油库，经过专业培训上岗工作并组建化验室。

燃油库区进油前就建立严格的消防制度，配备消防员，按《油料条例》规定，建有消防水池、消防泵房和泡沫罐等固定消防设施，配备灭火机、消防锹、砂桶等工具设备。库站的所有储油罐、输油管、泵房都安装静电接地保护装置和避雷保护装置，还制定操作规程和"入库规则"，并设立警卫，对飞机加、放（抽）油容器与飞机连接，静电接地，机上不准拆装电瓶，距飞机 25 米内只准用防爆灯或手电筒，以及灭火设备等都逐项作了明确规定。

四、场道维修

机场场道是保障飞行的首要设施，为了保证飞机起降、滑行、移位和停机安全，每天飞机进出港前都要认真检查和清扫道面，确保道面的清洁与完好。

杭州笕桥机场是军民合用机场，建站至 1959 年，民航用的一小块旧机坪，每天由驻场空军检查清扫。1959 年民航候机楼建成，停机坪稍有扩大，于是航站指定一名搬运工兼管机坪的检查清扫工作。1964 年 9 月，由民航投资在原处修建新停机坪，并建成进出客机坪的滑行道（即五号滑行道），从此，民航配置一名专职场建技术员和一名养场工，负责检查清扫停机坪和滑行道。1972 年初，新的候机楼建成，停机坪再次扩建，这时民航浙江省管理局成立场务分队，负责机坪和五号滑行道的检查清扫。1973 年，义务工补来，组建三人养场班。

五、机动车辆

机动车辆种类多、车型和功能各异是民航的特点之一。除接送旅客、运送货物和行政生活用车外，专为飞机移位、启动、供油、通信指挥、装卸行李货物和旅客上下飞机等用的特种车辆有牵引车、电源车、气源车、油车、塔台车、客梯车、平台升降车、叉车、电瓶车，还有消防车、救护车、空调车、清洁车、加水车等。这些车辆都是根据航空运输和通用航空的实际需要设置的。

建站开航时，仅有解放 CA-10B 卡车和福特旅行车各一辆，司机一名。1958 年添置一辆吉斯-150 油车，1959 年添置一辆中型客车，司机增加到 4 名，成立汽车班，为了集中统一管理，当时汽车班、油料与机务是合在一起的，统称机务。随着运输业务和通用航空的发展，车辆和人员逐年增加。到 1972 年 9 月汽车班与机务分开时，各种车已达 35 辆，司机 24 名。1975 年 1 月，汽车分队成立。

第七节　浙江航空教育

一、以浙江大学为龙头的浙江航空教育系向全国扩散

1949 年 6 月 6 日，国立浙江大学进入军管状态，原校长竺可桢调往中国科学院任副院长，新校长为马寅初先生。学校开始逐步恢复授课。但是，紧接着"三反""五反"运动刮进校园，正常的学习教育受到很大的干扰。

1950 年，国立浙江大学更名为浙江大学。

至 1952 年又开始了全国大规模院系调整。按苏联模式，取消大学的学院制，调整出工、农、医、师范等学科，建立专门学院或合并到已有的同类学院中。1952 年，国立浙江大学航空工程教育系作为国内航空领域的特强学院，优先列

入首批调整序列，合并国立浙江大学、上海交通大学、南京大学的航空专业成立了华东航空学院。

国立浙江大学航空工程教育系调整师资力量支援各地建设航空专业，据档案资料记载：

范绪箕教授，航空系首任主任，1952 年调任，并创办华东航空学院，1979 年调至上海交通大学，后担任校长。

梁守槃教授，航空系主任，1952 年，奉调到哈尔滨军事工程学院空军工程系任系主任，曾任第七机械工业部研究院副院长、七机部总工程师。中国科学院院士。

戴昌辉教授，浙大航空系教授，1952 年调至华东航空学院，后任南京航空学院系主任兼空气动力研究所所长、中国空气动力学研究会副会长。

万一教授，浙大航空系教授，1952 年调至华东航空学院，后任西北工业大学教授。

岳劼毅教授，浙大航空系教授，1949 年调至南京华东军区司令部科学研究室任研究员，西北工业大学飞机系教授。

黄培栻副教授，浙大航空系副教授，留任浙江大学机械系。

胡维群副教授，浙大航空系副教授，留任浙江大学机械系。

王培德助教，浙大航空系助教，1949 年调至杭州高等工业学校，后调至华东航空学院，曾任西北工业大学自动控制系主任。

柳克平助教，浙大航空系助教，1952 年调至华东航空学院。

沈达宽助教，浙大航空系助教，1952 年调至华东航空学院，曾任西北工业大学教授。

吕茂烈助教，浙大航空系助教，抽调到哈尔滨工业大学研究生班，曾任西北工业大学力学系主任。

梁国炜助教，浙大航空系助教，1952 年调至华东航空学院，西北工业大学教授。

陈辅群助教，浙大航空系助教，1952 年调至华东航空学院，西北工业大学教授。

孙希任助教，浙大航空系助教，1952 年调至华东航空学院，西北工业大学自动控制系教授。

王适存助教，浙大航空系助教，1952 年调至华东航空学院，后任南京航空学院飞行器系主任。

相配套的实验设备也搬往华东航空学院，部分设备迁往西北工业大学。

1953 年，开始在杭州市西湖西北侧兴建老和山新校园（四校合并后为浙江大学玉泉校区），1956 年底，新校园建设全部完成。1961 年，杭州工学院并入浙江大学。

此后，浙江大学工程学院虽然短暂保留过火箭工程系，但是在院系建制中一直没有航空航天类系科。尽管如此，一批致力于国家航空航天事业的浙江大学专家学者仍然一直在坚守着自己的专业，并在 20 世纪 60 年代成功研制出记录中国核试验的超高速摄影机。

1964 年，浙江大学光仪系王子余研发了大型光机电高度结合仪器装备，在 1965 年末的全国高教展览会上展出了等待型转镜式高速摄影机，并于 1966 年 11 月上旬完成了国防科委正式下达的研制三台 250 万幅 / 秒等待型转镜式高速摄影机的任务。（见图 2-1）3 台相机，每台分装 4 箱，共计 12 箱，由专用车皮从铁路启运，最后运入氢弹核爆试验场地。浙江大学派出黄振华、冯俊卿和赵田冬三位教师随车进场，共同参与核试爆任务中的拍摄准备工作，完成拍摄了我国氢弹试爆的全过程。

图 2-1　浙江大学航空教育系的 250 万幅 / 秒等待型转镜式高速摄影机

1966—1977 年，浙江大学的教师基本以加强航空理论建设为要点，也是该时期浙江大学学者同人围绕航空科研发展的重要特点。

二、创建杭州航空工业财经学校发展信息科技

浙江省在航空教育界发展的另一标志是成立了杭州航空工业财经学校。

1956 年 4 月，国务院成立了航空工业委员会。此后，国家相继建立起一批航空工业厂、校。为了更好地发展航空工业，在培养大批技术干部的同时，还要培养一批具有专业知识的航空工业财经管理干部。为了满足这样的需求，国家第二机械工业部决定在杭州建立航空工业财经学校。

杭州航空工业财经学校，创建于 1956 年，是一所为共和国航空工业培养管理人才的部属院校。建校之初，教师主要来自中南财经学院、中国人民大学、东北人民大学等著名院校。校址最初选在杭州市曙光路北、文三路上宁桥求智巷东侧地块，面积约 90000 平方米，靠近浙江大学和杭州大学。（见图 2-2）

图 2-2　师生员工共同建设新校区（1956 年）

1958 年 6 月，杭州航空工业财经学校更名为杭州航空工业学校。同年 12 月，杭州航空工业学校、杭州工业学校（电机科）合并，升格为浙江电机专科学校，并下放浙江省管理，主要设有电专业和机专业两个系列。

1961 年 4 月，浙江电机专科学校、浙江机械专科学校（中专部）合并，改名为浙江机械工业学校。

1965 年 1 月，浙江机械工业学校原浙江电机专科学校部分，改建为杭州无线电工业管理学校。

1970年2月，杭州无线电工业管理学校撤销，改建为国营4509厂（学军机械厂）。

1973年5月，中央批准恢复办校，成立杭州无线电工业学校，隶属第四机械工业部。

三、建立预科教育制度

新中国成立后，我国成立了空军，迫切需要解决航空学校初建时学员来源不同、文化基础差异大、素质参差不齐、能力强弱不等的问题，需要在训练中进行淘汰和筛选。为此，在全国各航空学校建立起了预科教育制度。杭州笕桥空军基地也设立了航空预科总队，为推行航空教育预科制度做出了积极的贡献。

抗美援朝时期，虽然苏联援助了大量飞机，但是严重缺乏飞行驾驶人员。为此，大量抽调了陆军的干部战士和新招参军的知识青年学生，他们在战斗经历和文化程度方面各有其长短，把这两部分人放在一起培训，无疑增加了航空教育的难度。于是空军领导机关研究决定推行预科制度，即在把这些学员正式编入航空学校之前，集中进行一年的预科教育，提高文化和身体素质，学习政治和军事知识。这不仅有利于全面打好基础，而且可以缩短航空学校的训练期限，节省人力、物力和经费。

预科教育内容和各项教育时间比例，根据不同时期招收学员的实际情况确定。一般部队学员以文化教育为主，军事教育为辅；新参军学生学员以军事教育为主，政治教育为辅。

杭州笕桥空军基地于1950年1月成立了1个空勤学员入伍生大队，进行1年预科教育。7月改称航空预科总队，第1期接收学员2000名。

杭州笕桥空军基地的预科总队针对"面向装备、面向岗位、面向空勤、面向战场"的办教思路，精心设计了人才培养方案，科学整合优化了专业设置，全面系统地实施课程教学设计、教材建设和实习室建设，开展了多种形式的组训模式和教学方法改革，为"四个面向"的教学实施奠定了物质基础。

除了对飞行人员培训外，中队也对空勤人员进行培训。对空勤人员培训主要采用"三级五阶段"的培训体制。这种培训体制是相对稳定的，但装备发展、知识更新、作战模式变化等对空勤人员素质和作战能力的要求是不断变化的。在飞机装备发生大的变化时，将对空勤人员进行短期培训，按照"集中统一管理，区分目标层次，优化装备搭配，完善培训制度"的改革基本思路，逐步建立"一级管理（空军直接领导），两类院校（加入基础和战术院校），三级培训（空中、地勤、礼仪与三机型）"的空勤人员培训体制。

其间，杭州笕桥空军基地的预科总队更名为空军第六航空预备学校。空军第六航空预备学校除了负责飞机机务人才培训，还在科研学术研究、故障专题研究、模拟仿真、教学课件等方面做了大量技术储备。在充分发挥杭州笕桥空军基地对设备的功能、构造、原理和使用维护等内容熟悉优势的背景下，开展了面向空勤装备的全面教学。

第三章

浙江民航解放思想、改革开放

>>>>>>>> （1978—1991 年）

20 世纪 80 年代起，浙江民航先后在义乌、衢州、黄岩等军用机场建立航站，实行军民合用，开展民航业务。同时，由地方政府和中国民航（总）局共同投资，修复、新建杭州萧山机场、宁波栎社机场、舟山普陀山机场、温州永强机场等 4D 或 4E 级民用机场，改扩建了义乌机场、黄岩机场、衢州机场等 3 个军民合用机场，形成以杭州为中心，通往国内（北京、广州、成都、乌鲁木齐、哈尔滨、深圳、香港、澳门等地）及国外（日本、韩国、新加坡、泰国等国）的航空网络。

1979 年开辟杭州—香港的包机，1980 年 11 月辟为正式航线。1981 年，杭州开办航空国际货运业务。1984 年增设宁波航空站，11 月开辟宁波—上海航线。1985 年 7 月 4 日，中国民航局正式批准与省政府合资组建浙江航空公司。1987 年 10 月 4 日，浙江航空公司成立。1988 年，空客–310、空客 300-600、波音 757 等大型宽机体客机经停杭州的航班开始采用集装箱运输货物、邮件及行李。1990 年开通杭州—温州航线。1991 年 4 月义乌民航站通航。

第一节　机场建设

一、扩建、整修杭州笕桥机场

1979 年 8 月，机场业务油库开始施工，1982 年 8 月竣工并交付使用。1982 年开始改建卸油站，1983 年 8 月竣工。1984 年 5 月新建机场外油库，1986 年 11 月 4 日竣工。1983 年，为杭州至香港通航需要，杭州笕桥机场在候机楼北侧新建 1020 平方米的简易联检棚，供民航、海关、边防、卫生检疫、银行等部门使用，1984 年 9 月 2 日建成。1988 年 12 月改扩建简易联检棚，面积增加 500 平方米，并安装空调设备和行李自动传送转盘，1989 年 5 月工程竣工。

1988 年 8 月 8 日凌晨，杭州遭受 7 号强台风袭击，杭州笕桥机场民航候机大楼等设施遭到不同程度的损坏。候机楼于 8 月 9 日开始抢修，11 月竣工。由于机场长期超负荷使用及遭受强台风袭击，跑道局部沉降，道面严重破损。为保障飞行安全，1988 年 12 月 1 日起，机场仅限于中小型飞机起降，空客 310、波音 757 等大型飞机停飞。1989 年 9 月 16 日，中国人民解放军总参谋部、国家计委同意整修杭州笕桥机场。项目总投资 3300 万元，其中省政府承担 2500 万元，民航投资800万元。整修工程包括跑道基础灌浆加固、疏通排水设施,跑道面加层,改善灯光,扩建停机坪等。1990年5月1日机场停航整修,7月26日工程竣工,8月20日恢复通航。整修后,跑道长3200米、宽50米,跑道厚度增加0.26—0.30米,助航灯光达到近Ⅰ类国际标准,可起降波音747-400型大型客货机。

1992年8月10日,杭州笕桥机场过渡用房扩建工程开工,1993年11月12日竣工。扩建候机用房7167平方米,其中国内候机用房4949平方米,国际联检用房2218平方米;新建道路2180平方米;扩建停车场2270平方米;新建商务运输停车场900平方米,仓库1920平方米;扩建配电用房32平方米。

2000年12月28日,杭州萧山机场建成,12月30日,杭州笕桥机场民用飞机全部转至杭州萧山机场起降,杭州笕桥机场恢复为军用机场。

二、新建宁波栎社机场、温州永强机场

1949年中华人民共和国成立后,庄桥机场由中国人民解放军接管并于1952年7月进行修复。1953年,机场由人民解放军东海舰队航空兵专用,占地面积420万平方米。

1984年9月,国务院、中央军委同意宁波民航与东海舰队合用庄桥机场。11月16日,庄桥机场举行中国民用航空宁波站成立大会暨宁波—上海航线开航典礼,使用肖特-360飞机,开辟民用航线,此为宁波开设民航班机之始。民用航空停机坪1000平方米,业务用房1幢,建筑面积850平方米。

宁波栎社国际机场位于宁波市鄞州区,原址为初建于1936年的栎社机场。1949年5月,栎社机场为军用机场。

1985年8月7日,国务院、中央军委决定在栎社机场原址新建二级民用机场。一期工程征用土地3022.67亩,包括场道、航站楼、航管楼及通信导航、气象工程。

场道工程。由场道填河、永久性垫层、道面基层、道面钢筋混凝土、迫降带、场道围界和场道永久性排水等主要项目组成。1987年3月1日开工,1990年4月20日竣工。

航站楼工程。包括候机厅、行李厅、迎候厅、贵宾室等,建筑面积为4036平方米。1988年9月19日开工,1990年3月31日竣工。

航管楼工程(含塔楼)。建筑面积为1915平方米,1988年10月开工,1989年9月30日竣工。

通信导航、气象工程。通信导航工程包括跑道西北端的主降方向配 I 类仪表着陆系统精密进近设备，次降方向（东南方向）使用非精密进近设备，场内外共设 8 个台站，各台站的导航机均有主备机。气象工程包括航管楼、气象雷达站及常规气象设施等。

1990 年 4 月，栎社机场一期主要工程竣工，6 月 28 日中国民航局向栎社机场颁发机场使用许可证，机场飞行区等级指标为 4D，可起降麦道-82 型及以下机型飞机。6 月 30 日，宁波栎社机场正式投入使用，7 月宁波民航业务移至宁波栎社机场，并相继开辟广州、福州、厦门等 9 条航线。此后，1992 年 9 月开通宁波—香港航线，1993 年 6 月香港港龙航空公司开通香港—宁波包机航班。

三、台州路桥机场、义乌机场、衢州机场军民合用

自 1987 年以来，台州路桥机场、义乌机场及衢州机场经国务院、中央军委批准，实行军民合用。

台州路桥机场位于台州市路桥区，原为驻浙海军航空兵部队军用机场，始建于 1954 年 1 月，1955 年 7 月竣工并启用。有南北走向混凝土跑道及混凝土滑行道各 1 条，跑道与滑行道之间有 1–5 编号的混凝土联络道与停机坪。1983 年 9 月，对跑道、滑行道、停机坪等进行维修，工程于 1984 年 5 月开工，11 月竣工，总投资 870 万元。1987 年 9 月 15 日，国务院、中央军委《关于海军路桥机场实行军民合用的批复》批准路桥机场为军民合用机场。军民合用后，机场产权仍属海军，民航设施在机场外选址建设，自成体系。10 月 24 日，成立黄岩县民用航空站。12 月 2 日，黄岩县民用航空站正式开通杭州、上海客运航班，成为国内第一个县级民航站。1988 年 5 月，黄岩县政府向有关企业集资 30 万元，租用海军本场土地 5 亩，建造候机室及配套设施，共计 1388 平方米，9 月竣工。1988—1990 年，气象观测依靠部队观测力量。1990 年建成民航站气象台，有专业工作人员 5 人。

义乌机场位于义乌市北苑街道柳青社区，始建于 1970 年，1976 年正式交付使用。原系海军训练机场，属三级机场，主要可使用安-24、BA146、DASH-8 等机型，运-8、伊尔-14 控制使用，亦可使用波音 737-200 型。1988 年 10 月，经国务院、中央军委批准，改为军民合用机场，机场产权仍属海军。民航站在机场外选址建设，自成体系。1989 年 1 月 25 日，义乌民用航空站成立。1990 年 2 月 5 日，省计经委同意义乌民用航空站初步设计。机场建设按照"自成体系，分

期实施"的原则，一期扩建工程站坪按 3C 级两个机位 5400 平方米设计，小型候机楼及航管楼 1600 平方米，停车场面积 750 平方米，机务工作间、车库、仓库、值班宿舍等辅助及生活用房 600 平方米，占地面积 29.6 亩，工程总投资 410 万元。1991 年 3 月 20 日一期扩建工程通过竣工验收。3 月 21 日，浙江航空公司冲 -8 型飞机试飞杭州—义乌航线，4 月 1 日，义乌航站举行首航典礼，浙航以冲 -8 型飞机开通义乌—广州、义乌—厦门两条航线。

1991 年 7 月 25 日，国务院、中央军委批复同意衢州机场实行军民合用，民用航站由衢州市负责建设，所需经费由地方政府自筹解决。1992 年 11 月 30 日，开工兴建候机楼、航管楼、专用联络道等民航专用设施，1993 年 11 月 17 日竣工并通航，先后开通至杭州、厦门、温州、上海、广州、北京、南京、青岛、深圳等航线。

第二节　民航客货运输

1978 年中共十一届三中全会后，航班密度增加，通航的网点增多，除上海管理局和北京管理局开辟航线外，又有民航广州管理局、民航沈阳管理局开辟的广州、桂林、昆明、沈阳等地到杭州航线。1979 年，杭州至香港开辟不定期航班往返于上海—南京—香港—杭州—上海之间。1980 年 11 月 2 日，民航上海管理局正式开辟杭州至香港的航线，浙江省航空运输逐步形成以杭州为中心，通往北京、上海、广州、昆明、香港等 7 个大城市 12 条航线，1984 年开辟宁波—上海航线。

1985 年 1 月 4 日，浙江省第一家地方航空服务公司——杭州飞达航空服务公司成立，是年浙江航空公司开始筹建。1986 年 7 月，省政府与东方航空公司合营的地方航空运输企业——中航浙江航空公司成立。1987 年，温州龙港镇的农民企业家王均瑶创办天龙包机公司，先后与国内 10 多家航空公司合作，开辟 20 多条航线。是年，温州外运办事处开辟空运快件外贸运输业务。

一、航线

1978 年中共十一届三中全会以后，航线网点及航班密度迅速增加。1979 年 5 月，民航上海管理局新辟上海—南京—香港—杭州—上海不定期的旅游包机地区航线，1980年11月2日，用"三叉戟"正式开辟杭州—香港间当日往返的直达航线。1981年4月1日，民航广州管理局用"三叉戟"开辟杭州—桂林航线；是日，民航安徽省管理局用伊尔-14开通合肥—屯溪—杭州—上海往返航线。1984年3月16日，民航沈阳管理局用"三叉戟"开通沈阳—北京—杭州航线。1984年4月16日，民航成都管理局用伊尔-18开通昆明—桂林—杭州航线。1985年4月20日，民航北京管理局用"三叉戟"开通北京—天津—杭州—桂林（单向南飞）航线。1985年7月22日，民航西安管理局用伊尔-18开通西安—杭州航线，是年11月7日开通延伸至厦门的往返航线。至1990年杭州有通往北京、上海、广州、桂林、沈阳、哈尔滨、成都、昆明、西安、乌鲁木齐、宁波、黄岩、温州、福州、厦门、合肥、黄山、南京、济南、武汉、长沙等21条航线和1条香港航线，航线里程2.10万千米。（见表3-1）

表3-1　1978—1990年民航杭州站航线一览表

日期	新开航线	机型	班次
1978年4月1日	广州—杭州—北京往返航线	三叉戟	每周1班
1978年10月1日	上海—杭州—南昌—长沙—贵阳—昆明	伊尔-14	每周2班；当年11月即停航
1979年4月1日	杭州—广州	三叉戟	每周2班
1980年4月1日	杭州—北京	三叉戟	每周2班
1980年11月2日	杭州—上海	三叉戟	每周3班
1980年11月2日	杭州—香港	三叉戟	夏秋飞行5班
1981年4月1日	杭州—屯溪（黄山）	伊尔-14	每周2班，1981年11月1日延长至上海，1983年3月11日停航
1981年4月1日	杭州—桂林	三叉戟	每周2班
1983年1月1日	杭州—桂林—昆明	伊尔-18	每周1班
1983年3月16日	杭州—北京—沈阳	三叉戟	每周1班
1983年11月1日	杭州—上海	安-24和伊尔-14	1984年3月15日停航
1984年3月16日	杭州—沈阳	三叉戟	每周2班
1985年8月19日	杭州—西安	伊尔-18	每周1班
1985年11月17日	西安—杭州—厦门	伊尔-18	每周2班
1985年11月17日	杭州—南京	肖特-360	每周3班

日期	新开航线	机型	班次
1985 年 11 月 18 日	上海—杭州—南京	肖特-360	每周 2 班，1986 年 3 月 16 日起飞杭州—南京
1986 年 5 月 4 日	合肥—杭州—福州	运-7	每周 2 班
1986 年 6 月 26 日	香港港龙航空公司，香港—杭州，包机		每周 2 班
1986 年 11 月 16 日	北京—杭州—桂林—北京	三叉戟	每周 1 班
1987 年 3 月 16 日	杭州—武汉	BAe146	每周 2 班
1987 年 12 月 2 日	浙江航空公司，杭州—黄岩—上海	肖特-360	每周 3 班
1987 年 12 月	杭州—南京—北京	波音 737	每周 1 班
1988 年 3 月 16 日	杭州—成都	波音 737 和麦道-82	每周 2 班
1988 年 4 月 1 日	杭州—厦门	波音 737	每周 1 班
1988 年 5 月 2 日	杭州—西安—乌鲁木齐	图-154	每周 2 班
1988 年 11 月 16 日	杭州—福州，杭州—济南	肖特-360	每周 3 班
1989 年 2 月 27 日	杭州—青岛	肖特-360	每周 3 班
1989 年 4 月 1 日	云南航空公司，杭州—桂林—昆明	波音 737	1990 年 4 月 1 日停航
1989 年 11 月 1 日	浙江航空公司，杭州—福州	冲-8	每周 1 班
1989 年 11 月 1 日	浙江航空公司，杭州—广州	冲-8	每周 3 班
1989 年 11 月 14 日	上海航空公司，杭州—广州	波音 757	每周 3 班
1989 年 11 月 16 日	上海航空公司，杭州—北京	波音 757	每周 2 班
1990 年 4 月 1 日	杭州—西安—兰州	伊尔-18	每周 1 班
1990 年 4 月 1 日	浙江航空公司，杭州—厦门	冲-8	每周 2 班
1990 年 4 月 1 日	浙江航空公司，杭州—武汉	冲-8	每周 2 班，是年 11 月改民航湖北省管理局运-7 飞行每周 3 班
1990 年 4 月 3 日	杭州—长沙	安-24	每周 2 班，是年 11 月 1 日改每周 1 班
1990 年 8 月 23 日	杭州—温州	冲-8	每周 2 班
1990 年 11 月 1 日	浙江航空公司，杭州—南京	冲-8	每周 3 班
1990 年 11 月 21 日	杭州—哈尔滨	麦道-82	每周 2 班

注：《杭州市志》，中华书局 1997 年版，第 453—457 页。

二、客运

1978 年中共十一届三中全会后，社会对航空运输的需求明显增多。1979 年开辟杭州—香港的不定期旅游包机航线，1980 年改为正式航线。1984 年，杭州笕桥机场旅客吞吐量突破 10 万人次。

1981—1990 年，随着国家改革开放的深入以及旅游业的快速发展，买机票难的矛盾非常突出。为适应浙江经济发展需求，杭州先后又开通 16 条航线，与昆明、福州、桂林、沈阳、西安、厦门、大连、成都、乌鲁木齐、济南、兰州、哈尔滨等 26 个国内城市通航。并且在 1984—1991 年间，相继成立宁波、黄岩、温州、义乌民用航空站。1991 年民航浙江省管理局所辖航站旅客吞吐量为 160.8 万人次。

表 3-2　1978—1991 年浙江省民用航空航线及客货运量一览表

年份	民用航空航线条	其中：国内航线条	客运量合计万人次
1978	4	—	3
1979	4	—	4
1980	8	—	5
1981	9	—	8
1982	9	—	9
1983	9	—	8
1984	11	—	10
1985	15	14	13
1986	15	14	22
1987	17	16	30
1988	21	20	34
1989	24	23	23
1990	41	40	32
1991	62	60	85

注：《新浙江五十年》，中国统计出版社 1999 年版，第 355—358 页。

三、民航货运

1980 年杭州笕桥机场货邮出港量 1243.1 吨，吞吐量 2197.3 吨。1984 年、1990 年，宁波、温州航站相继成立，1991 年民航浙江省管理局货邮吞吐量 20730 吨。

表3-3　1978—1991 年民航浙江省管理局所辖航站旅客、货邮吞吐量一览表

年份	旅客吞吐量 / 人次	货邮吞吐量 / 吨	年份	旅客吞吐量 / 人次	货邮吞吐量 / 吨
1978	27146	706.9	1985	233067	6340.9
1979	40308	880.3	1986	379949	7491
1980	50850	1135.5	1987	554197	11056
1981	81795	1944.8	1988	654290	12833.2
1982	86137	1977.3	1989	494434	8552.9
1983	83405	3066.8	1990	575526	8675.2
1984	103949	3347.2	1991	1607841	20730

注：《中国民用航空志·华东地区卷》，中国民航出版社 2012 年版，第 685—686 页。

四、航空公司

（一）杭州飞达航空服务公司

1985 年 1 月 4 日，杭州飞达航空服务公司成立，系全民所有制企业，由杭州市人民政府与中国航空联运公司协议，使用中航联飞机。杭州市在杭州笕桥机场建有 400 平方米的候机室。公司办公地点和售票处设在杭州市延安路金城饭店内。1985 年 1 月 12 日，该公司开辟杭州—北京（南苑）航线，6 月 19 日开辟杭州—深圳（惠阳）航线，6 月 28 日开辟杭州—西安航线（但开航 1 个月后该航线即停航）。（见表 3-4）1985 年共发运旅客 1121 人次，完成起降航班 140 架次，通航里程 3420 千米。1987 年公司和售票处迁至延安路 220 号杭州市级机关综合办公楼 2 号楼，6 月 15 日经中国联合航空公司同意，杭州飞达航空服务公司作为中国联合航空公司杭州分公司，仍保留飞达航空公司的名称，对外挂两块牌子。

表 3-4 1985 年杭州飞达航空服务公司航线一览表

航线	开航日期	航线距离 / 千米
杭州—北京（南苑）	1985 年 1 月 12 日	1200
杭州—深圳（惠阳）	1985 年 6 月 19 日	1005
杭州—西安	1985 年 6 月 28 日	1215

注：《浙江民航志资料汇编（1956—1985）》，1990 年编印，第 221 页。

1989 年，杭州飞达航空服务公司开辟 3 条航线，1 月 2 日与中国联合航空公司南京公司联合开辟杭州—南京、杭州—福州航线，7 月 19 日与徐州航空公司合作开辟杭州—徐州航线，增加航线距离 1549 千米。至 1989 年，杭州飞达航空服务公司拥有杭州—北京、杭州—佛山、杭州—惠阳、杭州—南京、杭州—徐州、杭州—福州等 6 条航线，通航里程 4831 千米。

1991 年，增辟温州航线，增设湖州代售点，重建飞达航空旅行社，开办西湖空中游览。1991 年，该公司经营的杭州至佛山、惠阳、北京、温州、南京、福州 6 条航线完成旅客发运量 1.31 万人次，完成起降航班 464 架次，平均乘坐率 66.4%。全年完成营业收入 94.51 万元，利润 14.67 万元。

（二）中国国际航空股份有限公司浙江分公司

中国国际航空股份有限公司浙江分公司前身是 1987 年 10 月 4 日成立的浙江航空公司。地址在浙江杭州萧山机场内。

1985 年 1 月 7 日，民航浙江省管理局起草《关于组建航空公司的报告》上报省政府，建议组建一个省属航空公司。10 月 3 日，省政府致函中国民航局，要求批准购买 2—3 架冲-8 型飞机及合作经营浙江航空公司。10 月 20 日，中国民航局答复省政府，同意购买。

1986 年 6 月 11 日，浙江省政府下发《关于成立浙江航空公司筹建小组的通知》，成立浙航筹建小组。6 月 30 日，向国务院呈报《关于合资兴办浙江航空公司有关问题的请示》。7 月 4 日，中国民航局复函省政府，同意组建浙江航空公司。12 月 27 日，省政府和中国民航局签署《关于合资兴办浙江航空公司的协议》，浙江航空公司由省政府和中国民航局合资兴办，受省政府领导和中国民航局行业管理。公司实行董事会领导下的总经理负责制，主要经营浙江省内航线，注册资金 200 万美元，浙江和民航各 100 万元，后续增加投资，按浙江 60%、民航 40% 比例分担。公司系国有制经济实体，实行独立核算，自负盈亏、自主经营。以杭州为基地，开辟省内航线，在中国民航局统一规划下，开通邻省主要城市和风景旅游区之间的航线。

1987 年 5 月 5 日，国务院办公厅批准浙江省进口 2 架冲-8-300 型飞机。筹建小组决定先以湿租飞机的方式开通杭州—黄岩—上海航线。9 月 11 日，浙航筹建小组与民航山东省管理局签署《关于开通杭州—黄岩—上海航线的协议》。1987 年 10 月 4 日，省政府下发《关于组建浙江航空公司的通知》，由省政府和中国民航局共同出资的浙江航空公司正式宣告成立。公司基地设在杭州笕桥机场，为全民所有制单位，注册资金 200 万美元，实行董事会领导下的总经理负责制，由浙江省计经委代管。11 月 2 日，组建浙江航空公司黄岩站。12 月 16 日，浙江航空公司利用向民航山东省管理局湿租肖特飞机，使用上海虹桥机场、杭州笕桥机场、黄岩路桥机场，正式开通杭州—黄岩—上海航线，实行地方特殊运价，由民航山东省管理局代飞航线，每周三、五、日 3 班，使用莫制肖特-360 机型。公司租用位于杭州马塍路 7 号的西湖区西溪街道办事处的 8 间办公室。杭州售票处设在武林大酒家，黄岩售票处设在城关青年东路县政府招待所，上海由民航上海售票处代售。

1988 年 10 月 17 日，浙江航空公司向中国民航局递交《关于要求实行行业管理的报告》。经中国民航局同意后，民航浙江省管理局开始为浙航提供有关航行、通信、气象、地面服务等保障工作。飞机停放在杭州笕桥机场民航老候机楼西侧停机坪，租用空军 28 师的临时用房以及民航和空军其他现有设施。在巩固杭州—黄岩—上海航线的同时，公司加强飞机引进及技术人才吸收工作。1988 年委托中国航空器材公司引进冲-8 型飞机，1989 年 7 月 28 日，首架飞机到杭州，31 日在杭州笕桥机场办理交接手续。8 月 14 日，使用冲-8 型飞机开辟杭州—广州、杭州—福州航线。

浙江航空公司投入运营后，一直处于亏损状态，且因缺乏专业管理经验，安全生产中存在诸多不利因素。为此，浙江省政府与中国民航局协商，决定将浙江航空公司移交民航管理。1989 年 12 月 2 日，浙江航空公司业务上由东方航空公司主管，民航浙江省管理局代管，保留原经营许可证、营业执照和印章，仍承担企业法人责任，运输服务销售和航行签派等工作则委托民航浙江省管理局负责。

1990 年 12 月 21 日，省政府将浙江航空公司移交给中国民用航空局，其主管单位改为东方航空公司，民航华东管理局实行行业管理。浙江航空公司仍保持独立核算，具有法人地位，原组织撤销，其经理和副经理由民航浙江省局局长、副局长兼任。1990 年 3 月 17 日，民航华东管理局和中国东方航空公司联合下发《对浙江航空公司管理的若干规定（试行）》，浙航成为中国民航管理的国营企业。是年，浙航引进第 2 架冲-8 型飞机，开辟温州—广州、温州—上海、温州—厦门、宁波—福州、宁波—厦门等航线，全年运输总周转量 305 万吨千米，运送旅客 6.25 万人次。

五、运输生产

1987 年 11 月 30 日，浙航租用民航山东省管理局 1 架肖特 360 型飞机，开辟杭州—黄岩—上海首条航线。1989 年，浙航引进第一架冲-8 型飞机后，开辟浙江省内主要城市之间以及杭州—广州和杭州—福州两条航线。

1989 年 3 月、1990 年 3 月，以融资性租赁冲-8-300 型双发涡桨支线飞机各一架。1990 年，浙航引进第 2 架冲-8 型飞机后，相继开辟杭州—武汉、温州—宁波、温州—上海、杭州—温州、黄岩—广州、杭州—厦门、杭州—南京等多条航线。1991 年，浙航应地方政府请求，开通义乌—广州、义乌—厦门和温州—武汉 3 条航线。利用 2 架冲-8 型飞机共开辟航线 21 条，其中在飞航线 17 条。

浙航自 1987 年 10 月至 1989 年 7 月期间，仅靠租用的肖特飞机进行试验性运行，客运量十分有限。冲-8 型飞机引进后，生产逐步走上正轨，运输总周转量和客运量都有较快增长。

1990 年，浙航依靠 2 架冲-8 型飞机，开辟近 10 条国内航线。是年 4 月 30 日至 8 月 19 日，因杭州笕桥机场整修跑道，浙航飞机及空地勤、机关人员转场宁波庄桥机场，继而转场宁波栎社机场，其间共运送旅客 1.49 万人次，飞机平均日利用率为 1.63 小时。是年,浙航实现运输总周转量 305 万吨千米，运送旅客 6.25 万人次。1990 年，浙航划归民航后，货运业务接受民航浙江省管理局统一管理，全年货邮运输量 393 吨。

1991 年，浙航开通义乌—广州、义乌—厦门等航线。为在取得社会效益的同时尽量争取更多的经济效益，浙航市场人员多次前往广州、厦门等地走访有关旅游运输部门，以优质服务争取客源。是年，浙航完成运输总周转量 598 万吨千米，运输旅客 11.3 万人次。

专包机运输。1990 年 9 月上旬，浙江省温州、台州地区连降暴雨，受灾情况十分严重。9 月 9 日，浙航应省政府要求，运送浙江省省长沈祖伦、浙江省军区副司令员陈月星和抢险部队赶赴温州视察灾情与组织抢险工作。9 月 10 日，再次运送沈祖伦省长赴黄岩视察灾情。10 月 10 日，浙航运送泰国前总理及随行人员由杭州至广州。11 月 13 日，浙航应旅行社邀请紧急运送两批台胞从杭州飞至广州。1991 年 3 月 15 日，浙航应浙江省和宁波市政府要求，使用包机运送泰国正大集团董事长谢国民由杭州至宁波考察。1992 年，浙航共组织加班包机 11 班。1993 年 6 月，浙航运送中国国家足球队由南京至杭州。是年，浙航共完成包机 16 次。1995 年，浙航全年共完成包机 8 次。

第三节　通用航空

一、航空物探

1981—1984 年，省民航局与中国民航二总队直升机大队派贝尔飞机配合地质部 703 队，以衢县机场及江西玉山机场为基地，对衢州、金华、义乌、绍兴等地进行局部 1∶5 万的放射性测量，共计飞行 700 多小时、3 万多千米。1984 年 4—5 月，为建设秦山核电站提供重要的地质数据，民航配合省地质物探队在海盐一带进行局部航放测量，共计飞行 80 小时、4000 平方千米。1987 年，共计飞行 3697 小时，完成覆盖全省陆域 28.8 万测线千米的测量，为研究浙江磁性地壳厚度、埋深及分布等提供重要依据。

二、航空摄影和测绘

1979 年，中国民航二总队以杭州笕桥机场为基地，配合交通部第一公路勘察设计院进行南京—杭州—宁波高速公路选线航空测绘，共飞行 45 小时。（见图 3-1）1981 年 3—7 月，该总队配合水电部华东电力设计院进行南京—瓶窑—嘉善 50 万伏高压输电线选线测绘。1985 年，航空摄影摄制面积 2.03 万平方千米，提供图像 112 幅。1985—1990 年间，先后为温州、杭州、金华等城建局和省测绘局再次进行航空摄影、测绘，摄制面积 1.08 万平方千米，提供图像 227 幅，为城市规划、金温铁路选线等提供基础资料。

图 3-1 "双水獭"待命在杭州进行航空测绘（《浙江省地质矿产志》，方志出版社 2003 年版）

三、护林

1979 年，浙江省民航局配合安吉县林业局，利用长兴机场在安吉县竹山区用飞机喷药防治竹螟虫，作业飞行 116 架次，防治面积 3.82 万亩。1985 年，该局配合省林防站、兰溪县林业局对兰溪县 2 个区 12 个乡 150 万株乌柏用飞机喷洒农药防治乌柏樗蚕，共飞行 36 架次，喷洒面积 11.5 万亩，48 小时检验平均死亡率达 35%。

四、直播农作物、施肥、治虫

1978 年 3 月，省民航局配合杭州市、萧山县、余杭县等农垦局，在萧山第一、第二农垦场和余杭下沙农场进行 2325 亩农田全盘机械化试验中，承担用飞机直播水稻、施肥、除草、治虫等作业。是年 10 月，该局又配合萧山第一农垦场进行大麦飞机直播试验，累计飞行 7 架次，作业面积共 555 亩。同期在萧山农垦场还进行油菜、苜蓿飞播试验。

1999 年 7 月，浙江东华通用航空有限公司应省林业厅要求，派出运-5 型飞机 1 架，到朱家尖进行防治松材线病虫害试验作业飞行，作业面积约 1000 亩。

1985 年 3 月和 1986 年 3 月，省民航局与安吉县林业局合作，在安吉县竹山区用运-5 型飞机喷洒化肥溶液，实施毛竹根外施肥，施肥面积 2205 亩。

五、灭蚊蝇

1979 年，省民航局派运-5 飞机在杭州市拱墅区进行省内首次飞机喷洒低度敌敌畏药液灭蚊试验，出动飞机 23 架次，作业 6 小时，面积 2.6 万亩。1981—1990 年，该局先后 4 次派飞机在杭州、宁波市区喷洒化学药剂灭蚊蝇，共作业飞行 83 小时。根据飞行后 4 小时药效点的多点观测，死伤蚊子 25%、苍蝇 46%。

第四节　民航管理机构和管理体制

一、民航浙江省管理局

1979 年 4 月，将通信、机务、汽车、场务 4 个分队改为队的建制。

1980 年 3 月 15 日起，中国民航总局不再由空军代管。5 月 17 日，国务院、中央军委下发《关于民航管理体制若干问题的决定》，民航浙江省管理局接受民航上海管理局和省政府的双重领导。1984 年 5 月，民航浙江省管理局进行内部机构改革，下属业务单位由队级升为科级，设置政治处、航行训练科、通信科、运输生产科、机务科、油料科、修建科、计划劳资科、财务科、办公室、公安分处、调研室、旅客服务公司等二级机构。10 月，成立"五讲四美三热爱"办公室（简称"'五四三'办公室"），12 月增设开发办公室和物资设备科。1986 年 10 月，增设科教科。1987 年 4 月撤销"五四三"办公室，8 月，成立通用航空经营部，10 月 4 日，省政府和中国民航局合资成立浙江航空公司。1989 年 2 月组建广告公司。12 月 21 日，省政府与中国民航局商定，浙江航空公司移交给中国民航局管理，保留浙航的经营许可证、营业执照、银行账号和印章，由东方航空公司主管，民航华东地区管理局对浙航实行行业管理，民航浙江省管理局代管，民航浙江省管理局领导兼任浙江航空公司领导。民航浙江省管理局、浙江航空公司形成一套班子两块牌子的管理体制。

二、地方机场管理机构

（一）民航宁波航空站

1984 年 10 月 30 日，民航宁波航空站在宁波庄桥机场成立，隶属于民航浙江省管理局，正处级单位。11 月 15 日，经国务院、中央军委批准宁波庄桥机场作为军民合用机场使用。11 月 16 日，宁波至上海航线正式开通。之后，在庄桥机场又陆续开通宁波至杭州、北京、广州、厦门、武汉、南京等航线。

1990 年 6 月 30 日，宁波航站迁址宁波栎社机场。是年旅客吞吐量 11.00 万人次，货邮吞吐量 1348 吨，每周的航班量 30 架次左右。

（二）民航温州航空站

1990 年 6 月 23 日，民航浙江省管理局批准成立民航温州航空站，同时撤销筹建处。7 月 4 日，温州机场正式通航。

1991 年 7 月 7 日，民航华东地区管理局确定民航温州站为正处级机构。1992 年 4 月 1 日，成立民航浙江省管理局公安处温州航站公安分局，隶属航站领导。1993 年 3 月 25 日，民航浙江省管理局下发《关于下发宁波、温州航站下属机构设置的通知》，规定航站下设纪委、工会、团委、党委办公室、行政办公室、计划财务科、劳动人事教育科、企管科、航行科、通信科、运输科、机务科、物资设备科、油料科、修建科、劳动服务部等 16 个部门。9 月 22 日，航站油料部门划归中国航空油料华东公司。

（三）台州机场管理机构

1.浙江航空公司黄岩站（1987 年 10 月—1988 年 10 月）

1987 年 10 月 24 日，浙江航空公司黄岩站（简称"浙航黄岩站"）由浙江省黄岩县组建，是全国第一个由县政府创办的民航站。浙航黄岩站成立后，由民航山东省管理局第十三飞行大队使用肖特-360 型飞机开辟上海—黄岩—杭州往返航线。此外，还通过与海军东海舰队航空兵第四师协商，得到部队全方位支持：旅客候机室暂由部队值班室代替使用，航空气象、食堂、加油、机务和大客车等均由部队无偿提供。1987 年 11 月初，省政府拨出 10 万元作为黄岩路桥机场首航费用。与此同时，黄岩县开展民航站的筹建和机场设施建设，将黄岩县政府招待所装修成浙航黄岩站的售票处和办公室。

1987年11月18日，试航。12月2日，开通上海—黄岩—杭州往返航线，由民航山东省管理局使用肖特–360型飞机运营。12月16日举行首航仪式。

2. 浙江省黄岩民用航空站（1988年10月—1994年11月）

1988年10月20日，黄岩撤县建市。1991年3月30日浙江航空公司黄岩站更名为浙江省黄岩民用航空站。4月25日，黄岩市民用航空管理局设立，为正科级事业单位，与黄岩民航站为同一套班子、两块牌子。

（四）义乌市民用航空站

1989年1月25日，义乌市民用航空站成立，归口义乌市计委管理，后改为义乌市政府管理，并接受民航的行业指导。

1991年3月21日，义乌民航站建成，并由浙江航空公司使用冲-8型飞机试飞杭州—义乌航线成功。4月1日，义乌民航站举行首航典礼，并由浙江航空公司使用冲-8型飞机开通义乌—广州、义乌—厦门两条航线。

第五节　民航运行保障

一、航行调度

1979年配备1名专职的航行资料员负责地面领航工作，编制在航行调度室。1981年3月24日，中国民航总局对民航飞行指挥区域划分规定进行修改，由浙江省（区）调改成杭州中低空飞行指挥区，其管制范围自台山列岛（东台山）经福鼎、寿宁、浦城、上饶、开化、屯溪、宣城、山村、溧阳、和平镇、南浔、松江大金山至花岛山止。

1984年5月24日，民航浙江省管理局设立航行科，下辖航行调度室和气象台，航行调度室下设区调、站调。民航浙江省管理局刚建立区调时，指挥调度人员少，站调和区调合并办公，塔台、站调、区调实行大轮班值班。1985年10月15日起，按照“统一管理、分别指挥”的原则，民航所属飞机由民航自行指挥。1987年6月1日，区调和站调正式分开工作，人员基本固定，各负其责。区调负责审核所属航站的飞行计划，监督和检查所属指挥调度的飞行组织与指挥工作，并直接组

织和指挥本省范围内的地方航线、通用航空飞行以及上级指定区域的国内干线和
国际航线的飞行。站调负责计划、组织含塔台指挥航站区域与空中走廊内的一切
飞行活动，包括飞机的开车、滑行、起飞、降落、起落航线、穿云等待空域及沪
杭空中走廊的 3 号、4 号空中走廊内的飞行，3 号空中走廊自南浔至杭州笕桥机场，
4 号空中走廊自杭州笕桥机场至桐庐，南浔和桐庐设有导航台，走廊的宽度为中
心线两侧各 5 千米。

1987 年 8 月，民航浙江省管理局在航行科下设立航行情报室。

二、机务维护

1979 年 4 月将分队扩编为队的建制，队下设机械分队、特设分队和充电组。
1984 年 5 月成立机务科，科下设机务一队、机务二队和充电间。同年 9 月民航
浙江省管理局决定，将 3 辆电源车、1 辆气源车和 1 辆空调车连同 4 名司机划归
机务科建制，设立车辆维修组，人员增加到 17 名。随着民航业务量的增多，组织、
人员和设备也在不断增加，到 1990 年底，人员已达 37 名，增添两台自动充电机
和两辆气源车。组建了充电间在内的车辆维修站。同年 1 月接收代管由 22 人组
成的浙江航空公司机务队。

三、油料供应

由于机型更新，航班增加和新油库相继建成使用，组织建制也日趋健全。
1984 年 5 月成立油料科，同年 9 月，8 辆油车连同 5 名司机划归科的建制，科下
设组，人员增加到 27 名（其中干部 4 名、加油员 5 名、司泵员 5 名、保管员 5 名、
化验员 2 名、统计员 1 名）。1982 年 6 月储油能力 2062 立方米的业务油库建成，
1983 年 8 月容量 450 立方米的 6 节车位卸油站完工投入使用，1986 年 11 月储油
能力 15500 立方米的储备油库竣工验收。1988 年 7 月组建航空加油站。到 1990
年底，有干部 21 名，职工 45 名（其中化验计量和消防员各 5 名），科下设两库、
两站、一室，库站下设队组。油科的财务从 1990 年 6 月 1 日起实行单列。根据
中国民航局〔1989〕376 号文，从 1990 年 2 月 1 日起浙江航空公司用油纳入民
航统一供油计划。

四、场道维修

1979 年 4 月，负责场道维护的场务分队改为队的建制，1980 年义务工改工，养场班撤销，停机坪和五号滑行道由队领导检查，清扫安排花房两名临时工负责。1984 年 5 月成立修建科，队撤销，科下设维修队、动力队、配电站，金工车间和绿化办公室。场道维修由维修队负责，还负责房屋维修和小型项目的土建工程。

五、机动车辆

1979 年 4 月，汽车分队改为队的建制，队下设外场分队、内场分队和维修组。维修组负责车辆的一般修理和一、二级保养。1984 年 5 月，成立物资设备科，车队属科的建制，车辆由科集中掌管调配。同年 9 月民航浙江省管理局决定：机动车辆由集中管理改为按使用业务部门分散管理。现在除车队外，机务、油料、运输、修建、航行、通信、公安、旅客服务公司等单位均配有机动车辆。送厂大修或报废、调出由物资设备科统一安排和申报办理。根据车辆的增加和维修任务的加重，1986 年成立汽车修理所。至 1990 年底，共有机动车 86 辆（其中特种车 47 辆），司机 75 名（其中车队 32 名），修理人员 12 名（其中技师、技术员各 1 名），有轮毂光磨机、气门光磨机和轮胎拆装机等设备，承担全局机动车的排故和三级维修保养。

第六节　浙江航空教育

1978 年 12 月，中共十一届三中全会召开，中国进入了改革开放的伟大历史时期。中共十一届三中全会做出把工作重点转移到社会主义现代化建设上来的战略决策，中国的政治、经济和社会各方面慢慢回归正途，航空事业也迎来了欣欣向荣的局面。直到 20 世纪末，全国的航空工业、航空教育、民航、航空体育运动等各个方面，都获得了快速发展，取得了令人瞩目的成绩。

1977 年 9 月，教育部决定恢复已经停止了十余年的全国高等院校招生考试，以统一考试、择优录取的方式选拔人才上大学。（见图 3-2）

图 3-2　高考恢复首批学生进入校园

　　然而，自从全国院校整顿后，在一个较长时间段里，浙江省一直没有专门的航空教育。改革开放后的浙江大学航空教育也只是专注在航空基础教育研究部分，于科研领域内为改革开放的航空事业提供科研成果。当时参与国家航空事业科研的浙江大学专业主要有：数学系、机械系、光仪系、电子与自动化系。

　　1978年，浙江大学为航天部研制的测振专用计算机，获得了全国科学大会奖；与省气象局合作完成气象自动填图机，获得了 1978 年全国科学大会奖；为一机部完成内燃机发动机点火系统，通过鉴定。浙江大学力学系发明月牙形内加强肋岔管及无梁岔管，获全国科学大会奖。缪家鼎、卓永模、张仲先教授发明的中低频激光测振仪，获全国科学大会奖。

　　1979 年，黄肇德研制成功适用于多带上一机的软件移植技术，获得 1979 年中国科学院科技成果二等奖。研制的 320（DJS-8）型计算机上的 ALGOL 语言编译系统，获 1979 年全国科学大会奖。陈远绳、曹向群、黄维实、李仲元、吴宝华、金彤、李亚君、俞瑞英、柏秀兰等发明光栅式精密分度系统，获中国科学院重大科技成果二等奖。

　　1980 年，继氢弹核试验用 250 万幅／秒等待型转镜式高速摄影机后，浙江大学王一心、包正康等又发明条带式画幅高速摄影机，获中国科学院重大科技成果一等奖。（见图3-3）林金波、余中如、蒋雅先、袁君毅、吴碧珍、龚予吉等完成M1/10大视场高分辨率精缩制版物镜研发，获得中国科学院重大科技成果一等奖、浙江省优秀科技成果一等奖。其他还有唐晋发、顾培夫、何孟权等发明6328激光硬膜反射镜，获中国科学院重大科技成果二等奖。陆祖康、张利明、曾庆勇、贝国华、邱文法、包成芳、周定霞等发明激光高速全息摄影装置，获中国科学院重大科技成果二等奖。王兆远、贾祥有、裘然继、朱小清等发明自动曝光照相机曝光测试仪定标、校正技术和曝光测试仪，获浙江省优秀科技成果二等奖。

图 3-3　条带式画幅高速摄影机

1981年，浙江大学王智迅教授等完成激光多普勒测速仪（L.D.V）的研制及其在测量高温高压管道流量中的应用，获科学技术成果三等奖。

1982年，浙江大学蒋培升、吴敏达、张增祥、魏廷年、叶鸟亭等发明电动高速转镜装置的一种新颖增速机构，获国家发明三等奖。

1983年，为配合沈阳飞机厂生产战斗机，浙江大学机械系从航空制造加工工艺基础研究转向飞机装配工程关键技术攻关，开始研制装配若干关键技术及装备。获国家技术发明二等奖。董太和、杨甬英、陈星等发明LC-1型激光干涉定中仪，获科技进步二等奖。

1984年，浙江大学郑增荣、辛学耕、包光祥等发明固体时标发生器，获国家发明四等奖。

1985年，浙江大学童忠舫、卓永模、郑家龙等完成科研低频振动标准系统，获国家科技进步二等奖。

1986年，浙江大学董太和、杨甬英、陈星等发明LC-1型激光干涉定中仪，获国家科技进步三等奖。（见图3-4、图3-5）

图 3-4　LC-1 型激光干涉定中仪（一）

图 3-5　LC-1 型激光干涉定中仪（二）

1987 年，浙江大学杨国光、曹天宁、蒋培升、董大年、张跃进等发明 SPG-1 型激光数字波面干涉仪，获国家科技进步三等奖。

1988 年，浙江大学郑增荣、葛周芳、包光祥、辛学耕、方志毅、徐安喜、徐安、王茂鑫等发明 XG-1 型狭缝式高速摄影机，获国家科技进步三等奖。

1989 年，浙江大学卓永模、陈宪顺等发明用于激光测振仪的垂直和水平扫描器，获国家发明四等奖。（见图 3-6）

图 3-6　用于激光测振仪的垂直和水平扫描器

1990 年，浙江大学赵田冬、叶关荣等发明远距光辐射测量望远物镜，获国家发明四等奖。

1991 年，浙江大学陆祖康、范琦康、吴碧珍、洪治、包成芳等发明宽调谐（紫外—红外）高功率脉冲激光系统，获科技进步二等奖。叶关荣、牟同升、赵田冬、韩顺仁、阮学云等发明 CAS-Ⅱ型彩色分析系统，获科技进步二等奖。在此期间，浙江省虽然没有专门的航空教育，但是，以浙江大学为首的教学机构还是在航空航天领域开展了分学科的基础教育与跨学科、跨领域的航空航天科学研究，并组织团队齐心攻克了一个又一个国家委托的航空科研项目，为浙江民航、浙江航天航空产业的深化改革、快速发展奠定了人才基础。

第四章

浙江民航深化改革、快速发展

>>>>>>>> （1992—2000 年）

2001 年 12 月，建德千岛湖通用机场建成并投入使用。1990—2004 年期间，省内先后建成桐庐、安吉等直升机场以及浙江大学医学院附属第二医院医疗救护用直升机停机坪。2010 年，省内有民航使用机场 7 个，航站楼总面积 31.3 万平方米，站坪 114 万平方米，机位 130 个，通用机场 1 个。

1993 年 11 月，衢州民航站正式通航。1996 年 10 月，长城航空公司永久性基地正式迁址宁波。1997 年 8 月，舟山朱家尖机场投入运营。1998 年 6 月 24 日，省政府同意组建浙江省航空发展有限公司，该公司由浙江航空投资公司、杭州市投资控股有限公司、萧山市机场投资公司分别作为浙江省、杭州市、萧山市的股东代表出资建设，注册资本金为 4.95 亿元。

第一节　机场建设

一、新建杭州萧山机场

杭州萧山国际机场位于杭州市钱塘江南岸，距杭州市中心约 27 千米，是国内重要的区域枢纽机场、国际定期航班机场和对外开放的一类航空口岸。2000 年 12 月 28 日首航，12 月 30 日正式启用。机场启用时称杭州萧山机场，2001 年 12 月 13 日改名为杭州萧山国际机场。机场跑道长 3600 米，宽 45 米，两侧道肩各宽 7.5 米，中间道面厚度 0.36—0.40 米，飞行区等级为 4E。2010 年 5 月新航站楼投入使用。机场航线目的地 80 多个，遍及国内主要城市、港澳台地区及东亚、东南亚和欧洲。2010 年，完成旅客吞吐量 1706 万人次、货邮吞吐量 28.3 万吨，保障航班起降 14.6 万架次。

（一）筹建工作

1992 年 4 月 15 日，为进一步适应浙江省对外开放的要求，从根本上解决杭州笕桥机场军民航飞行拥挤的问题，省政府报请国务院、中央军委批准在杭州附近新建民用机场，并成立筹建班子，开展选址、立项、可行性研究等前期工作。1993 年 12 月，确定萧山新街镇东作为场址。

1994 年 6 月 30 日，省政府正式成立杭州萧山机场建设领导小组，浙江省副省长张启楣担任组长。1995 年 9 月 29 日，国务院、中央军委批复同意杭州萧山民用机场立项。1997 年 12 月 30 日，经国务院批准，国家计委下发《关于审批杭州萧山机场工程可行性研究报告请示的通知》，同意杭州萧山机场的建设规模。

杭州萧山机场第一期工程征地 7013.36 亩，拆迁房屋 1545 幢，涉及农户 2134 户，迁移人员 6474 人，搬迁集体与个体企业 580 家，拆迁主房 27 万平方米，拆迁附房 5.9 万平方米。后因机场建设需要再次征用土地 247.27 亩，其中 8 个导航台场外用地 71.99 亩；新增补征地拆迁农户 218 户，迁移人员 756 人，拆迁主房 2.78 万平方米，拆迁企业 3 家，拆迁厂房 1.26 万平方米。合计征地共 7260.63 亩，其中机场场区土地 7188.64 亩。1997 年 9 月 10 日，机场场址征迁工作通过验收。

（二）机场一期工程

机场一期工程共 13 个大项 53 个分项，其中飞行区工程 8 个分项、航站区工程 10 个分项。1997 年 11 月 15 日，机场施工正式开始。

1. 飞行区工程

2000 年 8 月竣工验收。包括地基处理工程、混凝土道面（基础）工程、排水工程、土方工程、飞行区综合管线工程及机场围界、围场路等附属工程。建设规模为：主跑道长 3600 米，宽 45 米，道肩宽 7.5 米 ×2 米，中间道面厚度为 0.36 米，中间重型区道面厚度为 0.40 米，两端道面厚度分别为 0.32 米及 0.28 米。主跑道肩混凝土厚度 0.16 米。一条平行滑行道长 3600 米，宽 23 米，道面厚度 0.38 米，道肩厚度 0.12 米。站坪 32 万平方米，排水沟长 14.98 千米，巡场路 11.4 千米，排水渠道 14.98 千米，助航灯光主降 II 类、次降 I 类。

2. 航站楼工程

2000 年 12 月竣工验收。建筑面积为 10.02 万平方米，其中候机楼面积为 7.29 万平方米，动力机房面积为 5275 平方米，地下车库面积为 2.2 万平方米，停车位 436 个。设有登机桥 12 座、行李传输系统 3 套、进港行李提取转盘 3 台、电梯 29 部及扶梯、值机柜台 44 个、服务柜台 46 个、座椅 1800 个、电力照明及变电高低压开关 42 台、空调柜组 48 台。

3. 航管、通信导航及气象工程

2000 年 10 月竣工。由塔台、主楼、辅房三部分组成，其中主楼框架四层，辅房框架一层，建筑面积 6048 平方米。通信导航工程配备甚高频通信系统、程控交换机、800 兆集群通信系统、地面卫星通信系统、自动转报系统、主降 I 类仪表着陆系统、次降 II 类仪表着陆系统、2 个全向信标台、3 个无方向信标台。航管工程配备一、二次航管雷达，航管雷达自动终端，内话系统，录音系统，航管信息系统，航行情报处理系统。气象工程配备气象自动观测系统、气象信息网络系统、气象传真广播接收系统。

4. 助航灯光工程

1999 年 9 月 20 日开工，2000 年 7 月 31 日竣工。包括灯光系统、灯光变电站、灯光计算机控制与监视系统、西灯光变电站至西南方向近台、航向台、下滑台和东灯光变电站至东北方向全向信标台、近台、航向台、下滑台的低压电缆线路。

5. 弱电工程

2001 年 7 月 27 日通过竣工验收，工程主要满足机场生产运行的一期建设需要。初始由集成系统、航班信息显示系统等 13 个系统组成，实施期间又增加飞机泊位引导系统、货运计算机管理系统。

6. 配套设施

包括道路网工程、管网工程、供水工程、供电工程、货运中心工程、公安安检消防工程、环保工程 7 项。道路网工程于 1999 年 12 月 31 日竣工，包括场内道路 18 条，总长 11.68 千米，停车场 2 个，总面积为 21 万平方米。管网工程包括雨水检查井 499 座，污水检查井 225 座，通信混凝土管道约 11.72 千米，电力管 4327 米，排水沟 4903.76 米。供水工程包括综合用房、配水泵房、变配电、吸水井、阀室、蓄水池等。供电工程包括 35 千伏中心变电站 1 座，10 千伏分变电站 17 座。货运中心工程共有地基与基础、主体、屋面、楼地面、门窗、装饰、电气安装、采暖卫生、通风与空调工程等 9 个分部工程，建设规模为 1.11 万平方米。公安、安检、消防工程包括公安、安检用房（5275.38 平方米）、机场消防中心（4091.34 平方米）、医疗急救中心等。环保工程包括综合楼垃圾处理、垃圾处理厂等 13 个单体工程，占地面积为 1.14 万平方米。

2000 年 11 月 27—30 日，机场建设工程通过民航华东地区管理局、浙江省计划委员会组织的初步验收。12 月 2 日，由厦门航空公司的波音 757-200 型 B-2829 号飞机试飞成功。12 月 22 日，通过杭州萧山民用机场工程国家竣工验收委员会组织的竣工验收。12 月 25 日，中国民航总局下发《关于颁发杭州萧山机场使用许可证的批复》，规定其飞行区等级为 4E，可供波音 747-400 同类及以下机型飞机起降。12 月 28 日下午，举行首航典礼，厦门航空公司波音 757 型飞机执行 MF8526 航班任务（青岛—杭州—厦门）、中航浙江航空公司空客 320 型飞机执行 FB5950/5931 航班任务（杭州—广州）。两机先后起飞，首航圆满成功。

二、地方机场改建、扩建

（一）宁波栎社国际机场改扩建工程

1. 一期航站楼改扩建工程

该工程总建筑面积 1.22 万平方米，其中进出港厅 5478.83 平方米、综合服务楼 6695.7 平方米。经改扩建，栎社机场的航站楼由原来的 6162.5 平方米增加到 8306 平方米，雨棚由原来的 224 平方米增加到 1370 平方米。1997 年 2 月 5 日，航站楼改扩建工程竣工，1998 年 5 月 29 日正式交付使用。

2. 二期航站区扩建工程

1999 年 12 月 25 日，二期扩建工程开工建设，2002 年 9 月 28 日竣工验收。二期航站区扩建包括新建航站楼、停机坪及配套设施等工程。新建航站楼工程按满足年旅客吞吐量 380 万人次、高峰小时 1700 人次的要求建设，由主楼和弧形前列式候机指廊组成，总建筑面积 4.35 万平方米。新建停机坪 8.7 万平方米，7 个机位。此外，还新建场内 35 千伏中心变电站、供热锅炉房及给水站各 1 座、新建通信业务用房（2183 平方米）、污水处理厂航空垃圾焚烧站、地下车库（1.33 万平方米）及场务用房（1200 平方米）等。

3. 二期飞行区扩建工程

包括将原 2500 米跑道向西北端延长 700 米，道面宽 45 米，厚 0.38 米；两侧道肩各宽 7.5 米，道面厚 0.12 米；端部设 87 米 × 27 米掉头坪。跑道西北端新建 60 米 × 60 米沥青混凝土结构防吹坪。新建巡场路（8102 米 ×3.5 米）、灯光带道路（1018 米 × 2.5 米）和 I 类精密进近灯光系统。新建西北、东南灯光变电站（1094 平方米）、跑道两端 I 类仪表着陆系统和气象自动观测系统。2004 年 7 月 23 日，飞行区扩建工程开工建设。2005 年 12 月 10 日工程全部完成。2006 年 2 月 16 日正式启用 3200 米跑道及新的飞行程序，3 月 22 日飞行区扩建工程主降方向新建盲降系统、自动气象观测系统以及部分遗留项目通过行业验收，5 月 11 日仪表着陆系统启用。

（二）温州永强机场新建、扩建

温州永强机场位于瓯海区海滨镇宁城乡，国家一类航空口岸机场，国内二级民用机场。1990 年 7 月 4 日启用。1991 年、1997 年、2001 年和 2005 年先后 4 次对站坪进行扩建。2010 年，机场飞行区等级 4D，可使用波音 767 及以下机型，消防救援等级为 8 级。

1990 年 6 月，民航温州站成立，同时建立航行管制，管理北至嵊州、西至云和、南至福鼎的飞机运行。1991 年 1 月，开办至杭州邮运业务及温州—连云港不定期货物包机。2010 年机场完成旅客吞吐量 532.68 万人次、货邮吞吐量 5.00 万吨，实现安全保障航班起降 4.99 万架次。

1. 立项审批

1979 年，温州市政府开始筹划机场建设，至 1982 年，多次邀请国家、华东、浙江的民航部门和省计经委负责人及有关专家到温州考察、选址。1984 年 11 月 15 日，国务院、中央军委批准在瓯海县永强区海滨乡修建温州民用机场，由温州市政府和中国民航局共同投资 1.32 亿元，按二级机场规模建设。1985 年 3 月 15 日，国家计委批准《温州民用机场设计任务书》，确定建设机场跑道长 2400 米、候机楼建筑面积 6000 平方米以及各项配套设施。1986 年 7 月 7 日，中国民航局批准温州机场工程的初步设计和总概算。1989 年 10 月 18 日，温州机场开工建设。

2. 一期工程

机场征地面积 1810 亩，按一级规模二级机场标准建造，总投资 1.30 亿元。

1985 年 4 月开建机场公路，1986 年 9 月进行机场"三通一平"工程，1987 年 5 月 1 日开始软土地基处理，温州机场地基基础大面积采用袋装砂井堆载预压方法进行加固处理，此法在全国尚属首创。1990 年 5 月 10 日竣工，6 月 17 日试航，7 月 4 日首航。（见图 4-1）

图 4-1　温州机场首航仪式（温州永强机场提供）

温州机场跑道长 2400 米、宽 45 米，停机坪长 200 米、宽 95 米，面积 1.9 万平方米，可同时供 3 架飞机停放，可供麦道-82、波音 737 及以下机型起降。机场指挥中心航管楼面积 1407 平方米，塔台高 27 米，由航行调度、通信、气象 3 个业务部门组成。机场具有 I 类精密仪器着陆系统、全向信标系统及测距仪等先进导航设备。机场内外分别设有南、北远近距导航台和航向台、下滑台、中心发信台及航线归航台等台站。候机楼面积 4697 平方米，内设候机厅、进出港厅、安检厅、迎候厅、旅客餐厅等。（见图 4-2）高峰时可容纳 300 余名旅客。站前建有 9800 平方米的停车场，供接送旅客停车用。

图 4-2　20 世纪 90 年代的温州机场候机楼（温州永强机场提供）

3. 续建及扩建

（1）机场跑道、滑行道道肩加宽

1990 年 10 月 18 日，温州机场跑道、滑行道的道肩加宽工程开建，1991 年 10 月 27 日竣工。跑道道肩每侧由原来的 1.5 米加宽至 7.5 米。长 306.5 米的滑行道的道肩，每侧由原来的 2 米加宽至 8.5 米，加宽面积为 5400 平方米。加宽后，能适应波音 757、波音 767、图-154 等 D 类机型运行。1992 年 1 月，停机坪扩建 1.1 万平方米，扩建后的停机坪 3 万平方米，可停中型飞机 4 架、小型飞机 2 架。

（2）航站楼改扩建

工程于 1994 年 7 月完工，改扩建后航站楼建筑面积 1.20 万平方米。

（3）停机坪进行第二次扩建

1997 年停机坪进行第二次扩建，1998 年 5 月工程竣工。原停机坪向北扩建 230 米，向东扩建 55 米，在跑道北端新建 2 号联络道长 231.5 米、宽 23 米，新建停机坪面积 5.32 万平方米，能停放 D 类飞机 3 架、C 类飞机 6 架，共 9 个机位。

（4）多尼尔 328 型飞机专用停机坪建设

2001 年，机场把停机坪东南角原直升机坪改建为多尼尔 328 型飞机专用停机坪，改建面积约 9000 平方米，增设 4 个专用停机位。

三、通用机场建设

（一）千岛湖通用机场

建德千岛湖通用机场位于建德市寿昌镇，距离建德市 15.4 千米，主要经营空中游览观光、航空摄影、播种造林、护林防火、防治病虫、紧急救援等业务。

1999 年 4 月，建德市政府与东华通用航空有限公司就共同兴建护林机场临时起降点签署意向书，9 月，省林业厅批复同意建设通用机场。2000 年 4 月，省政府与南京军区签署《关于新建建德民用临时起降点》协议书，并向省政府、地区民航管理局、国家有关部门和军委空军报批。机场由浙江中江控股公司、浙江东华通用航空有限公司、建德市旅游总公司共同出资组建，中江公司控股。5 月底，民航和空军管理部门正式批复同意建设。2002 年 8 月，建德千岛湖通用机场有限公司登记注册。

2001 年 12 月，机场一期工程开工建设；2006 年 5 月，工程通过验收；7 月经南京军区空军同意启用；8 月 30 日，华东及省行业主管部门同意机场进行试飞。机场获得周围 5000 平方千米、1200 米以下空中区域飞行使用权。2006 年 10 月，航空公司进驻机场。2006 年 12 月，民航华东地区管理局颁发给其机场使用许可证。

机场建有 500 米 × 18 米的水泥道面跑道 1 条，加两端各 30 米 × 30 米的安全道，升降带 560 米 × 60 米，滑行道宽度 10.5 米，可满足全重 5250 千克以下 A 类飞机起降，飞行区等级 1B 级，供运-5 以下机型使用。空中交通管理系统由机场空中交通管制塔台和陆空通信甚高频电台、管制录音设备、自动气象观测站和 NDB 导航台组成。

（二）其他通用机场

1990—2000 年，在浙江省境内先后由地方或部门投资建成桐庐、安吉等直升机场。2004 年，在浙江大学医学院附属第二医院（简称"浙医二院"）建成医疗救护用直升机停机坪并且投入使用。

1. 浙医二院直升机停机坪

浙医二院直升机停机坪位于杭州市中心，中心地理坐标：北纬30°15′11.34″，东经120°10′21.19″，海拔94.4米。停机坪限重10吨，可停放直-9型及以下的 I 级性能直升机 1 架，跑道运行类别、模式为非仪表进近，配备有标志和助航灯光目视的助航条件，可开放夜航，停机坪东北侧建有指挥塔，配有风向风速仪、气压计、专线电话等设施。

2002 年，浙江省政府办公厅、南京军区空军司令部批准在医院脑科中心楼（20层）楼顶设置急救直升机起降基地。2003 年 3 月 20 日，空军司令部同意在医院脑科中心大楼楼顶建立直升机临时起降点，供紧急抢救病员等医用飞行。2004年 11 月，脑科中心楼顶停机坪顺利完工。（见图 4-3）2005 年 11 月 18 日，高架直升机起降点试飞成功。

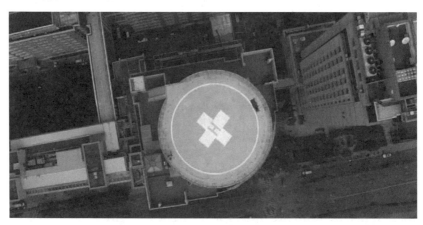

图 4-3　浙江大学医学院附属第二医院直升机停机坪（浙江大学医学院附属第二医院提供）

2006 年 3 月，获得中国民航华东地区管理局民用机场使用许可。2009 年 12月 3 日下午，成功实施华东地区首例直升机救援飞行，将 1 名急性心肌梗死患者从舟山转运至杭州浙医二院，并完成急诊手术治疗。2010 年 3 月 31 日，杭州浙医二院高架直升机场获民用机场使用许可证。

2. 桐庐直升机场

桐庐直升机场位于 320 国道桐庐段新线与凤川镇柴埠村交叉处，距县城 6 千米，占地面积 4.33 万平方米。（见图 4-4）1998 年 6 月 12 日开工建设，1999 年 6 月 7 日建成，9 月 28 日正式运行。机场由桐庐县交通部门与哈尔滨飞机制造公司、中国飞龙通用航空专业公司联合经营，先期引进直-9 型直升机 1 架，用于空中观光旅游和除客运外的通用航空服务，包括抗洪救灾、消防救助、医疗救助、交通救助、临空考察、航测航拍、空中影视制作等。2004 年 4 月，机场停止使用。

图 4-4 桐庐直升机场停机坪

3. 安吉直升机场

由安吉县旅游局主办，2000 年 5 月建成使用，主要用于农林和空中观光旅游服务。（见图 4-5）机场离安吉县城 6 千米，跑道长和宽均为 40 米。2008 年 6 月，机场停止使用。

图 4-5 安吉直升机场塔台

第二节　民航客货运输

一、全省概况

（一）航线

1995 年，海南航空公司在宁波设立航空运输基地。1996 年 10 月，长城航空公司永久性基地正式迁址宁波，结束宁波长期以来空港无基地航空公司的历史。1997 年 3 月 30 日，长城航空公司举行迁址宁波的首航典礼。

20 世纪末，浙江省有国航浙江分公司、东航宁波分公司 2 家基地公司，另有 9 家航空公司在浙设有临时过夜基地，有 10 家外国航空公司在浙运营，全省在飞航线 135 条，其中国际航线 10 条，港澳地区航线 4 条。2010 年，全省 7 个机场完成旅客吞吐量 2871.48 万人次，货邮吞吐量 39.93 万吨，保障航班安全起降 25.72 万架次。

（二）民航客运

1992 年邓小平南方谈话后，改革开放的步伐进一步加快。1993—1995 年，浙江省机场旅客吞吐量年平均增长率为 25.03%。1996 年后，由于受国内经济大环境和航空运输市场供大于求的影响，旅客吞吐量有所下降。是年杭州笕桥机场旅客吞吐量为 214.47 万人次，在全国内地通航机场中位居第 12 名；温州机场旅客吞吐量为 168.4 万人次，位居第 20 名；宁波机场旅客吞吐量为 106.6 万人次，位居第 25 名。1997 年 8 月 8 日，舟山航站建成，浙江民航又增添一个航空运输点。

自 1957 年 1 月 1 日至 2000 年 12 月 30 日，民航浙江省管理局在杭州笕桥机场保障航班飞行整整 43 年，共开通国内航线 47 条、国际航线 3 条、地区航线 1 条，通达国内 48 个城市，共保障航班约 20 万架次。（见表 4-1）但由于杭州笕桥机场是军民合用机场，航班的增加受到一定的限制，远远不能满足浙江省经济发展及旅游业发展对航空运输业的需求。2000 年 12 月，杭州萧山机场建成，12 月 30 日，杭州民航运输飞机全部转入新建的杭州萧山机场，为扩展浙江航空运输业务提供优越的环境和条件。2000 年，浙江省机场旅客吞吐量为 530 万人次。

表 4-1　2000 年浙江省各机场通航航线一览表

机场名称	通航城市
杭州笕桥机场	国际航线：泰国曼谷，马来西亚吉隆坡，日本名古屋、出云、松山、鸟取（不定期航班） 地区航线：香港 国内航线：北京、广州、天津、烟台、武汉、温州、西安、乌鲁木齐、福州、昆明、青岛、成都、贵阳、汕头、深圳、长沙、哈尔滨、太原、郑州、珠海、长春、兰州、沈阳、海口、重庆、南昌、南京、北海、大连、厦门、南宁、宜昌、三亚、合肥、济南、黄山、潍坊、晋江、桂林、上海、惠州、银川
宁波栎社机场	国际航线：泰国曼谷（不定期包机） 地区航线：香港、澳门、台北 / 高雄 国内航线：北京、上海、广州、深圳、青岛、厦门、烟台、海口、昆明、武汉、成都、长沙、重庆、张家界、汕头、大连、福州、西安、温州、沈阳、桂林、哈尔滨、南昌、南京、乌鲁木齐、郑州、黄山、济南、义乌、兰州、舟山
温州永强机场	地区航线：香港 国内航线：上海、广州、北京、杭州、深圳、厦门、重庆、成都、武汉、昆明、沈阳、郑州、青岛、南京、哈尔滨、大连、海口、济南、长沙、福州、西安、汕头、天津、乌鲁木齐、长春、宁波、桂林、贵阳、太原、烟台、南昌、兰州、南宁、石家庄、秦皇岛、合肥、徐州、晋江、连云港、珠海、黄山、三亚、舟山、黄岩、义乌
台州机场	国内航线：上海、广州、北京、深圳、武汉、南京、汕头、郑州、长沙、重庆、成都
义乌机场	国内航线：广州、汕头、厦门、北京、大连、成都、晋江、宁波、武汉、济南、南京
衢州机场	国内航线：北京、厦门、广州、南京、青岛
舟山机场	国内航线：晋江、厦门、上海、北京、广州、深圳、武汉、南京、济南、温州、珠海、青岛

注：《浙江年鉴（2001 年版）》，浙江人民出版社 2002 年版，第 234 页。杭州—惠州、杭州—银川为空军联航航线。

2000 年 8 月 31 日后，民航体制改革，民航浙江省管理局成为行政性机构，同时宁波航站、温州航站划归民航华东地区管理局直接管理。2000 年 12 月 30 日起，民用航班全部由杭州笕桥机场转入杭州萧山机场运行，以民航浙江省管理局在杭州地区的航班保障及经营管理部门为基础组建的萧山机场公司成立，民航浙江省管理局实现局场分离及政企职责分开，因此民航浙江省管理局运输业务叙述范围至2000 年止。

二、杭州萧山国际机场运输业务

杭州萧山国际机场有限公司成立于 2000 年 12 月 28 日，是经营管理杭州萧山国际机场的国有企业，由中国民航总局和省政府在民航浙江管理省局驻杭州笕桥机场航班保障等部门的基础上共同组建。

（一）公司概况

1996 年 12 月 8 日，中国民航总局和省政府商定共同投资、共同建设、共同经营管理新建的杭州萧山机场。1998 年，中国民航总局和省政府商定按《中华人民共和国公司法》要求，建立股东会，行使公司的决策权。8 月 27 日第一次股东会决议，公司董事会由 7 名董事组成，其中民航华东地区管理局 4 人，浙江省航空发展有限公司 3 人。2000 年 3 月 6 日，杭州萧山国际机场有限公司在浙江省工商行政管理局注册登记，注册资本金 10.1 亿元。其中，民航华东地区管理局代表中国民航总局出资 5.15 亿元，占注册资本金的 51%；浙江省航空发展有限公司代表省政府出资 4.95 亿元，占注册资本金的 49%。2000 年 12 月 28 日，公司正式挂牌成立，12 月 30 日正式运营。

（二）运输生产

杭州萧山机场建成之前，使用杭州笕桥机场开展民用航空运输。1957 年 1 月 1 日—2000 年 12 月 30 日，共开通航线 47 条，在飞航班每周 440 个。2000 年 12 月 30 日起，民用航班全部由杭州笕桥机场转入杭州萧山机场。

三、宁波机场运输业务

（一）航线

1984 年 11 月 16 日，民航宁波站正式通航（庄桥机场）。（见图 4-6、图 4-7）1991 年，共开通航线 12 条。此后航线逐年增加，1993 年 4 月，增至 22 条。通航城市有上海、杭州、北京、广州、厦门、武汉、南昌、南京、温州、福州、香港、沈阳、深圳、青岛、哈尔滨、桂林、成都、西安、兰州、海口、大连、长沙。1998 年，民航宁波站开通宁波至重庆、乌鲁木齐、黄山、桂林、合肥航线，以及宁波经澳门至台北航线，旅客吞吐量为 109.51 万人次，货邮吞吐量为 1.47 万吨，分别列内地运营机场的第 26 位和第 29 位。此后，随着杭甬高速公路的开通和杭州萧山机场的使用，以及周边航空市场的竞争，分流了宁波客货源，该航站旅客吞吐量有所下降。1999 年开通宁波经上海至日本福冈 1 条国际航线及宁波至郑州、济南等 5 条国内航线。2000 年 7 月 14 日，开通宁波—泰国曼谷国际航线。（见表 4–2）

图 4-6　民航宁波站开航典礼（宁波机场与物流发展集团有限公司提供）

图 4-7　第一架通航飞机（安–24）抵达民航宁波站（宁波机场与
物流发展集团有限公司提供）

表 4-2　1984—2000 年民航宁波航站、宁波栎社机场航线一览表

年份	国内航线（开通城市）	国际、地区航线（开通城市）
1984	上海	
1985	杭州	
1986		
1987	北京	
1988	广州、厦门	
1989	武汉	
1990	南京、南昌、温州、福州	
1991	沈阳	香港
1992	深圳、青岛、哈尔滨、桂林—成都、西安—兰州	
1993	长沙、海口—大连	
1994	汕头、重庆	
1995	长沙—昆明	
1996	贵阳、常州—厦门、珠海、泉州（晋江）	
1997	天津	
1998	重庆—乌鲁木齐、黄山—桂林、黄山—合肥	澳门—台北 / 高雄
1999	郑州—成都、义乌—成都、南京—济南	上海—日本福冈
2000	张家界、烟台	曼谷

注：根据宁波栎社机场提供的资料整理。

（二）客运

1984 年 11 月 16 日，民航宁波站开通时，仅有宁波至上海 1 条航线，当年客运量仅千余人。1991 年，客运航线增至 12 条，始发航班 1617 次。旅客吞吐量 21.2041 万人次，其中出港 10.67 万人次。

（三）货运

1984 年 11 月 16 日，宁波民用航空开通时，除宁波市电容器厂和宁波市定时器厂偶有整批货物发运外，其余均为零星货物，当年货物吞吐量仅 19.6 吨。1985 年起货物发运量逐年增加。1990 年 12 月 2 日，宁波—上海—东京货运包机首航，18 吨活梭子蟹直运日本投放市场，宁波国际航空货运业务和外贸物资运输促进货运量增加。1991 年货邮吞吐量为 2685.3 吨。（见表 4-3）

表 4-3　1984—2000 年民航宁波航站、宁波栎社机场客货邮吞吐量一览表

年份	旅客吞吐量 / 万人次	货邮吞吐量 / 吨
1984	0.12	19.6
1985	0.9958	365.8
1986	2.2312	348.1
1987	3.8897	551.7
1988	6.0026	863.7
1989	6.3669	823.2
1990	11.0005	1345.9
1991	21.2041	2685.3
1992	28.6021	4064.2
1993	43.9245	6251.7
1994	66.0897	8848.4
1995	92.0449	11773.7
1996	106.6122	12063.0
1997	108.1548	12449.4
1998	109.5053	14703.4
1999	104.9949	17830.9
2000	117.9888	21921.9

注：根据宁波栎社机场提供的资料整理。

四、温州机场运输业务

温州航空运输始于 1933 年，中国航空公司经营的上海—广州航线经停温州。在温州市区江心屿至麻行埠头的瓯江水面上设有简易机场。1937 年，该航线停航。此后至 20 世纪 80 年代，一直未恢复通航。

1990 年 6 月，温州机场建成，7 月 4 日，温州民航站通航。

（一）航线

1.国内航线

1933年7月，中国航空公司经营的上海—温州—福州—厦门—汕头—广州航线，在瓯江水上机场试航成功，10月25日，由西可斯基S-38型水陆机执飞，正式通航。每周二、周五自上海南下，周一、周四自广州北上。温州城区中山桥边设立中国航空公司温州站，首任站长张延泽。1935年11月，改由"道格芬"式飞机运行，同时开辟航空邮路。1935年11月开通香港航线。1937年上海"八一三"事件后停航，此后未恢复。

1958年6月20日，中国民航局批准民航杭州站筹备杭州至温州航班，因故未实施。

1990年6月，温州机场建成，6月17日，中国东方航空公司麦道-82飞机试航温州成功。（见图4-8）1990年7月4日，温州航站举行温州—上海航线通航典礼；7月12日，温州—成都、温州—武汉航班正式开通，8月2日，温州—北京航线首航。当年温州机场旅客吞吐量为6.65万人次。1991年，开通温州至南昌、汕头、沈阳、长沙、大连、兰州、乌鲁木齐、哈尔滨的航线。1992年，开通温州至深圳、青岛、太原、贵阳、昆明、郑州等6个城市的航线。1993年，开通温州至海口、重庆、天津、福州等4个城市的航线。1994年，开通温州至衢州、济南、烟台、长春、桂林、常州、义乌等7个城市的航线。1995年，开通温州至石家庄、丹东、襄樊、锦州、三亚、澳门、珠海等7个城市的航线。1996年，开通温州至南宁、威海、连云港、香港的航线。1997年，开通温州至武夷山、舟山航线。1998年，开通温州至晋江、包头、黄山、南通、秦皇岛航线。1999年，开通温州至临沂、徐州航线。2000年，增加至宜昌、广元航线。（见表4-4）

图 4-8　1990 年 6 月 17 日，温州机场成功试飞（温州永强机场提供）

表 4-4　1990—2000 年温州机场航线一览表

年份	开通城市
1990	上海、武汉、成都、宁波、厦门、广州、北京、杭州、合肥、西安、南京
1991	南昌、汕头、沈阳、长沙、大连、兰州、乌鲁木齐、哈尔滨
1992	太原、深圳、青岛、贵阳、昆明、郑州
1993	海口、天津、重庆、福州
1994	衢州、济南、烟台、长春、桂林、常州、义乌
1995	石家庄、丹东、襄樊、锦州、三亚、澳门、珠海
1996	南宁、威海、珠海、连云港、香港
1997	武夷山、舟山
1998	晋江、包头、黄山、南通、秦皇岛
1999	临沂、徐州
2000	宜昌、广元

注：根据温州机场提供的资料整理。

2. 国际（地区）航线

1994 年 9 月 30 日，国务院批复同意温州航空口岸开放（限使用内地飞机飞香港航线），并设立边检、海关、卫检、动植检等检查检验机构。1995 年 8 月 17 日，温州航空口岸通过国家口岸办等部门验收，正式对外开放。12 月 29 日中国北方航空公司开通大连经温州至澳门航线。1996 年 11 月 7 日中国东方航空公司开通温州至香港航线。2010 年，温州机场国际地区通航城市 2 个，当年起降架次 662 次，旅客吞吐量 6.3 万人次。

（二）旅客吞吐量

1990 年 7 月 12 日，温州机场正式开通国内航班以后，7 月每周为 7 个航班，月旅客吞吐量为 2605 人次，平均客座利用率为 95.6%。12 月每周增加到 39 个航班，月旅客吞吐量 19161 人次。当年旅客吞吐量达 66377 人次。1991 年旅客吞吐量为 351758 人次，位列全国营运民航机场生产量第 22 位。（见表 4-5）

表 4-5　1990—2000 年温州机场旅客吞吐量一览表

年份	旅客吞吐量 / 人次	
	国际（地区）航线	国内航线
1990	—	66377
1991	—	351758
1992	—	591230
1993	—	832994
1994	—	1110303
1995	64	1557274
1996	1855	1684081
1997	14914	1644470
1998	19425	1778786
1999	17270	1598757
2000	18201	1627682

注：根据温州机场提供的资料整理。

（三）货邮吞吐量

1. 国内货运航线

1991 年 1 月，开办温州至杭州邮运业务，同时还开通温州—连云港不定期货物包机航线。当年货邮吞吐量 270.4 吨，列全国机场第 29 位。

2. 国际（地区）货运航线

温州机场 1998 年 7 月开始国际货物运输，通过北京、上海、广州等口岸机场中转。出港货物目的地主要为欧洲、北美、东南亚，主要货物种类为服装和电器产品。进港货物主要来自欧洲、北美、东南亚，以电子设备、机械设备、品牌服装、皮革为主。从 1998 年 7 月开始，温州至香港地区开展航空货物直达运输，当年进出港货运量合计为 312.4 吨。（见表 4-6）

表 4-6　1995—2000 年温州机场国际（地区）航线货运量一览表

年份	进出港货运量（含行李、邮件、货物）/ 吨
1995	0.2
1996	26.6
1997	247.0
1998	312.4
1999	244.1
2000	288.1

注：根据温州机场提供的资料整理。

五、台州机场运输业务

1987 年 12 月 2 日，黄岩路桥机场建成通航。

（一）发展历程

1987 年 11 月 8 日，黄岩路桥机场试航杭州笕桥、上海虹桥机场班机成功，12 月 2 日正式通航。由民航山东省管理局运营，执飞飞机机型为英国产肖特 SD–360 型机，36 个座位。1990 年 9 月 27 日，开通黄岩—广州航线，由浙江航空公司使用冲 –8 型飞机执飞。由于客货源充足，该航线 1993 年起改由中国东方航空公司使用福克 100 型和波音 737–200 型飞机运营。1993 年 8 月 31 日，开通黄岩—南京—郑州航线。1994 年 11 月 25 日，开通黄岩—深圳航线；是年 12 月 11 日，又开通黄岩—北京航线。1995 年增加黄岩—福州、黄岩—西安航线。1996 年 5 月 11 日开通黄岩—厦门航线。1999 年 2 月 9 日，黄岩—武汉—重庆航线正式通航。（见表 4-7）

表 4-7　1987—1999 年台州民航站航线一览表

序号	日期	航线	备注
1	1987 年 11 月 18 日	黄岩—上海	试航
2	1987 年 12 月 2 日	上海—黄岩—杭州	首航
3	1990 年 9 月 27 日	黄岩—广州	
4	1990 年 10 月 30 日	黄岩—武汉	
5	1996 年 10 月 28 日	黄岩—南京	
6	1993 年 8 月 31 日	黄岩—南京—郑州	
7	1994 年 11 月 25 日	黄岩—深圳	
8	1994 年 12 月 11 日	黄岩—北京	
9	1995 年 1 月 15 日	黄岩—福州	
10	1995 年 12 月 21 日	黄岩—武汉—西安	
11	1996 年 5 月 11 日	黄岩—厦门	
12	1999 年 2 月 9 日	黄岩—武汉—重庆	

注：根据台州市民用航空管理局提供的资料整理。

（二）运量

机场发展初期，借用部队设备设施，依靠军航进行保障，开往杭州航班，1988 年每周 3 航次，年乘坐率 92%；1990 年每周 2 航次，年乘坐率 88.79%。开往上海航班，1988 年每周 3 航次，年乘坐率 82%；1989 年每周 3 航次，年乘坐率 95.6%；1990 年每周增至 6 航次，年乘坐率 99.9%。开往广州航班，1990 年每周 2 航次，年乘坐率 97.66%。至 1994 年，机场旅客吞吐量为 7.373 万人次。

1995 年，机场扩建完成，年旅客吞吐量 16.529 万人次，比 1994 年增长 124%。1996 年，每周平均出港航班 38 班，年飞机起降 3438 架次，旅客吞吐量 24.324 万人次，货邮吞吐量 1986.9 吨，旅客吞吐量在全国机场排名 54 位。1997 年，旅客吞吐量 21.284 万人次。（见表 4-8）

表 4-8　1987—2000 年黄岩民航站航班及客货邮吞吐量一览表

年份	保障飞机起降架次 / 万次	旅客吞吐量 / 万人次	货邮吞吐量 / 吨
1987	52	0.146	7
1988	564	1.767	62.26

年份	保障飞机起降架次 / 万次	旅客吞吐量 / 万人次	货邮吞吐量 / 吨
1989	570	1.731	57
1990	596	1.956	70
1991	1156	4.022	136.6
1992	886	3.324	160.3
1993	954	5.814	249.7
1994	1182	7.373	523.9
1995	2192	16.529	1579.4
1996	3438	24.324	1986.9
1997	3060	21.284	1755.6
1998	2838	19.860	2044.7
1999	2740	19.1329	2449.3
2000	3270	22.3780	3501.3

注：根据台州市民用航空管理局提供的资料整理。

六、义乌机场运输业务

1991 年 4 月 1 日，义乌民航站建成通航。从通航至 2010 年，先后开通义乌至广州、厦门、上海、武汉、南京、温州、福建、西安、深圳、北京、大连、汕头、潍坊、哈尔滨、郑州、济南、晋江、宁波、成都、青岛等 28 条航线。2010 年，旅客吞吐量为 69.5 万人次，货邮吞吐量为 3802.1 吨。

（一）发展历程

1991 年 4 月 1 日，义乌民航站通航，浙江航空公司冲-8 型飞机开通义乌—广州、义乌—厦门两条航线，其中义乌—广州每周 2 班，义乌—厦门每周 3 班。10 月，东方航空公司使用运-7 型飞机开通义乌—上海航线，每周 2 班。11 月，东航安徽分公司运-7 型飞机开通义乌—武汉航线，每周 2 班。

1993 年 7 月 31 日，义乌机场全面停航进行扩建。

1994 年 12 月 17 日，义乌机场正式复航，南京航空有限公司使用 Y-7 飞机开通义乌—南京、义乌—温州航线，每周各 2 班。12 月 20 日，福建航空公司运-7

型飞机开通义乌—福州航线，每周 2 班。1995 年 4 月 10 日，长安航空公司使用运-7 型飞机开通义乌—西安航线，每周 2 班。是日，南航汕头航空有限公司使用波音 737 型飞机开辟义乌—广州航线，每周 2 班，这是义乌机场首次接受中型飞机起降。此后，海南航空公司使用波音 737 型飞机加盟义乌—广州航线，每周航班量增至 4 班。7 月 16 日，深圳航空公司使用波音 737 型飞机开通义乌—北京、义乌—深圳两条航线，每周各 2 班。1996 年 9 月 11 日，北方航空公司使用麦道-82 型客机开辟义乌—大连、义乌—汕头两条航线，每周 2 班。1997 年 2 月 14 日，北方航空公司使用麦道-82 型客机开通义乌—哈尔滨、义乌—潍坊航线，每周各 2 班。1998 年 3 月 30 日，中原航空公司开辟义乌—郑州航线，每周 2 班。1999 年 1 月 10 日，山东航空公司使用萨伯 340 型飞机开通义乌—济南航线，每周 2 班。2 月 13 日，义乌—晋江临时加班航线开通，10 月 8 日，长城航空公司开辟义乌—宁波、义乌—成都两条航线，每周 2 班。2000 年 5 月 17 日，新疆航空公司使用 ATR-72 客机开通义乌—上海航线，并恢复义乌—厦门航线，每周各 2 班。

（二）客货运量及航线

1991 年，义乌民航站初建时，机场规模小，起降机型小，旅客吞吐量少，1991—1992 年仅完成 3 万多人次。1993 年 7 月停航扩建，1994 年 12 月复航。机场扩建后，规模等级提高到 4C，各项保障设施得到改善，义乌民航站与国航、南航、海南航、新疆航等航空公司建立协作关系，先后开通义乌至深圳、北京、汕头等 20 多条航线。（见表 4-9）1995 年，旅客吞吐量 42263 人次。此后，波音 737、麦道-82 等中型客机投入使用，义乌—广州等航线的航班密度增加，客流量显著上升，1996 年完成旅客吞吐量 75696 人次，货邮吞吐量 68.7 吨。1998 年，受东南亚金融危机影响，运输生产出现负增长，全年旅客吞吐量为 71378 人次。1999 年，旅客吞吐量为 81816 人次、货邮吞吐量 806.2 吨。（见表 4-10）

表 4-9　1991—2000 年义乌机场航线一览表

时间	国内航线	国际（地区）航线
1991 年 4 月 1 日	义乌—广州、义乌—厦门	
1991 年 10 月 27 日	义乌—上海	
1991 年 11 月 14 日	义乌—武汉	

续　表

时间	国内航线	国际（地区）航线
1994 年 12 月 17 日	义乌—南京、义乌—温州	
1994 年 12 月 20 日	义乌—福州	
1995 年 4 月 10 日	义乌—西安	
1995 年 7 月 16 日	义乌—北京、义乌—深圳	
1996 年 9 月 11 日	义乌—大连、义乌—汕头	
1997 年 2 月 14 日	义乌—哈尔滨、义乌—潍坊	
1998 年 3 月 30 日	义乌—郑州	
1999 年 1 月 10 日	义乌—济南	
1999 年 2 月 13 日	义乌—晋江	
1999 年 10 月 8 日	义乌—宁波、义乌—成都	
2000 年 5 月 17 日	义乌—上海	

注：根据义乌机场提供的资料整理。统计列表均为首次开通航线（相同航线为不同航空公司执飞），停飞后恢复的航线未统计。

表 4-10　1991—2000 年义乌市民用航空管理局（站）吞吐量一览表

年份	起降架次 / 次	旅客吞吐量 / 人次	货邮吞吐量 / 吨
1991	303	12794	1.3
1992	390	16561	0.8
1993	182	8362	0
1994	38	388	0
1995	622	42263	68.7
1996	710	75696	306.4
1997	875	77539	406.4
1998	922	71378	573
1999	1084	81816	806.2
2000	1348	94756	913.3

注：根据义乌机场提供的资料整理。1993 年 7 月 31 日—1994 年 12 月 16 日停航扩建。货邮吞吐量不包含行李重量。

七、衢州机场运输业务

1993 年 11 月 26 日衢州民航站建成通航，首航开通衢州—杭州、衢州—厦门航线，此后，相继开通至温州、上海、广州、北京、南京、青岛、深圳等航线。

（一）航线

1993 年 11 月 26 日，衢州民航站正式通航，首批开通航线 2 条，由浙江航空公司冲 -8 型客机执飞。衢州至杭州航线，每周往返 4 班，1996 年 11 月停飞。衢州至厦门航线，每周往返 4 班，1996 年 10 月停飞。

1994 年 1 月 26 日，开通衢州至温州航线，每周往返 4 班，1996 年 7 月停飞。1994 年 10 月 30 日，开通衢州至广州航线，每周往返 4 班，2002 年 4 月停飞。1994 年 10 月 30 日，开通衢州至上海航线，每周往返 4 班，1995 年 11 月停飞。

1995 年 11 月 1 日，开通衢州至北京航线，每周往返 2 班。1997 年 4 月 2 日，开通衢州—南京—青岛航线，每周往返 4 班。1998 年 10 月停飞。1999 年 3 月，衢州至厦门航线复航，每周往返 4 班，2001 年 7 月停飞。

2000 年 3 月 17 日起，衢州至北京航班每周往返增至 4 班。

（二）运输

1993 年 11 月通航。由于衢州人口基数偏低，集聚效应不高，人员流动不快，区域经济相对欠发达，航空运输客源不足，民航发展比较缓慢。2002 年 3 月至 2003 年 3 月因驻衢空军对飞行区进行扩建，民航航班暂停飞行。1993—2006 年，每年航班起降不到 1000 架次，旅客吞吐量不到 4 万人次。（见表 4-11）

表 4-11　1993—2000 年衢州民航站客货运量一览表

年份	航线	起降架次 / 次	客运量 / 人次	货邮运输量 / 吨
1993	杭州、厦门	30	797	1.71
1994	杭州、厦门、温州、上海、广州	478	14112	59.6
1995	北京、广州、上海、杭州、厦门、温州	862	34620	176.5
1996	北京、广州、杭州、厦门、温州	658	29040	172.6
1997	北京、青岛、南京、广州	412	20821	129.6
1998	北京、青岛、南京、广州	442	21277	103.5
1999	北京、广州、厦门	258	11597	75.5
2000	北京、广州、厦门	446	15769	103.9

注：根据衢州民航站提供的资料整理。

八、舟山机场运输业务

舟山朱家尖机场于 1997 年 7 月建成，8 月 8 日正式投入运营，为 3C 级机场，1998 年 4 月更名为舟山普陀山机场，7 月升至 4C 级机场，可起降麦道-82、波音 737 及以下机型飞机。1999 年 12 月升至 4D 级机场，可供波音 757 及以下机型飞机起降。

1997 年 8 月 9 日开航时，由东航江西分公司、上海航空公司使用麦道-82 型客机执飞舟山—上海航线，每日往返 1 班。是日，由厦门航空公司使用波音 737 型客机执飞舟山—厦门航线，每日往返 1 班，节假日、旅游旺季增加航班。是年 9 月 2 日，由厦门航空公司、武汉航空公司使用波音 737 型客机执飞舟山—晋江航线，每日往返 2 个航班，节假日、旅游旺季增加航班，客座率达 85%。1998 年 1 月 17 日，由国航内蒙古分公司使用波音 737-300 型客机执飞舟山—北京航线，每周二、周六当日往返各飞行 1 班（2000 年 4 月 28 日，航线改包机经营为正常航班运行，由厦门航空公司使用波音 737-300 型客机执飞，每周一、周三、周五当日往返各 1 班）。1999 年 2 月 20 日，由山东航空公司使用萨伯 340 型客机执飞舟山—南京—青岛航线，每周一、周三、周六各 1 个航班往返。是日，由武汉航空公司使用波音 737 型客机执飞舟山—晋江—武汉航线，每周 4 个航班。（见表 4-12）

表 4-12　1998—2000 年舟山机场航线一览表

年份	国内航线（开通城市）	地区航线（开通城市）
1998	晋江、厦门、上海、北京、珠海、福州、深圳	
1999	晋江、厦门、上海、北京、珠海、深圳、广州、武汉、济南、温州、青岛	
2000	晋江、厦门、上海、上海浦东、北京、福州、广州、武汉、青岛、汕头、南京	

注：根据舟山民航站提供的资料整理。

2000 年，航站分别在北京、上海、汕头、南京等主要客源地举行"风俗旅游文化活动""世纪婚典飞北京""空中婚礼"等 5 次大型促销活动，提高舟山普陀山机场在国内外的知名度。是年每周 35 个航班，保障飞机起降 2816 架次，旅客吞吐量 183272 人次，货邮吞吐量 2372.5 吨。（见表 4-13）

表 4-13　1998—2000 年舟山市民航站客货邮吞吐量一览表

年份	旅客吞吐量 / 人次	货邮吞吐量 / 吨
1998	141520	999.7
1999	172489	1827.9
2000	183272	2372.5

注：根据舟山民航站提供的资料整理。

九、中国国际航空股份有限公司浙江分公司

（一）公司概况

1992 年，浙航引进第 3 架冲-8 型飞机，并开辟杭州至黄岩、温州、义乌、衢州、厦门、武汉等航线，全年运输总周转量 771 万吨千米，运送旅客 14.6 万人次。1993 年，为开辟干线航班，浙航从俄罗斯贝加尔航空公司租了 2 架图-154 飞机，并开通杭州—北京、杭州—沈阳、杭州—哈尔滨和上海—广州 4 条中长途航线，改变以往单一支线航线的网络格局，经营品质有所改善。

1993 年 9 月 27 日，中国民航总局发文，将浙航划归新组建的中国东方航空集团，作为其紧密层企业。但由于各方面原因，中国民航总局的这一决策没有真正实施。5 月 9 日，中国民航总局向各直属公司发出《关于联合经营浙江航空公司的招标通知》，决定以公开招标方式解决浙航的归属问题。1996 年 3 月 7 日，中国民航总局下发《联合经营浙江航空公司中标的通知》，将浙航划归中国航空公司，成为中航在内地的全资子公司。浙航的计划、财务、人事和经营管理均纳入中航渠道，其债权、债务均由中航承担，浙航使用中航"中"字徽记和标志，F6 航班代码、619 国内票证和 CAG3 字代码，并更名为中国航空（集团）浙江公司。是年 8 月 30 日，正式更名为中航浙江航空公司（简称"中浙航"）。1997 年 1 月 21 日，中浙航与民航浙江省管理局正式脱钩。当时，中浙航有职工 357 人。

1997—2002 年，中浙航连续引进 5 架空客 320 型和 3 架空客 319 型飞机，并先后退租 2 架图-154 型和 3 架冲-8 型飞机，实现机队的实质性转变。在此期间，中浙航逐步完善航线布局，形成以杭州为中心，北接哈尔滨、沈阳、大连、北京，西通乌鲁木齐、昆明、贵阳、成都、重庆、西安、兰州，南接广州、深圳、桂林

等 20 多个大中城市以及武夷山、黄山、张家界等风景旅游航线的运输网络。

（二）运输生产

1. 运输航空器

1992 年 7 月，浙航以购买方式又引进第 3 架冲-8-300 型飞机。

1992 年 11 月 9 日和 11 月 25 日，浙江航空公司分别向东方航空公司和中国民航局递交《关于湿租俄罗斯图-154 型飞机的报告》，请求与中国航空器材公司合作经营图-154 型三发涡扇中短程窄体客机，以缓解紧张的运输生产压力，提高经济效益，均获得同意。1993 年 3 月，先后试租俄罗斯图-154 型飞机 2 架。1996 年，浙江航空公司归属中国航空公司成为中浙航后，决定先采取经营性租赁方式引进空客 320-200 型双发涡扇中短程客机。在征得中国民航总局同意后，中浙航于是年 9 月 20 日与美国通用电气金融公司签订租赁 2 架空客 320 型飞机的协议。1997 年 9 月 14 日，首架空客 320 型飞机顺利抵达杭州。是年 10 月 26 日，第 2 架空客 320 型飞机抵达杭州。空客 320 型飞机的引进，标志着中浙航机队建设的重大转变。1998 年，中浙航通过融资性租赁方式，又先后于 10 月 6 日和 12 月 12 日引进由中国民航总局分配的 2 架空客 320 型飞机。2000 年，由于人民币利率和汇率变化原因，中浙航为降低融资成本和避免汇率风险，及时向国家计委申请"空客 320 型飞机由原批复的国际融资租赁方式改为国内银行人民币贷款购汇解决"，并得到同意。是年 9 月 16 日，第 5 架空客 320 型飞机飞抵杭州。

2000 年 7 月 18 日，中浙航在向中航总部递交的《关于冲-8-300 型飞机现状及处理意见的报告》中建议：鉴于冲-8 型飞机运行时间较长、机型和零部件严重老化、飞机安全性能受到影响、维修能力跟不上等原因，采取以 3 架冲-8 型飞机置换 2 架空客 319 型双发涡扇中短程单通道客机的方式更新机型。

2. 航线

1992—1993 年，浙航利用新引进的冲-8 型飞机和湿租的图-154 型客机（见图 4-9），开辟杭州—汕头、福州—汕头、福州—厦门、温州—福州、杭州—衢州、衢州—厦门、温州—南京等短途航线以及杭州—北京、杭州—沈阳、杭州—哈尔滨和上海—广州等 4 条长途航线，改变以往单一支线航线的网络格局。

图4-9　1993年3月23日，图-154飞机飞抵杭州（国航浙江分公司提供）

1996年，浙航划归中国航空公司，成为中浙航。从1997年起，中浙航陆续引进11架空客320型系列飞机，从根本上改变机型偏小、档次过低的机队状况。1997年，开辟杭州—青岛、杭州—深圳、杭州—西安等多条航线，应地方政府要求开通黄岩—厦门、温州—舟山、杭州—舟山等航线。同时，中浙航开始在温州设立过夜基地，开辟多条温州至全国主要城市的航线，改变以往只从杭州出港的历史。1998年，中浙航加大对西南和沿海城市的开发力度，开通杭州至宜昌、成都、重庆、兰州、南昌、三亚、长沙等地以及温州至北京、成都等地的航线。1999年，中浙航开通杭州至桂林、合肥、北海、海口、珠海等航线，取消一批运载量过低的干线，基本实现杭州通航国内大部分省会城市和经济中心城市的目标。2000年，中浙航在"巩固老线，培养新线，慎重开航"的方针指导下，开通杭州—温州—重庆、杭州—青岛—沈阳、杭州—郑州—兰州等航线。

3. 旅客运输

1992年，浙航加大对浙江省和周边省份经济发达地区的开拓，开通至宁波、义乌、黄岩、汕头、福州等城市的多条航线。为改善经营管理，专门设立负责加班、包机业务的生产办公室，同时要求财务部门定期对每条航线进行动态分析和预测。是年，该公司以优良、微笑和真诚的服务赢得旅客的称赞，在由中国东方航空公司组织的旅客评比中满意率达96%，全年实现运输总周转量771万吨千米，旅客吞吐量14.6万人次。1993年，浙航开辟了杭州至哈尔滨、沈阳、北京、广州、汕头、厦门等 10 多个大中城市的航线以及杭州至温州、衢州等省内支线；开展"运输服务质量上台阶"活动，把安全、正点、舒适、方便作为扩大营销的基点，主动上门与售票处、宾馆联系乘机旅客。为争取更多的客货源，浙航开始在北京机场设立代理点，开展机票销售业务。是年，浙航共完成运输总周转量 1723 万吨千米，旅客吞吐量 27.8 万人次。1995 年，浙航推行"服务质量检查单制度"，量化 25 项服务质量标准，逐项制定评分标准，并委托人员跟机检查，每月汇总讲评一次，有效提高服务质量。是年，全年实现运输总周转量 3197 万吨千米，旅客吞吐量 43.5 万人次。

1996 年，浙航划归中国航空公司。当时，航空市场供过于求的形势日益显现，中浙航市场人员主动走访旅行社、销售代理人，听取他们对航线设置、地面服务、机上服务等方面的意见；市场部增设湖滨路、杭州笕桥机场两个售票处，并将销售代理网络扩展至江苏、山东、云南、黑龙江、福建和浙江省内的宁波、绍兴、慈溪、萧山等地。是年，完成运输总周转量 3378 万吨千米，旅客吞吐量 43.7 万人次，正班客座率达 76.2%。

1997 年，中浙航与民航浙江省局正式脱钩。是年，中浙航引进 2 架空客 320 型飞机，运输能力得到显著提高；还在温州设立临时过夜基地，将 1 架冲 -8 型飞机放在该基地，开辟"第二战场"。全年共完成运输总周转量 3562 万吨千米，旅客吞吐量 45.83 万人次。1998 年，中浙航新开通 20 余条航线，航线网络得到进一步完善。5 月 6 日，公司将 F65939/40 航班的乘务组命名为"西子空乘组"，同时将该航班的创建工作纳入全年经营目标责任制的轨道，与职工、干部岗位的年度考评和个人的待遇收入挂钩。"西子空乘组"自创建到 10 月份共收到表扬信 100 多封，旅客满意率始终在 95% 以上。是年，实现运输总周转量 5635 万吨千米，旅客吞吐量 69.26 万人次。1999 年，中浙航在航线编排上，对部分季节性强的旅游航线一改过去"旺季飞、淡季停"的一贯做法，采取"夏秋旺季直飞、冬春淡季串飞"的方法。是年，实现运输总周转量 7980 万吨千米，旅客吞吐量 84.4 万人次。2000 年，中浙航结合国家西部大开发战略，重点加大对成都、昆明、重庆 3 条航线的投放力度。同时与多家航空公司在国内 12 条航线上签订联营协议，是年，实现运输总周转量 8796 万吨千米，旅客吞吐量 90.6 万人次。（见表 4-14）

表 4-14 1992—2000 年中航浙江航空公司客货邮运输量一览表

年份	运输总周转量 / 万吨千米	旅客吞吐量 / 万人次	货邮吞吐量 / 吨	飞行时间 / 小时	起降架次 / 次	载运率 /%	客座率 /%	航班正常率 /%	飞行小时利用率 /%
1992	771	14.6	915	—	—	—	—	—	—
1993	1723	27.8	2196	—	—	—	—	—	—
1994	2157	34.6	2504	—	—	—	—	—	—
1995	3197	43.5	3608	—	—	—	—	—	—
1996	3378	43.7	3393	—	—	—	—	—	—
1997	3562	45.83	3507	—	—	—	—	—	—
1998	5635	69.26	7511	—	—	—	—	—	—
1999	7980	84.4	14109	—	—	—	—	—	—
2000	8976	90.6	15376	—	—	—	—	—	—

注：根据中航浙江航空公司提供的资料整理。

4. 货邮运输

1990 年，浙航划归民航后，货运业务接受民航浙江省局统一管理。1993 年，浙航货邮吞吐量为 2196 吨。1996 年，浙航划归中航，全年货邮吞吐量为 3393 吨。

1997 年，中浙航货运脱离民航浙江省局开始自行办理。5 月 4 日，中浙航设立杭州笕桥机场货运处。业务开展初期，由于没有配载权，千方百计组织来的货源不能上自己的航班。针对这一情况，货运部门将目光转向回程、联程和中转货源，货运量得到较大提高。全年实现货邮吞吐量 3507 吨。1998 年，中浙航相继设立海宁硖石货运处和北京营业部货运处，货运人员主动上门服务，将部分航线以包舱的形式包给货物收运量大且信誉好的单位并给予适当优惠；与部分机场、航站和航空公司签订中转货物协议，使厦门、福州、温州的货物经杭州可运至东北、西南等地，哈尔滨、沈阳的货物经杭州可运至沿海城市。是年，货运业务得到长足的发展，货邮吞吐量达到 7511 吨。1999 年，中浙航共发展货运代理人 16 家，实现货邮吞吐量 14109 吨。2000 年，中浙航将货运包舱业务扩展到从杭州出发至广州、昆明、成都、福州、厦门、长沙、重庆、温州、深圳等地的航线航班。全年实现货邮吞吐量 15376 吨。

5. 专包机运输

1991 年 3 月 15 日，浙航应浙江省和宁波市政府要求，使用包机运送泰国正大集团董事长谢国民由杭州至宁波考察。1992 年，浙航共组织加班包机 11 班。1993 年 6 月，浙航运送中国国家足球队由南京至杭州。是年，浙航共完成包机 16 次。1995 年，浙航全年共完成包机 8 次。

1999 年，中浙航承担浙江省全国"两会"代表、委员（全国人大代表、全国政协委员）赴京来回包机任务。此后几年，该项包机任务均由中浙航完成。

2000 年，中浙航完成巴巴多斯总理、泰国诗琳通公主等重要包机保障任务。

第三节　通用航空

1997 年，浙江东华通用航空有限公司成立。1990—2000 年，在桐庐、安吉建立直升机场，从事旅游观光和农林作业。2004 年，浙江大学医学院附属第二医院开展医疗救护用直升机运输服务。2005 年，全省通用航空起降 2652 架次，累计飞行 4823 小时，至 2010 年成为全国通航作业最频繁的省份之一。

浙江东华通用航空有限公司成立于 1997 年，前身是原中国民航第十三、十四飞行大队通用航空飞行队。1987 年，民航系统第一次进行体制改革，将第十三、十四飞行大队和原上海第五飞行大队改制成东方航空公司，第十三飞行大队为东航山东分公司，第十四飞行大队为东航安徽分公司。山东、安徽两个分公司除担负运输飞行外，还保留着原通用飞行的项目及相应的飞机和空地勤人员，注册资本 2600 万元。东方航空集团公司和民航浙江省管理局作为出资人和国有资产管理者，分别持有 86.15% 和 13.85% 的股份。2002 年 9 月，横店集团开始参股浙江东华通用航空公司。2004 年 4 月，民航浙江省管理局将其股权 13.85%（计 360 万元）全部转让给横店集团有限公司。2011 年，国有资产全部退出后，浙江东华通用航空有限公司成为横店集团全资子公司。

公司是国内首家通过《CCAR-91 部商业非运输航空运营人运行合格审定》的通用航空企业，CCAR-145 部维修许可证的维修单位。

1995 年 5 月，该公司筹建时，即由东航以实物出资形式提供 3 架运-5 型飞机。1998 年，向东航租赁 6 架运-5 型飞机。1999 年，向东航购买了上年租赁的 6 架运-5 型飞机中的 3 架。2004 年，向中国航空器材进出口总公司购买 2 架运-12 型飞机后，拥有运-5 型飞机 9 架、运-12 型飞机 2 架。2008—2010 年，拥有运-5 型飞机 3 架、运-12 型飞机 2 架。

1997 年，浙江东华通用航空有限公司正式投入运营，至 2002 年，每年派出运-5 型飞机 2—3 架到山东省防除蝗虫，累计飞机灭蝗作业面积 800 万亩，飞行 820 架次，作业时间约 1200 小时。1999 年 7 月，应浙江省林业厅要求，派出运-5 型飞机 1 架，到朱家尖进行防治松材线病虫害试验作业飞行，作业面积约 1000 亩。

第四节　民航管理机构和管理体制

一、民航管理体制改革

1989 年 12 月，民航浙江省管理局代管浙江航空公司，公司领导由民航浙江省管理局领导兼任。1990 年，民航浙江省管理局已有下属宁波、温州两个直属航站。是年，中国油料公司杭州分公司成立，油料部门从省局划出。1992 年，机场安检、消防由地方移交给民航浙江省管理局，成为公安处的下属机构。是年，民航浙江省管理局对所属二级机构进行较大的调整，并由科级升格为处级，共设置 18 个二级机构。1987—1993 年期间，黄岩、义乌、舟山、衢州等航站也相继通航。至 1995 年，民航浙江省管理局共有直属二级机构 21 个，直属航站 2 个，共有职工 2376 名（其中杭州 1210 名，宁波航站 507 名，温州航站 659 名），并负责对省内其他航站的行业管理。

1996 年 8 月 30 日，浙江航空公司脱离民航浙江省管理局的代管。至 2000 年 2 月，局场分离前的民航浙江省管理局共有职工 2633 人（其中杭州 1289 人，宁波航站 632 人，温州航站 712 人）。

2000 年 8 月 31 日，中国民航局下发《关于杭州笕桥机场转场涉及体制问题的批复》，同意组建行政性的民航浙江省管理局，负责浙江省内民航行业行政管理工作。同时，明确原由民航浙江省管理局领导和管理的宁波、温州两个航站划归民航华东地区管理局直接领导管理。杭州笕桥机场转场至杭州萧山机场，局（民航浙江省管理局）场（杭州萧山机场）实施分离。萧山机场由中国民航局和浙江省共同投资、共同建设和共同管理，实行股份制，组建杭州萧山机场有限公司，作为机场的项目法人，负责机场的安全运行和经营管理。12 月 26 日，中国民航总局《关于印发〈中国民用航空浙江省管理局运行方案（暂行）的通知〉》，确定行政性民航浙江省管理局的主要职责和机构设置及人员编制，下设综合办公室和安全监察处两个直属机构，承担浙江省内民航业的行政管理工作。12月28日，随着杭州萧山国际机场建成并正式通航，标志着民航浙江省管理局的局场分离、政企职责分开任务已经完成。

二、全省民航管理机构

1992年5月5日，机场安检、消防由武警移交给民航浙江省管理局，成为公安处的下属机构。11月28日，民航浙江省管理局所属二级机构由科级升格为处级，共设置18个二级机构：政治处、纪委、工会、团委、办公室、计划财务审计处、劳动人事教育处、企业管理处、物资设备处、航空业务开发部、编志办公室、公安处、运输服务部、航务管理站、通信总站、旅客服务公司、机务维修保障部、机场管理建设部。1995年，民航浙江省管理局共有直属二级机构21个，直属航站2个，共有员工2376人。

2000年8月31日，中国民航总局下发《关于杭州笕桥机场转场涉及体制问题的批复》同意组建行政性的民航浙江省管理局，负责浙江省内民航行业行政管理工作，同时明确原由民航浙江省管理局领导和管理的宁波、温州航站划归民航华东地区管理局直接领导、管理。12月26日，中国民航总局《关于印发〈中国民用航空浙江省管理局运行方案（暂行）的通知〉》明确规定行政性民航浙江省管理局的主要职责和机构设置及人员编制：民航浙江省管理局下设综合办公室和安全监察处两个直属机构，为民航华东地区管理局在浙江省内的派驻机构，承担浙江省内民航业的行政管理工作。12月28日，杭州萧山机场建成并正式通航，以民航浙江省管理局在杭州地区的航班保障及经营管理部门为基础组建的萧山机场公司成立，民航浙江省管理局实现局场分离及政企职责分开，原省局（不含宁波、温州航站）人员（含离、退休人员）中有1167人成建制地转入杭州萧山机场有限公司，该公司领导班子基本上由原民航浙江省管理局领导班子成员组成。同时，新组建的民航浙江省管理局，负责浙江省内民航行业管理工作。原由民航浙江省管理局领导管理的宁波、温州航站划归民航华东地区管理局直接领导管理。

三、地方机场管理机构

（一）民航宁波航空站（1984 年 10 月—2002 年 4 月）

1996 年 7 月 9 日，经中国民航总局批准，宁波航站升格为副司局级单位。

2000 年 12 月，行政性的民航浙江省管理局成立。是年 8 月 23 日，宁波航站划归民航华东地区管理局直接领导。

（二）民航温州航空站（1990 年 6 月—2001 年 10 月）

1994 年 3 月 10 日，成立温州航空实业有限总公司，10 月 5 日成立候机楼管理科。11 月 15 日，撤销劳动服务部。1996 年 10 月 16 日，增设民航温州站现场协调中心，扩建办公室。11 月 1 日，增设民航温州站交通战备办公室。

1998 年 3 月 24 日，民航浙江省管理局批准温州航站下设党委办公室、行政办公室、计划财务处、劳动人事教育处、安全监察处、物资设备处、机场管理建设处、公安分局、航务管理站、机务保障处、运输服务处、安全检查站、实业公司等 13 个二级机构。

2000 年 6 月 28 日，民航温州站成立温州航科电子公司，撤销运输处下属的电子站。是日，成立旅客汽车运输公司。11 月 14 日，民航温州站撤销劳动人事教育处下属的人事工资科和企管教育科，企业管理工作从劳动人事教育处分离，设立企业管理科，现场指挥室从安全监察处分离。12 月 15 日，由于民航浙江省管理局改制，民航温州站划归民航华东地区管理局直接管理。

2001 年 5 月 10 日，温州航科电子开发公司并入客运公司，客运公司、货运公司成建制划归温州航空实业有限总公司。

（三）台州市民用航空管理局（1994 年 12 月—　）

1994 年 12 月，台州行署撤地设市、黄岩撤市设区，黄岩民航局更名为台州市黄岩区民用航空管理局，黄岩民航站名称不变。

（四）义乌市民用航空管理局（1994 年 9 月—　）

1993 年 7 月 31 日，义乌机场全面停航进行扩建。

1994 年 9 月 10 日，义乌市决定建立义乌市民用航空管理局，与义乌民航站实行一套班子、两块牌子的管理体制。10 月 28 日，义乌市在义乌机场举行扩建竣工验收试飞庆典大会，由东方航空公司使用麦道-82 型客机试飞上海—义乌航线获得成功。12 月 17 日，义乌机场正式复航，南京航空公司使用运-7 型飞机开通义乌—南京、义乌—温州航线，每周各2班。

（五）衢州机场管理机构

衢州市民用航空站（1992年5月—1993年9月）。1991年7月25日，经国务院、中央军委批准，空军衢州机场实行军民合用，恢复航空运输业务。1992年5月，建立衢州市民用航空站。衢州市民用航空站为全民所有制事业单位，实行企业化管理，行政归衢州市计划委员会，业务接受上级民航部门指导。1993年4月，衢州市编制委员会核定该航站为副处级事业单位，经费由财政差额补助。

衢州市民用航空管理局（1993年9月—　）。1993年9月，衢州市编制委员会决定衢州市增设衢州市民用航空管理局（正县级），与衢州市民用航空站实施局站合一。11月26日，该航站由浙江航空公司开通衢州至杭州和衢州至厦门2条航线。

1996年7月，衢州市批准《衢州市民用航空管理局职能配置、内设机构和人员编制方案》，核定该局（站）为市人民政府领导下负责该市民用航空经营管理的正县（处）级事业单位，实行企业化管理，经费自收自支。2008年1月，衢州市民航局（站）成为准社会公益类事业单位。

（六）舟山市民用航空站（1996年5月—2000年6月）

1996年5月2日，舟山市民用航空站成立，为正处级事业单位，自主经营，自求发展，负责舟山机场航管、油料、运输服务和地面保障。

1997年8月8日，舟山民航站正式通航。

1998年4月，舟山民航站归并，组建成舟山普陀山机场有限公司、舟山民航发展有限公司。舟山普陀山机场有限公司，除主营航空运输业务以外，还兼营民航相关业务。

第五节　民航运行保障

一、航行调度

（一）杭州机场航行调度

1992年10月，民航浙江省管理局二级机构由科改为处，航行科随之改为航务管理站（正处级），下设航行管制室、气象台、现场指挥室、航行情报室。航行管制室下设飞行报告室、区域管制室、塔台管制室。2000年6月1日，中国民航总局改革全国的中低空区调，杭州中低空管制区被撤销，成立杭州进近管制区，同时杭州区域管制室正式更名为杭州进近管制室。2001 年 8 月 9 日零时起，杭州萧山机场实施过渡调度层改革，本场 3000 米以下气压基准面为本场修正海压。

（二）宁波机场航行调度

1984 年 11 月，宁波民航站成立航行调度室，1989 年成立航务管理科兼管调度室、气象台、通信队等。1993 年通信队分出航务管理科后，下设航行调度室和气象台。1993 年，人员和飞行量增加，航行调度室设立管制 1 组、2 组。其中 1 组含话台，2 组含情报。1997 年航行调度室设立飞行报告室、塔台管制室、航行情报室。1998 年，宁波栎社机场升格为副厅级，作为宁波栎社机场职能部门的航务管理科升格为副处级，改称航行气象处。

二、机务保障

（一）宁波机场机务保障

1984 年，民航宁波站成立，同时成立机场机务队。1993 年机务队更名为机务科，下设机务一队、机务二队、特种车辆队，逐步取得波音 737-200、图 -154、麦道 -82/90 等机型维修资格。1998 年升级为机务保障处 / 部，下设质控室、机务科、特种车辆科，主要负责经停宁波机场航空器的适航维修和一般勤务工作，其间客梯摆渡二次划入划出机务保障部。

（二）温州机场机务保障

1990 年温州机场通航初期，机场机务队维修人员仅有 9 名，维修特种设备仅有 2 辆电源车、1 辆气源车；维修机型也仅安 -24、运 -7、麦道 - 82 等。1991 年开始招收大中专毕业生，维修水平和能力大有提高。首次获得民航华东地区管理局颁发的维修许可证，初步具备波音 737-200/300、雅克 -42、图 -154 等机型的维修资格。1993 年，机务队更名为机务科，1998 年更名为机务保障处。

在保障飞行安全上，机务维修及时发现和消除安全隐患，避免事故的发生。1998 年 5 月 6 日，浙江航空 F65905 航班 DH-8 飞机即将启动发动机，机务人员发现飞机右侧发动机在滴漏燃油。1999 年 3 月 2 日，西南航空 SZ4510 航班波音 737-300 飞机载着"二·二四"空难家属将要滑出机位，机务人员发现液压系统渗漏。

（三）台州机场机务保障

1987 年，台州机场通航初期，机场技术科机务维修人员仅有 2 名，维修特种设备直接向部队租用。1990 年，机务人员从技术科分出，设立机务科。同年 5 月，首次获得民航华东地区管理局颁发的维修许可证，初步具备波音 737-200/300、肖特-360 等机型的维修资格。1995 年，机务科成立。除负责航线维修、一般勤务、特种车辆保障外，机务科还负责航空燃油的运输储存和加注工作。

（四）义乌机场机务保障

义乌机场通航初期成立机务科，机务科维修人员 4 人，大部分为本地选调的大学毕业生和部队转业机务人员；维修特种设备为租借军方的 1 台电源车；维修机型也仅运-7、冲-8 等。1994 年，机场扩建，购置 2 辆交直流两用电源车和 1 辆气源车，首次获得民航华东地区管理局颁发的维修许可证，先后具备 737-300/400、麦道 82、DHC-8、BAe146 等机型的维修资格。

（五）衢州机场机务保障

1993 年 4 月，机务科设立，下设场务队、油料组。成立之初共有职工 7 人。其工作职责除主要承担过站飞机和航线的维修外，还承担油料供应、场务维修等职能。1993 年开航，维修特种设备仅有 1 辆电源车。1994 年购置气源车 1 辆。1998 年购置客梯车 1 辆。1998 年 5 月，场务基建维修科成立，原机务科的场务维修等相关职能划出。

（六）舟山机场机务保障

1997 年 8 月，舟山普陀山机场通航，机务保障部同时成立。机务保障部维修人员 7 名，维修特种设备有 2 辆电源车、2 辆气源车、1 辆清水车和 1 辆污水车，特种车辆驾驶员 2 名。9 月 2 日，机务保障部取得民航华东地区管理局颁发的维修许可证（D.200025），具备空客 319/320、波音 737-300/500/700/800、波音 757-200（含）以下类型的航空器 / 机体的航线维修能力，为厦门航空有限公司波音 737-700/800、波音 757-200 机型，以及东方航空公司波音 737-300/700/800、空客 320/ 空客 319 机型作短停维修。

1998 年初，机场 3 辆客梯车归机务保障部管理，车辆驾驶员增加到 4 名。

三、油料供应

1992 年 11 月 10 日,中航油杭州供应站更名为中航油浙江分公司,正处级单位,下辖中航油宁波、温州 2 个供应站。2000 年 12 月,杭州萧山机场民航用油计划由中航油浙江分公司向中航油华东公司申报。

1984 年 10 月 30 日,中国民用航空宁波站成立。成立之初期内设油库机构。1993 年 9 月 11 日,中国航空油料浙江分公司宁波供应站成立,油库从宁波航站管理体制中分离。1996 年 8 月 30 日,镇海炼油厂至宁波栎社机场航空煤油铁路运输专列开通,首批 18 节铁路油槽车运抵并入库。

温州机场由中国航空油料有限责任公司温州分公司供应油料。该公司位于龙湾国际机场北侧。1990 年 6 月温州机场通航时,称温州机油库。1993 年 3 月,改称机场油料科。9 月,改建为中国航空油料温州供应站,归属于中国航空油料浙江分公司。

黄岩民航站因属地方管理,航油供应未列入国家民航计划。从开航起到1991 年 5 月 9 日,所需的油料和加油设备均由部队帮助代供。1991 年 5 月 10 日至 1995 年 11 月 25 日,油料由部队帮助解决供应,加油设备(加油车)由航站解决。1995 年 7 月 5 日,黄岩民航站与 27510 部队后勤部油运处、台州东海石化实业公司协商后达成协议,1995 年 8 月 1 日起,由台州东海石化实业联合公司代供 3 号航油,2 号航油仍旧由部队供应。2000 年 10 月 1 日起,航油指标改由中国民用航空油料总公司提供。2000 年 10 月 1 日,台州东海石化实业联合公司负责航空煤油的油轮靠岸、开封验收、管道运输、入罐储存、化验等有关工作,并完成航空煤油在椒江油库的发货和办理相关手续。航站负责椒江油库至机场的运输及机上加油。

1991 年,义乌机场通航时航油保障由机务科承担。加油车 2 台(解放牌),向军方租借,油料由军方提供。1994 年,机场扩建,民航购置两台东风加油车,培训 4 名兼职加油员兼司机,油料仍由军方提供。随着义乌机场航班量的增长,用油量逐年增大,军方供油出现瓶颈,机场与宁波航发贸易有限公司合作,从宁波用汽车运油。为保障供应,义乌机场联系中石化,先后在中石化义乌老油库、浦江油库、义乌新油库租借油罐储存航空煤油。

衢州民航自 1993 年 11 月通航以来,民航航班飞机所需航油(3 号喷气燃料),

由驻衢空军油库供给，油品质量由对方负责保证，双方依据所签订的供油协议，各负其责。后因政策限制，军队不再为地方单位提供油料。2002 年，衢州民航局着手建造民用专用油库。

舟山机场由中国航空油料有限责任公司宁波分公司舟山供应站供应油料。该供应站位于舟山普陀山机场的南面，占地总面积 2.80 万平方米，油罐总容量 3760 立方米，分别为 3 个 1200 立方米的锥底油罐和 2 个 80 立方米的高架罐。油品来源为镇海炼油厂由船运至中转油库码头。1997 年 8 月舟山机场通航时，油料由舟山普陀山机场有限公司油料供应部供油。

四、场道维护

（一）净空保护

1993 年 12 月 31 日，国务院、中央军委下发《关于加强机场净空保护的通知》，要求各级政府与军队、民航等单位加强协商，及时妥善地解决好城市建设与机场净空保护出现的矛盾。为保护好机场净空，机场净空检查人员每月 1 次在机场净空保护区范围内进行巡查，对有超高嫌疑的建筑物及时进行高度测试，若确实超高，便将其位置、超高高度等情况及时通报空中交通管理部门，并报请当地政府和有关职能部门依法处理；每月 1 次在净空保护区范围内进行建筑物和设施的障碍灯巡视检查，对障碍灯失效或未按要求安装障碍灯的单位，立即发出书面整改通知；一旦发现在飞机起降的航线附近修建向空中排放大量烟雾、粉尘、火焰、废气的建筑物，修建靶场、强烈爆炸物仓库，与机场目视导航设施相混淆的其他灯光、标志或物体时，立即通报空中交通管理部门，并报请当地政府和有关职能部门依法限期排除。

（二）机场驱鸟

1991 年，杭州机场发生过飞鸟撞击飞机造成的飞行事故征候。1992 年，中国民航局下发《关于加强机场鸟害防治工作的通知》，把防治鸟害作为检查机场飞行区适航性的一项内容，要求各机场于是年 10 月底前制订切实可行的防治鸟害措施，载入《机场管理规则》，并认真付诸实施。

1998 年，宁波机场飞机遭鸟击事件。是年，成立鸟害防治小组，制定驱鸟制度和工作台账，采取猎枪驱鸟、捕鸟网、超声波驱鸟器、煤气炮、风动驱鸟装置、猎鹰驱鸟等多种有效驱鸟方式来防治鸟害。温州机场也有类似情况。温州地处东南沿海，气候湿润，飞行区内草地成为各种鸟类的繁殖栖息之地，鸟击飞机事件时有发生。1990年起，温州机场形成猎枪驱鸟、捕鸟网、超声波驱鸟器、煤气炮、风动驱鸟装置、猎鹰驱鸟等多种有效驱鸟方式，以保障飞行安全。

（三）温州机场周边陶瓷窑治理

1995年4月7日，国务委员宋健、罗干在《昨日情况》（第3172期）的《浙江省反映温州机场周围浓烟污染影响民航飞行安全》一文中做出批示，国务院办公厅向省政府发函，要求有关部门对机场周边100多家陶瓷窑加强治理。随后，浙江省和温州市政府相继召开专门会议，研究解决问题。从5月开始，温州机场周围分批采取强制拆除、搬迁、勒令停产、取缔非法经营和限期强制拆除等措施，消除浓烟污染，确保机场安全运行。随着温州城市建设整体东扩，机场周边各类大型建筑物、铁塔等基础设施迅速增多，机场净空环境保护面临考验，同时，民众放养鸽子、燃烧秸秆、燃放烟花、放飞气球和风筝等行为也给机场飞行安全造成较大影响。

第六节　浙江航空教育

1992年10月19日召开的中国共产党第十四届中央委员会第一次全体会议，提出了《加快改革开放和现代化建设步伐，夺取有中国特色社会主义事业的更大胜利》的报告，提倡加快发展、深化改革，促进社会全面进步，要紧紧抓住这个有利时机。

这一时期，我国民用飞机数量迅速增长，教学校验、通用航空和航空业制造人才缺口剧增。与此同时，浙江省经济在1991年全面回升的基础上进一步加快发展，改革开放和经济发展互相促进，国民经济持续高速增长，经济增长质量有所改善，全年本地生产总值增长率达17%。面对如此形势，浙江省选择发展以航空产业为目标的高端制造业。可是，航空制造技术属于综合、复杂、多层次系统工程，在新技术应用、新结构制造技术、新材料构件制造技术、质量控制技术等方面都需要发展并培育航空制造方面的人才。

为此，浙江大学较早地开始酝酿成立航天航空学院，持续积累科研成果和培育新力量。

1992年，浙江大学顾培夫等发明激光偏振仪（见图4-10），获国家教委科技进步三等奖。

图4-10　激光偏振仪

1993年，浙江大学唐晋发等完成光学与光电子薄膜的理论与特性研究，获国家教委科技进步一等奖。

1994年，浙江大学顾培夫等完成红外液晶光阀及可见/红外动态图像转换系统研究，获国家教委科技进步三等奖。陈军等完成光学位相共轭及其在高功率固体激光系统中的应用研究，获国家教委科技进步三等奖。

1995年，浙江大学唐晋发等完成光学与光电子薄膜的理论及微结构的研究，获国家技术发明奖四等奖。朱位秋教授完成非线性随机振动中若干方法与现象的研究，获国家教委科技进步二等奖；并编著《随机振动》，获国家优秀科技图书二等奖。（见图4-11）上述原创性成果构成了一个崭新的非线性随机动力与控制的哈密顿理论体系框架，为我国航空航天事业填补了理论空白。

图 4-11　《随机振动》与《非线性随机动力学与控制——Hamilton 理论体系框架》

1996 年，浙江大学郭乙木等完成核环境下地下坑道动力响应研究，获中国人民解放军科技进步三等奖。

1997 年，浙江大学刘鸿文、林建兴、曹曼玲完成材料力学的研究，获国家科技进步二等奖。

1998 年，同根同源的浙江大学、杭州大学、浙江医科大学、浙江农业大学合并重组成立新浙江大学。（见图 4-12）浙江大学费学博、蔡承文、黄纯明、陈乃立、张方洪完成理论力学（第二版），获科学技术进步二等奖。

见图 4-12　浙江大学、杭州大学、浙江医科大学、浙江农业大学合并重组成立新浙江大学

1999 年，合并后的浙江大学，学科交叉更宽，科研力量加强，一方面提高了学校整体科研水平，打造科研强项，铸就国内领先地位；另一方面，注重个体

发展，制定激励政策和措施，鼓励师生撰写高质量、高水平的学术论文，积极向高影响因子的国外期刊投稿，使浙江大学的科研论文能更多地被 SCI 科学引文索引及国际权威检索系统收录，成果更多。同年，在机械学院成立航空制造工程研究所，沈天耀、林建忠、林松等完成叶轮机械的气固两相流基础研究，获国家机械局科学技术进步三等奖。

2000 年，浙江大学"211 工程"重点学科建设项目"热能与环境工程学科"通过专家组验收。同年，机械学院柯映林教授在先进制造工艺及装备技术方面获高等学校科学技术奖。

2001 年，浙江大学朱位秋、黄志龙、雷鹰、应祖光、杨勇勤等完成随机激励的耗散的哈密顿系统理论研究，获中国高校自然科学一等奖。丁皓江、陈伟球等完成横观各向同性压电材料力学性能研究，获中国高校自然科学二等奖。

2002 年，浙江大学朱位秋、黄志龙、雷鹰、应祖光、杨勇勤等又因"随机激励的耗散的哈密顿系统理论"获国家自然科学二等奖。（图 4-13）

这一时期的浙江航空教育，处于深化改革的前期，着重体现的是成果，内涵则是航空领域高端人才、领军人物的积累和培养。

图 4-13 "随机激励的耗散的哈密顿系统理论"获 2002 年国家自然科学二等奖

第五章

浙江民航全面发展、先行引领

>>>>>>>> （2001—2020 年）

随着我国国民经济持续快速发展，航空运输需求旺盛。在机场建设日益频繁、资金缺口问题日益凸显的背景下，机场属地化管理体制改革在 2002 年拉开了帷幕。机场自此真正融入地方经济社会，成为区域、社会经济发展的新动力，大大增强了地方政府对机场投入的积极性。

2000 年，浙江省有国航浙江分公司、东航宁波分公司和浙江东华通用航空有限公司 3 家基地公司，拥有飞机 35 架，另有 9 家航空公司在浙江设有临时过夜基地，有 10 家外国航空公司在浙江运营，全省有航线 135 条，其中国际航线 10 条，港澳地区航线 4 条。2010 年全省 7 个机场完成旅客吞吐量 2871.48 万人次、货邮吞吐量 39.93 万吨，保障航班安全起降 25.72 万架次。浙江东华通用航空有限公司自成立至 2010 年，累计作业飞行 1.22 万小时。

2019 年全省机场旅客吞吐量 7015 万人次，货邮吞吐量 90 万吨，航班起降 52.6 万架次。以 2015 年为基数同口径对比，三大指标年均增速为 11.6%、11.3%、7.9%。2018 年，宁波、温州机场旅客吞吐量双双突破千万人次大关，实现了一个省范围内拥有三个千万级机场。2019 年，杭州机场旅客吞吐量突破 4000 万人次大关，跻身世界繁忙机场行列。

2020 年 6 月，杭州机场成功实施双跑道独立运行，成为全国第五家具备真正意义双跑道独立运行能力的机场。杭州机场三期项目即将投运，宁波机场已有 1 条地铁与航站楼无缝衔接，两家机场在未来均规划将高速铁路、轨道交通、高速公路等不同运输方式集成运行，极大促进城市内部、城市之间的联系与发展，"城市综合交通枢纽"已初具雏形。

第一节　机场建设

"十一五"期间，全省民用机场新增航站楼面积 13.4 万平方米、站坪 30.82 万平方米、机位 36 个，新增旅客吞吐能力 1020 万人次，宁波机场飞行区技术等级由 4D 上升到 4E。到 2010 年底，航站楼总面积 31.3 万平方米，站坪 114 万平方米，机位 130 个，旅客吞吐能力 2475 万人次。

"十二五"期间，杭州机场二期扩建及配套工程完成 T3 航站楼 17 万平方米、第二跑道 3600 米 ×60 米，以及站坪和配套设施建设。温州机场飞行区扩建完成 3200 米 ×45 米跑道及原跑道改滑行道工程，新建 T2 航站楼 10 万平方米以及站坪和配套设施。义乌机场新建国际航站楼 1.1 万平方米，改扩建站坪及口岸配套设施项目。上述重大工程项目均已投入使用，开工建设温州机场新航站楼、宁波机场三期扩建等重大项目，累计完成机场建设投资达到 145 亿元，同比"十一五"时期增长 81%。全省机场设计旅客吞吐能力达 4600 万人次，航站楼面积达 49 万平方米。嘉兴军民合同机场获得国务院、中央军委立项批复，丽水机场完成项目选址报告并且获得中国民航局批复，温州机场升格为国际机场，义乌机场航空口岸正式开放。"十二五"期间，通用航空得到快速发展。截至 2015 年，在浙江注册的通航运营企业达到 7 家，申请筹建的达到 9 家，注册通用飞机 20 架，主要从事工农业生产、抢险救灾、飞行培训、航空摄影、海岛交通等飞行任务，2015 年通航飞行作业时间近 1 万小时。平湖九龙山通用机场、嵊泗水上机场投入使用，在册通用机场达到 9 个；东阳横店、绍兴滨海、柯桥、安吉、德清通用机场相继开工建设，温州机场通用航空基地工程完成立项审批，宁波宁海、温州文成等通用机场前期工作全面启动。

2018 年，全省民用机场完成建设投资 55.96 亿元。温州机场 T2 航站楼、舟山机场新建航站楼工程、舟山机场飞行区波音配套项目、国际航站楼一期项目均已竣工。杭州机场三期扩建工程、宁波机场三期扩建工程、温州机场新航站楼在建。"十三五"期间，浙江成为全国第二个拥有三大千万级机场的省份。运输机场 7 个、A 类通用机场 11 个。浙江省成为全国唯一低空飞行服务体系和首批应急救援航空体系建设试点省。2019 年，全省民用机场完成建设投资 84 亿元，同比增长 50%。杭州机场三期桩基工程已基本完工；宁波机场三期新航站楼已建成投用；温州机场货运区工程完成甩尾工作并投入使用。

一、杭州萧山国际机场二期工程及交通枢纽建设

进入 21 世纪后，杭州的经济社会发展对航空运输业提出了更高的需求，杭州萧山国际机场的规划建设和投入运行标志着浙江民用机场发展进入新时代。2000 年 12 月 28 日，杭州萧山国际机场正式首航，第二天杭州笕桥机场正式结束航班并转场。12 月 30 日零点，萧山新机场正式对外开放。2003 年 12 月，民航浙江监管办成立，杭州萧山国际机场整体移交浙江省人民政府管理。2005 年 1 月，杭州萧山国际机场有限公司与香港机场管理局签署了《关于建立战略合作伙

伴及杭州萧山国际机场合资意向书》。同年4月，杭州萧山国际机场有限公司与香港机场管理局正式签订增资认购协议。杭州萧山国际机场有限公司通过增资扩股、引进战略投资者的方式，与香港机场管理局合资，共同投资和经营管理杭州萧山国际机场。杭州萧山国际机场有限公司占65%的股权；香港机场管理局占35%的股权。2006年4月，中国民航总局同意了杭州萧山国际机场总体规划。8月，国家发改委核准同意杭州萧山国际机场有限公司与香港机场管理局合资项目和杭州萧山国际机场二期扩建项目。2007年5月，正式成立机场二期工程建设指挥部，2007年11月8日，正式开工建设。工程分2个阶段。

（一）萧山机场二期扩建工程

萧山机场二期扩建及配套工程是全省投资额最大的建设项目，总投入资金100亿元，建设时间共6年。

机场二期工程第一个阶段建设，包括9.6万平方米的国际航站楼，22.66万平方米的飞行区站坪及道面，增加近机位8个、远机位10个。2010年6月启用。

第二个阶段建设，包括3400米×60米的第二跑道和相应联络道，新建17万平方米的第二国内航站楼（T3）及配套设施，新建40万平方米的机坪，增加机位51个。2010年7月28日，杭州萧山国际机场举行第二国内航站楼（T3）及隧道工程开工仪式。（见图5-1）2012年12月30日，杭州萧山国际机场二期工程竣工。

图5-1　杭州萧山国际机场T3航站楼及隧道工程开工仪式（杭州萧山国际机场有限公司提供）

2010 年，机场占地面积约 1.5 万亩，候机楼总建筑面积 19.6 万平方米，其中国内候机楼建筑面积 10 万平方米，国际候机楼建筑面积 9.6 万平方米；机坪可停放 63 架飞机；飞行区等级为 4E，跑道全长 3600 米，宽 60 米（含道肩 15 米），可供波音 747-400 及以下机型起降。机场在出发层设有登机桥 18 座、行李托运柜台 113 个。

（二）萧山机场三期扩建工程

经过二期扩建工程，萧山机场航站楼可满足每年 3300 万人次的旅客量，但在 2019 年杭州机场旅客吞吐量就已突破 4000 万人次，趋于饱和。伴随着民航运输需求快速增长，萧山机场三期扩建工程提上日程。

2018 年 10 月 19 日，浙江省大通道建设十大标志项目——杭州萧山国际机场三期建设项目开工建设，总投资规模超 270 亿元。扩建项目总建筑面积约 150 万平方米，由新航站楼（T4）、综合交通中心、高铁站房、能源中心、北三指廊及相关配套项目组成。其中，新建航站楼（T4）面积达到 72 万平方米，设计容量 5000 万人次 / 年，是 T1、T2、T3 三个航站楼面积总和的近两倍。新航站楼（T4）还有很多其他智能化设施设备，旅客可实现"一脸通行"，海关和安检"二检融合"等这些智能化的设备、智慧化的服务。2022 年 3 月 2 日，杭州机场三期项目新建航站楼及陆侧交通中心工程（北三指廊、交通中心等）I 标段通过竣工验收，9 月 8 日起试运行，当天上午 11：25，南航 CZ3909 航班搭载 154 名旅客从南宁飞抵杭州机场，停靠在 421 机位，成为 T4 航站楼试运行的第一个进港航班。

（三）萧山机场综合交通工程建设

该工程已于 2018 年开工，计划 2022 年投运，将建成一座下沉式机场高铁站，引入 2 条地铁、1 条枢纽快线、多条铁路线，航站区用地集约率全国最高，为旅客换乘距离最短、换乘最便捷的综合交通枢纽。

2020 年 12 月 30 日，杭州地铁 1 号线三期机场延伸段（杭州大会展中心站至萧山国际机场站）以及杭州地铁 7 号线首通段（奥体中心站至江东二路站）开通运营。其中，杭州地铁 1 号线由杭州杭港地铁有限公司运营、杭州地铁 7 号线由杭州市地铁集团有限责任公司运营。至此，杭州地铁首次双线接入杭州萧山国际机场，实现"空轨联运"，同时结束了杭州萧山国际机场不通地铁的历史。2021 年 9 月 17 日，杭州地铁 7 号线市民中心站正式启用，旅客从机场出发前往杭州市民中心仅需 35 分钟，乘车方式将由原先的两线三线换乘直接改为一线直达。杭州萧山国际机场的公共交通出行便利度显著改善，为建设机场综合交通枢纽打下良好基础。2022 年 9 月 28 日，空港高架路（德胜互通至萧山收费站）、空港大道（杭州收费站至通惠北路段）开通试运行。

二、宁波栎社国际机场

（一）宁波栎社机场扩建工程

2002 年 4 月 27 日，民航宁波站更名为民航宁波栎社机场。2005 年 11 月 18 日，复更名为宁波栎社国际机场。

飞行区平行滑行道系统扩建工程及货运仓库改扩建工程总投资 1.94 亿元。两项工程分别于 2007 年 1 月及 2008 年 12 月开工建设。2010 年 3 月 10 日工程建成并正式投入运行。

2010 年 3 月 28 日，宁波栎社国际机场台州城市候机楼在临海客运中心正式运营。8 月 5 日，机场完成安检通道扩容改造项目，改造后的通道由以前的 6 条增至 10 条。10 月 14 日，航空快件监管中心工程通过竣工验收。

2010 年，机场占地面积 3750 亩，其中，候机楼总建筑面积 4.35 万平方米，停机坪面积 13.7 万平方米，可停放 16 架飞机；飞行区等级为 4E，跑道全长 3200 米，宽 60 米（含道肩 15 米），可供波音 747 同类及其以下机型起降。机场在出发层，设有登机桥 7 个，安检通道 13 个，行李托运柜台 23 个，设有 3 条出港行李处理转盘，4 条行李提取转盘，1 处远机位出发大厅。2010 年，宁波栎社国际机场开通北京、广州、深圳、成都、重庆、厦门、青岛、大连等城市及香港、台湾地区航线 59 条，年旅客吞吐量 452 万人次，货物吞吐量 5.6 万吨。

（二）宁波栎社机场三期扩建工程

2012 年 8 月 31 日，宁波栎社国际机场三期扩建工程项目建议书获国家发改委正式批复。机场三期扩建工程总投资 77 亿元，按照 2020 年旅客吞吐量 1200 万人次、货邮吞吐量 50 万吨目标设计。2013 年底，T2 航站楼配套工程于 2013 年底开工建设。2015 年 12 月 2 日，宁波栎社国际机场三期扩建工程正式开工建设。机场三期扩建工程按照 2020 年旅客吞吐量 1200 万人次、2025 年货邮吞吐量 50 万吨的目标设计，将新建 11.24 万平方米的 T2 航站楼；新建 5 万平方米的货运站、1.4 万平方米的快件中心和 1.5 万平方米的货运业务用房；新建 5.5 万平方米的交通中心；新建 34.5 万平方米的停机坪以及配套设施，使机场停机位达 72 个。

2019 年 12 月 28 日，随着春秋航空 9C8825 航班在新建的停机坪降落，157 名旅客到达 2 号航站楼，机场三期工程试运营。投运后年旅客运输保障能力达到 1200 万人次、货邮吞吐能力达 30 万吨。2020 年 2 月 1 日正式投运。

2021 年 12 月宁波栎社国际机场三期扩建工程获"鲁班奖"。（见图 5-2）

图 5-2 宁波栎社国际机场三期扩建工程

三、温州龙湾国际机场

（一）发展变迁

2001 年 4 月 26 日，民航华东地理管理局批复同意温州永强机场对站坪部分沥青道面进行改造，面积约 4658 平方米，建成后使温州永强机场站坪机位数由现有的 9 个增加至 12 个。2002 年 10 月 24 日，中国民航总局批准换发温州永强机场使用许可证，明确温州永强机场飞行区等级为 4D，可供波音 767 同类及其以下机型飞机起降。

2003 年 1 月 20 日，中国民航总局批准，同意温州永强机场在现候机楼的北侧扩建候机楼 1700 平方米，主要建筑为贵宾服务通道及候机室，于当年 10 月竣工并交付使用。是年，经民航华东地区管理局批复同意温州永强机场对停机坪进行第四次扩建。在原停机坪东侧向外扩建 60 米，增建面积 17160 万平方米，停机坪机位数增加 2 个。

2004 年，温州永强机场浙江省发改委批准同意温州永强机场航站区扩建工

程。工程总投资约 3 亿元，建设规模为：新建候机楼 1.5 万平方米，改造老候机楼 1.2
万平方米，新建停机坪 6.95 万平方米，增加停车位 2.1 万平方米和场区道路 1.2
万平方米，以及供电、供水、供冷等配套设施，并于 8 月 31 日举行开工仪式。

2005 年 4 月，温州永强机场航站区扩建工程列入第一批浙江省重点工程项目。
2006 年 5 月 15 日，针对温州永强机场的基础设施已严重滞后于航空运输快速发
展的现实情况，温州市政府决定温州永强机场就地改扩建，不研究搬迁问题。是
年 8 月 3 日，国务院批准温州永强机场扩大开放项目纳入《国家"十一五"口岸
发展规划》。

2007 年 4 月 26 日，国家发改委正式发文批准温州永强机场飞行区扩建工程
立项，同意新建一条 3200 米跑道，将现有跑道向南延长 800 米作为平行滑行道，
新建跑道与平行滑行道之间增设快速出口滑行道，配套建设飞行区道路、围界、
给排水、助航灯光、通信、导航、气象和消防设施。项目总投资 10 亿元。

2008 年 4 月 28 日，民航华东地区管理局换发机场使用许可证。换发后，飞
行区等级为 4D，可使用波音 757 及以下机型，消防救援等级为 6 级。航站区扩
建工程顺利推进，7 月 30 日，机场站坪扩建工程通过民航华东地区管理局和民
航浙江省监管办验收。站坪扩建后面积 15.4 万平方米，停机位 25 个。11 月 7 日，
新建航站楼试运行。新楼面积 22730 平方米，设 4 座登机桥，7 个安检通道，26
个值机柜台。11 月 7 日，483 个车位临时停车场试运行。12 月 1 日，869 个车位
过夜停车场启用。

2009 年 11 月 1 日，国际候机楼改造工程动工。12 月 29 日，飞行区扩建工
程举行奠基仪式，温州市领导邵占维、赵一德、彭佳学、葛益平等出席奠基仪式。

2010 年 5 月 21 日，因机场新增了 1 辆主力消防车和 1 辆指挥车，达到 8 级
消防与救援设施配置标准，民航华东地区管理局同意变更机场使用许可证，机场
消防等级由原来的"6 级"变更为"8 级"，可使用机型变为波音 767 及以下机型。
是年，温州机场旅客吞吐量突破 500 万人次。

截至 2010 年末，机场占地面积 4182 亩，候机楼总建筑面积 3.88 万平方米，
其中，国内候机楼建筑面积 2.3 万平方米，国际候机楼建筑面积 1.58 万平方米；
停机坪面积 18 万平方米，可停放 26 架飞机；飞行区等级为 4D，跑道全长 2400 米，
宽 60 米（含道肩 15 米），可供波音 767、空客 321 及以下机型起降。机场在出发层，
设有登机桥 8 个，安检通道 7 个，行李托运柜台 22 个；设有 5 条出港行李处理转盘，

4 条行李提取转盘，2 处远机位出发大厅。

机场航管楼塔台高度 27 米。主要设置有航管、通信、导航控制、气象等。机场设 I 类精密仪表着陆系统、全向信标系统及测距仪等先进导航设备，场内外建有 9 个导航台站和 1 个气象雷达站。在南端 03 跑道主降方向设 I 类精密进近灯光系统，长 900 米。北端 21 号跑道次降方向设简易灯光系统，长 420 米。跑道两端西侧设灯光变电站。机场供电工程配有两路 10 千伏电源，主电源从永强变电站引进，长 5.2 千米，备用电源从瑞安场桥变电所引进，长 16 千米，场内配 250 千瓦自启动发电机组一套。

（二）机构改革

2001 年 5 月 10 日，原航科电子开发公司并入客运公司，客运公司、货运公司成建制划归温州航空实业有限总公司。11 月 2 日，根据民航华东地区管理局规范机场名称的要求，经温州市人民政府同意中国民用航空温州站更名为民航温州永强机场。

2002 年 1 月 8 日，根据民航空管体制改革精神，民航温州永强机场航务管理站（除通信站外）剥离，正式挂牌成立民航温州空中交通管理站。1 月 18 日，民航温州永强机场注册登记，注册资本 1.8 亿元，地址在温州永强机场，经营范围为航空地面服务、航空客货运代理、航空延伸服务等。5 月 15 日，民航华东地区管理局批准同意民航温州永强机场调整部分二级机构，原计划财务处、劳动人事教育处、安全监察处、运输服务处、机务保障处、机场管理建设处和企业管理科、现场指挥室分别更名为计划财务部、人力资源部、安全监察室、运输服务部、机务保障部、机场建设保障部、企业管理规划部、现场指挥中心。机场党、纪、团合署办公，机构名称为党委办公室；撤销物资设备处，有关职责划归办公室。

2003 年 7 月 17 日，民航华东地区管理局下文批复同意机场增设资产管理部、信息导航部及候机楼管理部 3 个二级机构。12 月 28 日，中国民航总局和浙江省人民政府在杭州举行浙江民航机场移交仪式，温州永强机场整体移交给浙江省政府管理。

2004 年 2 月 2 日，机场设立护卫公司。2006 年 4 月 11 日，机场设立市场发展部、总经理值班室、国防动员办公室等 3 个机构。

为顺应民航公安体制改革需要，根据国务院、公安部以及民航上级等部门有关民航公安体制改革精神，机场公安分局从民航温州永强机场移交给温州市公安局，2008年9月26日，温州市公安局机场分局正式挂牌成立，直属温州市公安局管理。12月16日，浙江省机场管理公司把民航温州永强机场的国有股权全部无偿划拨给温州市人民政府，由温州市人民政府实施属地管理。

2010年12月14日，民航温州永强机场经温州市工商局变更登记，更名为温州机场集团有限公司，为市属国有独资有限责任公司，注册资金2亿元。

（三）重要时刻

2001年3月14日，温州机场离港系统工程通过验收并投入使用。2002年1月8日，中国民用航空温州空中交通管理站挂牌成立。中国民用航空温州空中交通管理站前身是1990年7月温州机场通航时的机场调度室，后改为航务管理站，根据民航体制改革方案，2002年1月从机场脱离，成立独立的民航温州空管站。1月18日，中国民用航空温州站更名为民航温州永强机场。3月19日，正式授牌成立。2003年8月16日，美国KEB飞机租赁公司的一架麦道-87型飞机飞抵温州永强机场，结束了温州机场无外航飞机起降的历史。12月25日，温州永强机场正式通过了ISO 9001：2000质量管理体系认证。12月28日，中国民航总局与浙江省政府签订移交书，民航温州永强机场移交省政府，实行属地管理。

2004年5月28日，温州永强机场扩建工程方案预可评估报告获准通过。5月30日，国内最先进的托运行李安检模式——行李检查分层管理系统在温州永强机场投入使用。7月28日，温州永强机场首次举行真机参与的反劫机演练。8月31日，温州永强机场举行航站区扩建工程开工仪式。扩建工程包括新建国内候机楼1.5万平方米，新建站坪9万平方米，增加停机位13个，概算总投资约3亿元。后调整初步设计和概算，本次扩建工程包括新建国内候机楼2.273万平方米，新建站坪近6万平方米，并改造原国内候机楼为国际候机楼，概算总投资约3.6亿元。

2005年4月8日，温州至杭州往返卡车航班首发。该航班采用欧美通行做法，即实际用卡车承运货物，但用的是飞机航班的名义。7月17日，温州永强机场军事代表办事处和航空军交运输工作领导小组成立。10月30日，南方航空公司温州至香港航线首航。12月8日，春秋航空公司空客A320型飞机在温州永强机场降落，这是温州永强机场开航15年来首架降落的民营航空公司班机。

2006年2月26日，温州永强机场公安分局破获中华人民共和国成立以来最大的国内航班陈某盗窃案，中国民航总局公安局于6月8日下文表彰，机场公安分局荣立集体二等功，苏红光、汤葱茏荣立二等功。6 月 18 日，温州永强机场航站区扩建工程之新建国内候机楼工程开工兴建；同年，站坪扩建工程也相继开工建设。6 月 9—10 日，中国民航总局局长杨元元、顾问徐柏龄一行考察温州永强机场。7 月 21 日，民航温州永强机场相对控股的锦绣酒店投资有限公司和美国喜达屋酒店管理集团正式签约，就委托管理温州喜来登酒店达成协议。7 月 25 日，浙江省机场管理公司总经理冒康夫率队对民航温州永强机场进行调研。之后就省内机场存在的问题向省委、省政府报告，提出了推动机场管理体制和投融资机制改革等问题解决的思路、办法和建议。12 月 26 日，温州永强机场年旅客吞吐量首破 300 万大关，成为浙江省第 2 家迈入年旅客吞吐量 300 万人次以上行列的机场。

2007 年 4 月 27 日，国家发改委正式发文批准温州机场飞行区扩建工程立项，同意新建一条 3200 米跑道，将现跑道向南延长 800 米作为平行滑行道，机场飞行区等级指标由现在的 4D 提升到 4E，可满足波音 747、空客 340 等大型飞机的起降。11 月 6 日，中国民航总局副局长高宏峰视察温州永强机场。

2008 年 2 月 20 日，东方航空公司与长荣航空公司联合推出温州经香港至台湾的"一票到底"业务。5 月 29 日，温州市政府专门成立温州永强机场扩建工程指挥部，由孟建新副市长任总指挥、王超俊副秘书长任常务副总指挥。8 月 5 日，温州永强机场首个异地城市候机厅——丽水城市候机厅正式启用。9 月 26 日，根据民航公安体制改革方案，机场公安分局从民航温州永强机场移交给温州市公安局管理，温州市公安局机场分局成立。11 月 7 日，温州永强机场新航站楼建成投入使用。新楼面积 22730 平方米，设 4 座登机桥、7 个安检通道和 26 个值机柜台。12 月 16 日，温州永强机场下放，由温州市实施全面管理。

2009 年 4 月 1 日，温州永强机场首次执行温州飞往韩国釜山出境航班。7 月 31 日，浙江省副省长王建满考察温州永强机场。9 月 1 日，温州永强机场开通东航温州至上海 MU2424 航班的通程登机业务。乘坐该航班的旅客可在温州永强机场一次性办理整个航程的手续，经上海转机至温哥华、洛杉矶、纽约、巴黎、法兰克福、伦敦等国际大城市。11 月 1 日，温州永强机场航站区扩建工程之国际候机楼改造工程启动施工准备工作。候机楼改造（扩建）面积 1.1 万平方米，工程概算 7000 万元。12 月 29 日，温州永强机场飞行区改扩建工程举行奠基仪式。该项目 2007 年 4 月由国家发改委、中国民航总局立项。工程总投资 13.77 亿元，在现有跑道东侧新建一条长 3200 米、宽 45 米跑道，现有 2400 米跑道向南延伸 800 米，改造为平行滑行道。建成后，温州永强机场飞行区等级将提升到 4E 级，具备国际机场标准。

2010 年 3 月 18 日，温州永强机场航站区扩建工程之国际候机楼改造工程开工建设。4 月 17 日，温州首架民间赈灾货包机——中货航 A300-600 货机满载帐篷、药品等首批支援青海玉树地震灾区的救灾物资，在温州永强机场起航飞往西宁。这是温州永强机场通航以来首架起飞的货机航班。6 月 4 日，温州永强机场首条全货机定期航线——温州至深圳往返航班正式开通运营。12 月 14 日，温州机场集团有限公司依法在市工商行政管理局注册登记，注册资金 20 亿元。12 月 18 日，温州市级国资营运公司成立授牌仪式隆重举行。市级国资营运公司共 10 家，交通系统占 5 家，分别是市交运集团、市交投集团、温州机场集团、温州港集团和市轨道交通集团（筹）。12 月 29 日，温州机场集团相对控股的温州喜来登酒店对外试营业。12 月 30 日，举行温州机场集团有限公司揭牌仪式，温州机场集团有限公司正式成立。

2011 年 6 月 5 日，国务院正式批复同意温州机场升级为一类口岸，允许对外国籍飞机开放。6 月 12 日，海基会、海协会在第三届海峡论坛上同意新增温州机场为对台客运定期航点，标志着国际机场创建取得重大进展。6 月 30 日，温州机场新国际候机楼正式启用。12 月 19 日，总参批复温州机场及相关进离场航线对外开放。12 月 20 日，国家口岸办批复了对台临时包机飞行。6 月 30 日，温州机场新国际候机楼正式启用。11 月 11 日，温州机场 T2 航站楼暨综合交通枢纽工程举行开工典礼。工程以 T2 航站楼和长途客运为核心，建设规模约为 75 万平方米，总投资 60 多亿元，达到"国内首创，世界一流"的建设目标。2012 年，温州机场顾客平均满意度达 93.3%，航班起降量 5.02 万架次、货邮吞吐量 4.97 万吨、旅客吞吐量 563.73 万人次。国际机场创建继续推进。

2013 年 3 月 11 日，经市政府、中国民航局批复同意，温州永强机场更名为温州龙湾国际机场。10 月 12 日《温州龙湾国际机场总体规划（2013 版）》通过民航华东地区管理局批复，明确了近期规划建设为国内干线机场、通用航空基地机场，规划机场内用地 9891 亩，其中通用航空用地 2994 亩；远期规划建设为大型国际机场、通用航空基地机场，规划机场内用地 22776 亩，远景总控制用地

27380亩。10月17日，温州龙湾国际机场新跑道正式投入使用。（见图5-3）新跑道长3200米、宽60米，同时老跑道改造成为平行滑行道，温州机场具备了起降E类大型飞机的能力。12月31日，温州龙湾国际机场完成容量评估工作，经民航华东地区管理局批复，温州龙湾国际机场高峰小时容量由16架次调整为19架次；3200米平行滑行道投用后，高峰小时容量提升为28架次，满足年旅客吞吐量1500万人次容量要求。

图5-3　温州龙湾国际机场新跑道投入使用

2014年7月15日，温州市市长陈金彪主持召开温州通用航空产业专题会议，明确将温州定位为省内领先、全国示范的通用航空大都市，并列入温州市"五一〇"产业培育提升工程十大新兴产业，温州机场集团主要承担通用航空基地建设等任务。9月1日，机场ACARS地面服务支持系统正式开通，实现大部分航班舱单电子化，达到"机器换人"的目的，有效提升机场运行效率，大大降低企业成本。温州机场是浙江第一家、华东第二家启用ACARS系统的机场。12月30日，温州机场交通枢纽综合体工程，市域铁路S1、S2线机场段工程，温州机场新建货运区工程等三大工程同时开工，总投资达60多亿元，标志着温州机场的重大基础设施进入了实质性的建设阶段。

2015年12月23日，温州机场"十三五"发展规划通过专家评审。规划提出"十三五"期间要紧紧围绕建成千万级大型国际机场的宏伟目标，全力打造"航空物流园区、综合交通枢纽、通用航空基地"三大平台，全面深化"平安机场、效益机场、正点机场、智慧机场、绿色机场"五大建设，力争将温州龙湾国际机场打造成为辐射浙南闽北、面向日韩、通达欧洲北美的中国东部沿海区域性枢纽机场。

2016 年 12 月 23 日，温州机场年旅客吞吐量首次突破 800 万人次。2017 年 3 月 2 日，浙江省交通厅副厅长王寅中一行赴温州机场调研全省机场资源整合工作。3 月 8 日，浙江省副省长高兴夫来温州召开机场资源整合专题会议，实地察看了温州机场 TZ 航站楼、机场综合交通枢纽建设等情况。9 月 15 日，温州市人民政府、温州市国资委分别与浙江机场集团有限公司签署《温州市人民政府与浙江机场集团有限公司合作协议》《温州机场集团有限公司股权划转协议》，温州机场集团正式成建制划归浙江机场集团有限公司（现改名为浙江省机场集团有限公司）。9 月 29 日，温州机场顺利通过民航华东地区管理局安全管理体系（SMS）效能评估工作。10 月 27 日，国航温州分公司正式入驻温州航空总部大楼。12 月 20 日，温州机场年旅客吞吐量首次突破 900 万人次。

2018 年 6 月 22 日，温州机场历年旅客吞吐量累计突破 1 亿人次。8 月 17 日，温州龙湾国际机场运行管理委员会（简称"运管委"）成立大会顺利召开，会议讨论通过了《温州龙湾国际机场运行管理委员会章程（草案）》和运管委领导小组成员单位组成名单。11 月 23 日，温州龙湾国际机场年旅客吞吐量突破 1000 万人次，成为全国第 36 个跨千万级机场。12 月 18 日，温州龙湾国际机场历年航班起降累计突破 100 万架次。

2019 年，全年航班放行正常率 76.43%，同比增长 10.41 个百分点，增幅居全国千万级机场首位。机场飞行区等级由 4D 升至 4E。机场旅客平均投诉率远低于全国机场平均投诉率，且连续两年全省最低，并实现 T2 航站楼首个春运和新中国成立 70 周年保障零投诉。2019 年 7 月 4 日，温州机场综合交通中心开工。浙江副省长、温州市委书记陈伟俊，温州市委副书记、市长姚高员和省机场集团党委书记、董事长王敏，市委市政府和省机场集团领导以及相关部门领导参加开工仪式。

2020 年，综合交通中心主体结构工程顺利结顶（见图 5-4），温州航空物流园区仓储基地扩建工程（一期）通过竣工验收，三期扩建项目建设合作协议顺利签署。

图 5-4　2020 年温州机场综合交通中心项目结顶

2021 年 1 月 20 日，温州市政府与中联航签订战略合作协议，中联航温州基地揭牌成立；同日，温州机场集团与中联航签订战略合作协议，双方共同推动温州机场全国重要区域航空枢纽建设。9 月 6 日，温州市政府与东方航空深化全方位合作，携手推动温州民航跨越式发展。浙江省委常委、温州市委书记刘小涛，中国东方航空集团有限公司董事长刘绍勇、总经理李养民，省机场集团总经理郑向平等领导参加交流座谈。2021 年 12 月 28 日，中联航浙江分公司在温州完成工商注册。12 月 30 日，温州机场正式印发《温州机场集团有限公司"十四五"发展规划》。

四、义乌和舟山普陀山等特色地方机场

（一）义乌机场

2000 年 8 月 16 日，民航华东地区管理局批复同意义乌机场换发机场使用许可证，机场飞行区等级为 4C，可使用波音 737、麦道-82 及以下机型飞机。

2005 年，有义乌至广州、厦门、上海、武汉、西安、深圳、北京、大连、汕头、哈尔滨、宁波、成都、青岛等 20 条航线。

2006 年 10 月 22 日，义乌机场航站区扩建工程开工建设，项目总投资约 3 亿元。2008 年，航站楼工程完工。2009 年 4 月 10 日，新航站楼正式启用。（见图 5-5）航站楼建筑面积 1.66 万平方米，可满足高峰小时旅客 800 人次候机需求，设计

年旅客吞吐量100万人次以上，并配备航显、离港、广播、有线电视、时钟、监控等6大系统；新增登机廊桥、医务室、商务中心、咖啡厅、母婴和头等舱候机室。

图 5-5　义乌机场新航站楼启用（义乌机场提供）

2007年10月2日，义乌—香港航线临时航空口岸正式开放，义乌机场成为中国首个开通地区航线的县级机场。

2011年，义乌机场安全保障航班6739架次，吞吐旅客76.19万人次、货邮（含行李）8902.3吨，同比分别增长9.7%、9.6%和—2.5%，在全国178个定期航班通航机场中排名分别为77位、60位和64位。至年末，共有国航、南航、昆航3家航空公司在义乌运营，开通了义乌至北京、广州、深圳、厦门、重庆、成都、昆明、长沙、郑州、汕头、香港等11个城市的航班，平均每周航班约70班。2011年4月1日，是义乌机场20周年生日。20年来，义乌民航栉风沐雨，拓路苍穹，从无到有，从小到大，取得了安全运行20年、年旅客吞吐量突破70万人次大关的骄人成绩，谱写了跨越发展的传奇华章。20年来，义乌机场经过二次改扩建，从一个原来只能起降小型飞机的机场，发展成为浙中唯一的设施功能齐全、信息智能化程度较高的现代化航空港。目前，机场飞行区技术等级为4C，停机坪可同时停放10架中型客机，候机楼可满足高峰小时800人次候机需求。同时，机场装备了先进的导航、气象、夜航系统，具备了全天候起降条件。20年来，义乌机场航线网络不断拓展，客流规模不断扩大，已开通义乌至北京、广州、深圳、厦门、长沙、昆明、贵阳、汕头、香港等九大城市的航线，2010年旅客吞吐量在全国 175 个民航机场中名列第 58 位。2007 年 10 月，义乌机场在全国县级机场中首个实现航空口岸临时开放，开通义乌至香港航线。国内航班中，外籍旅客占旅客总吞吐量的 35% 以上，被誉为"国内航线上的国际航班"。义乌机场在义乌对外开放中的窗口和桥梁作用日益明显。这一年，公司引进、航线开发取得突破性进展。义乌民航长期处于一家航空公司经营的局面，航线开发和新航空公司引进一直是"老大难"问题，票价居高不下，旅客选择余地小，群众意见大。通过不断加强与上级民航、部队和航空公司的沟通协调，航线开发工作取得突破性进展。2011 年，引进航空公司 2 家，新开或加密航线 4 条。为积极争取航空口岸正式开放，推进国际贸易综合改革试点，2011 年义乌民航组织实施了国际航站楼建设项目。经过一年复杂而紧张的准备工作，完成了所有报批手续，并实现开工建设。1 月 6 日，举行了简单隆重的开工仪式。

2012 年，义乌机场引进新航空公司 1 家（天津航空公司），开通新航线 2 条（义乌—乌鲁木齐、义乌—海口）。截至 2012 年底，共有国航、南航、昆航、天津航等 4 家航空公司共同开发义乌航空市场，从根本上打破了过去由独家航空公司垄断经营的局面。作为省重点工程和市航空口岸正式开放重要基础设施的义乌机场国际航站楼项目，于 2012 年 1 月 6 日正式开工建设。

2013 年开通新航线 5 条，11 月 15 日义乌机场旅客年吞吐量首次突破 100 万人次，成为浙江省第 4 个年旅客吞吐量突破百万的机场，实现了从小型机场向中型机场的历史性跨越。国际航站楼建设竣工，航空口岸配套设施工程建设稳步推进，开通义乌机场至永康、浦江客运班线。

2014 年 7 月 31 日，国务院批复同意义乌机场航空口岸对外开放；10 月 13 日，义乌航空口岸顺利通过国家级验收；12 月 19 日，义乌至香港航班首航，标志着义乌机场成为真正意义上的国际机场，也是国内第一个县级国际机场。开通义乌至金华客运班线，飞行区改造（等级提升）项目报批取得重要突破，完成了航空货物空空转关业务的前期准备工作。

2015 年，飞行区改扩建工程项目顺利推进，2015 年 8 月，国际货运监管场所顺利通过杭州海关验收，总面积约 2000 平方米，设有海关监管仓库、海关报检厅、国检报检厅和部分办公场地。

2016 年 3 月 31 日，义乌机场正式开通义乌至台北航班。5 月 31 日，义乌机场飞行区改造工程举行开工仪式。12 月 22 日，义乌机场国际（地区）航空货运业务正式开办。

2017 年 8 月 18 日，义乌市政府与浙江机场集团签订义乌机场委托管理协议。11 月 13 日，民航 4D 机场正式启用，义乌机场飞行区保障等级由原来的 4C 级提升到了 4D 级，机场保障能力实现了跨越式发展，为义乌机场下一步打造成为"浙中地区重要的国际航空客运枢纽、华东地区重要的国际航空物流枢纽"奠定了坚实的基础。2017 年 2 月底，省委、省政府做出了"整合全省机场资源、搭建航空大平台"战略部署，12 月 26 日，公司挂牌成立，并与义乌市民航局签订了《义乌机场委托管理确认书》，资源整合任务圆满完成。

2018 年 8 月 14 日，义乌机场举行义乌航空口岸年度出入境客流量首次突破10 万人次仪式。2018 年 9 月 6 日，中国民航局副局长董志毅一行到义乌机场开展安全督导。

2019 年 1 月 22 日，义乌机场开通义乌—首尔国际货机航线。2019 年 8 月 20 日，义乌机场开通义乌—大阪国际货机航线。2019 年 12 月 26 日，义乌机场年旅客吞吐量突破 200 万人次，正式步入中型机场行列。

2020 年 3 月 27 日，义乌机场顺利保障义乌—柬埔寨金边防疫物资包机航班。"国际卫生机场"创建成功，成为全国第 13 个、省内第 2 个国际卫生机场；全国机场首个 SCORE 项目试点通过国际劳工组织评审，为企业可持续发展奠定了更加坚实的基础。

2021 年，义乌机场共起降航班 1.65 万架次，旅客吞吐量 167.72 万人次，货邮吞吐量 1.42 万吨，同比 2019 年分别增长 6.4%、−17.3%、34.3%。2021 年 1 月19 日，义乌机场开通义乌—澳门航线。

（二）舟山普陀山机场

舟山普陀山机场原名舟山朱家尖机场，位于舟山市普陀区朱家尖岛西北端。始建于 1992 年，隶属于舟山市政府。机场占地面积约 3004 亩，飞行区跑道长2500 米，停机坪总面积 5.2 万平方米，可同时停放 8 架中小型飞机。国内候机楼面积 6400 平方米，国际候机楼面积 4200 平方米，停车场面积 3000 平方米。可供波音 757 及以下机型起降。

1988 年 3 月 24 日，国务院、中央军委批复同意在朱家尖岛上新建民用机场。

1994 年 12 月 27 日，浙江省批复同意朱家尖机场建设总规模和主要工程。朱家尖机场新建工程包括场道、候机楼、航管楼、通信导航、助航灯光、气象设施等项目。跑道长 2500 米，宽 45 米，两侧道肩各宽 7.5 米；道面厚 0.34 米；升降带长 2620 米，宽 300 米；迫降带位于跑道东侧与跑道平行，长 2400 米，宽 80 米；防吹坪长 60 米，宽 45 米，厚 0.15 米；平行滑行道长 400 米，宽 23 米，平行滑行道中线距跑道中线间距 184 米；联络道位于跑道与站坪之间，长 230 米，宽 23 米，厚 0.34 米；停机坪位于跑道西侧 230 米处候机楼前，长 200 米，宽 100 米，面积 2 万平方米，坪面厚度 0.34 米。候机楼建筑面积 5708 平方米，由迎送厅、办票厅、候机厅、二楼多功能厅组成。航管楼建筑面积 1822 平方米，由 3 层钢筋混凝土框架办公用房和 32.3 米高塔台组成。

机场新建工程从 1995 年初开工，1997 年 3 月竣工。建成后，机场跑道长 2500 米，宽 60 米，标高海拔 1.8 米，有停机坪、候机楼、航管楼、航行气象、通信导航、供电供油、机务保障等各类设施、设备。1997 年 7 月 28 日，举行首航典礼，1 架载有 97 名乘客的东航客机从舟山朱家尖机场飞往上海。1997 年 8 月 8 日，舟山朱家尖机场正式通航。

1998 年 4 月 29 日，舟山朱家尖民航机场更名为舟山普陀山机场。同时，组建舟山普陀山机场有限公司、舟山市民航发展有限公司。1999 年 12 月 30 日，中国民航总局同意换发舟山普陀山机场使用许可证，其飞行区技术等级为 4D，可供波音 757 及以下机型飞机起降。

2000 年 8 月 1 日，国际候机厅动工新建，建筑面积 4180 平方米，2002 年 2 月 28 日竣工，工程总投资 2982 万元。

2003 年 4 月 21 日，民航华东地区管理局同意机场停机坪扩建工程初步设计。扩建停机坪面积 2.21 万平方米，道肩面积 700 平方米，总投资 2180 万元，新建停机坪按同时停放 1 架波音 757-200 型和 3 架波音 737-700 型飞机进行平面设计，均采用自滑进出方式滑行。机坪道面采用 0.34 米现浇混凝土面层，0.20 米石屑粉铺设找平层，0.30 米水泥稳定碎石基层的基本结构形式。2005 年 11 月 1 日，停机坪扩建工程建成并交付使用。（见图 5-6）

2010 年，机场旅客吞吐量达到 35.69 万人次，货邮吞吐量为 377.2 吨。

图 5-6　舟山普陀山机场鸟瞰图

2015 年 4 月 21 日下午，在舟山普陀，民航华东地区管理局为中航幸福通用航空有限公司颁发了 CCAR-135 "运行合格证"，标志着中航幸福通用航空有限公司成为我国首家开展航线实际运营的水上飞机运营商，由该企业运作的水上飞机项目即将正式运营。5 月 11—12 日，台湾亚洲航空代表一行到舟山普陀山机场，与市民航局对接洽谈 MRO（飞机维护、维修基地）、FBO（公务机停场、检修、加油、休息等服务基地）等航空产业投资项目，就 FBO、MRO 选址，服务定位，经营概念等合作方向达成初步意向。5 月 20 日，中航幸福通用航空有限公司水上飞机开航仪式在舟山普陀山机场内举行，标志着舟山水上飞机项目正式运营。

2016 年 6 月 7 日，中国海监一架 H410 型直升机，编号 B7115，在大青山坠毁。4 人遇难。7 月 20 日中午，中航幸福通用航空有限公司的一架塞斯纳 208B/B-10FW 型水上飞机执飞上海金山至舟山朱家尖航线。该机于 12：10 起飞滑跑，12：21 在滑跑过程中撞上沪杭公路 7385 号车客渡码头栈桥造成 5 人遇难。

2017 年 9 月 15 日，浙江省机场集团有限公司与舟山市人民政府签订合作协议，市国资委与浙江省机场集团有限公司签订了股权划转协议。

2018 年 12 月 15 日上午，美国波音公司国际事务总裁马爱仑乘坐的航班号为 RDN450 的 BBJ 公务机顺利抵达舟山普陀山机场。这是舟山普陀山机场国际口岸开放后迎来的第一架境外飞机。

2020 年 7 月 29 日，搭载 90 余名来自陕西西安旅客的 9C6557 航班到达舟山普陀山机场，标志着"舟山—西安"空中直达航线正式开通，这是自 1997 年舟山普陀山机场建成通航以来首次以点对点直航的形式连接海天佛国和古都西安。9 月 16 日上午，舟山普陀山机场举行"沪舟风景快线"水上飞机首航仪式。

五、衢州和台州等军民合用机场

（一）衢州机场

衢州机场位于衢州市东郊。始建于 1932 年，建设时征地面积 761.49 亩。1937—1945 年间，因日军侵华，屡毁屡建。1946 年，机场曾降落过 C-46 及教练机。

1949 年中华人民共和国成立后，机场由中国人民解放军接管，1954 年机场进行整修。整修后机场占地面积 274.5 亩，为二级甲型机场，跑道能起降"三叉戟"及以下飞机。

1991 年 7 月 25 日，国务院、中央军委批复同意衢州机场实行军民合用，民用航站由衢州市负责建设，所需经费由地方政府自筹解决。1992 年 11 月 30 日，开工兴建候机楼、航管楼、专用联络道等民航专用设施。（见图 5-7）1993 年 11 月 17 日竣工并通航，先后开通至杭州、厦门、温州、上海、广州、北京、南京、青岛、深圳等航线。

图 5-7 衢州民航站奠基仪式（衢州机场提供）

1993 年 11 月 22 日，民航华东地区管理局颁发机场使用许可证。2002 年驻衢空军又对该机场的跑道盖被并加长 400 米，2003 年工程竣工。扩建后，机场跑道长 2600 米、宽 50 米、厚 0.28 米。2003 年 3 月 20 日，民航华东地区管理局行文批复同意换发衢州机场使用许可证，确定该机场民用部分为公共航空运输机场，飞行区等级为 4C，可供波音 737 及以下机型飞机起降。

2004 年 1 月，民航站专用油库开工建设，2005 年 6 月完工。2008 年 8 月对工程进行改造，投资约 500 万元增加配套设施。油库占地面积 1.2 万平方米，建筑面积 486 平方米，其中油罐总容量 835 立方米。2008 年 9 月 26 日工程通过验收，10 月 8 日移交中国航空油料有限公司浙江分公司使用。

2010 年，机场占地面积 160 亩，候机楼总建筑面积 3440 平方米；停机坪面积 1.44 万平方米，可停放 2 架飞机；飞行区等级为 4C，跑道全长 2600 米，宽 50 米（含道肩 15 米），可供波音 737 以下机型飞机起降。安检通道 1 个，值机柜台 2 个，行李托运柜台 1 个。2010 年，旅客吞吐量 13.35 万人次、货邮吞吐量 180.2 吨。

2011 年，共保障航班 1452 架次，同比减少 14.59%；实现旅客吞吐量 14.89 万人次，同比增长 11.54%；货邮吞吐量 263.8 吨，同比增长 46.39%；进出港航班平均客座率为 77.4%，保障专机、公务机 8 架次。

2012 年，共保障航班 1518 架次，同比增加 4.55%；实现旅客吞吐量 190077 人次，同比增长 27.65%；货邮吞吐量 470.2 吨，同比增长 78.24%；进出港航班平均客座率为 78.2%，同比提高 0.8 个百分点；保障公务机 10 架次。

2013 年，共保障航班 1782 架次，同比增加 16.3%；实现旅客吞吐量 222071 人次，同比增长 16.8%，货邮吞吐量 771.4 吨，同比增长 64.1%。2013 年 8 月 26 日至 27 日，民航浙江安全监督管理局机场换证审查小组对衢州机场使用许可证换发进行现场检查。

2014 年，共保障航班 1748 架次，完成旅客吞吐量 22.1 万人次，货邮吞吐量 630 吨，实现第 22 个安全年目标。

2015 年，共保障航班 1766 架次，完成旅客吞吐量 212658 人次，货邮吞吐量 799.7 吨。2015 年安全工作总体平稳，没有发生重大差错和不安全事件，未发生机场原因造成的飞行、空防、地面航空安全责任事故，"平安民航"建设工作通过民航浙江监管局考核。

2016 年，共保障飞行起降 1624 架次，完成旅客吞吐量 202648 人次，货邮吞吐量 619 吨，进出港航班平均客座率为 77.4%，超额完成全年目标任务，实现了第 24 个安全年目标。同时，服务质量得到了改善，民航的窗口形象得到进一步提升。

2017 年 8 月 17 日，全面贯彻落实浙江省委、省政府关于全省机场资源整合的决策部署，按照省机场集团的工作要求，市政府与浙江机场集团签订《衢州机场委托管理协议》。待完成委托管理过渡期间各项工作，签署《委托管理确认书》后，浙江机场集团将对衢州机场进行管理，范围包括航空运输地面服务及相关延伸服务，客运、货运、班车、停车场、餐饮等机场配套服务，候机楼商品零售、办公场所出租、物业管理、信息咨询发布服务，机场范围内各类广告设计、制作、发布、代理业务等。

2017 年 12 月 29 日，在衢州机场举行浙江省衢州机场管理有限公司揭牌仪式，标志着浙江省衢州机场管理有限公司正式运行，基本完成全省机场资源整合工作。全省机场资源整合人员分流安置工作顺利推进，留在公司的员工均与机场公司签订劳动合同。至 12 月 31 日，基本编制完成人员安置方案，妥善处理机场整合后的相关问题。全年共保障航班 1638 架次，完成旅客吞吐量 202620 人次，货邮吞吐量 601.8 吨，进出港航班平均客座率为 78.2%。圆满完成春运、全国"两会"、"一带一路"高峰论坛、省党代会、厦门金砖会议、党的十九大等重要时期的航空安全保障工作，顺利通过"平安民航"建设三年考核，确保全省机场资源整合期间的安全稳定。配合做好"2017 联航行"衢州站毅行活动服务保障工作。

2018 年，共保障航班起降 2034 架次，同比增长 23.12%；旅客吞吐量251032 人次，同比增长 23.89%；货邮吞吐量 750.2 吨，同比增长 24.66%。1—12月份机场航班放行正常率 85.57%，同比增长 8.58%。机场安全生产形势总体平稳，没有发生重大差错和不安全事件，圆满完成了重大会议、重要活动期间的航空安全保障工作。

2019 年，共保障飞机起降 3604 架次，同比增长 77.19%；旅客吞吐量404092 人次，同比增长 60.97%；货邮吞吐量 839.4 吨，同比增长 11.89%。安全生产形势总体平稳，没有发生重大差错和不安全事件。

2020 年，共保障飞机起降 4751 架次，同比增长 31.83%；旅客吞吐量386122 人次，同比减少 4.45%；货邮吞吐量 699.5 吨，同比减少 16.65%。安全生产形势总体平稳，没有发生重大差错和不安全事件，圆满完成重要时期的航空安全保障工作，通过"平安民航"考核和危险品航空运输安全管理体系（SMS-DG）

建设及危险品货物航空运输信用管理体系建设评估验收，实现第 28 个航空安全年。这一年，衢州机场管理有限公司通过 SCORE 项目验收，获得由国际劳工组织授权 SCORE 学院颁发的"SCORE 企业参与证书"。

（二）台州路桥机场

台州路桥机场为军民合用机场，由台州市民用航空管理局负责民航营运，为华东地区重要的支线机场。2010 年机场总占地面积为 4296 亩，其中场区内占地面积为 4189.05 亩，场区外占地面积为 106.95 亩。机场飞行区等级为 4C 级，跑道长 2500 米、宽 60 米，停机坪面积 2.25 万平方米，可同时停放 4 架飞机。

1. 发展历程

台州路桥机场位于台州市路桥区，原为驻浙海军航空兵部队军用机场，始建于 1954 年 1 月，1955 年 7 月竣工并启用。有南北走向混凝土跑道及混凝土滑行道各 1 条，跑道与滑行道之间有 1—5 编号的混凝土联络道与停机坪。1983 年 9 月，对跑道、滑行道、停机坪等进行维修，工程于 1984 年 5 月开工，11 月竣工，总投资 870 万元。1987 年 9 月 15 日，国务院、中央军委《关于海军路桥机场实行军民合用的批复》批准路桥机场为军民合用机场。军民合用后，机场产权仍属海军，民航设施在机场外选址建设，自成体系。10 月 24 日，成立黄岩县民用航空站。12 月 2 日，黄岩县民用航空站正式开通杭州、上海客运航班，成为国内第一个县级民航站。（见图 5-8）

图 5-8　黄岩机场（台州市黄岩区土地管理局：《黄岩区土地志》，1999 年编印）

1988 年 5 月，黄岩县政府向有关企业集资 30 万元，租用海军本场土地 5 亩，建造候机室及配套设施，共计 1388 平方米，9 月竣工。1988—1990 年，气象观测依靠部队观测力量。1990 年建成民航站气象台，有专业工作人员 5 人。

1992 年 8 月，黄岩县民航站第二次扩建。此次扩建由台州各县、市集资和向银行贷款，共投资 6660 万元，征地面积 108 亩，按照 4C 级民用机场标准建设。1994 年 4 月 30 日，建成停机坪 1.59 万平方米；9 月完成滑行道、联络道两侧道肩拓宽工程，两侧各拓宽 5 米，总拓宽面积为 2.16 万平方米；同期完成机场路（长 600 米，宽 24 米）和 2 万平方米广场停车场；11 月 10 日，候机大楼建成并投入使用，建筑面积为 7850 平方米，并充实和配备导航、通信和气象设备设施。航站搬进新航站区后，老航站区的房屋设施所有权无偿转让给驻场海军。

2001 年 1 月，台州路桥机场划归台州市政府管理。2002 年 5 月 8 日，民航华东地区管理局同意换发台州路桥机场使用许可证，确定其飞行区等级为 4C，可起降波音 737 及以下机型。2002—2004 年，台州市政府先后投资 4980 万元对机场安全设备设施进行改造。2003 年 8 月 15 日，台州路桥机场跑道助航灯光改造系统竣工，11 月 5 日，民航华东地区管理局换发台州路桥机场使用批准证书。

2006 年，台州路桥机场进行飞行区、航站区改建。按照旅客吞吐量 100 万人次 / 年，机场飞行区按 4C 兼顾 D 类标准设计，总投资约 2.69 亿元。2008 年 1 月完成工程一期跑道的盖被，可满足 C 类飞机全重起降以及部分 D 类飞机起降（如波音 737、757，空客 319、320、321，麦道-80 系列机型）。

2010 年，机场运营 8 条航线，通航北京、上海、广州、深圳、昆明、青岛、长沙、重庆、武汉、成都等 10 个城市。

2014 年，台州机场完成旅客吞吐量 664663 人次，货邮吞吐量 7410.2 吨，飞机起降 5657 架次，分别比 2013 年增长 8.8%、7.2%、8.6%，各项生产指标均创历史新高。2015 年 7 月 26 日，深圳航空从台州飞往广州的 ZH9648 航班发生旅客纵火事件，飞机在广州白云机场紧急着陆，机上旅客及机组人员被疏散。2017 年 11 月 24 日，完成浙江省台州机场管理有限公司工商注册；12 月 29 日，浙江省台州机场管理有限公司正式揭牌成立。2018 年 11 月 24 日，台州机场旅客吞吐量首次突破 100 万人次。

2019 年 4 月 7 日，台州机场塔台接到直升机应急救援任务：一名游客卡在仙居某处海拔 1050 米山崖中部树权上，受伤严重。台州机场按照直升机应急救援计划，主动协调驻场军方航空管制室和宁波、杭州、温州等相关民航管制单位，在第一时间搭建好应急救援空中走廊（协商制定好临时救援航线、飞行高度、管制特殊移交方式等）。整个救援保障过程中，军民航紧密协作、配合默契，只用了 23 分钟就把伤员送到医院进行治疗，为抢救赢得了宝贵时间。9 月 18 日 ACARS 系统正式投入运行。ACARS 系统的投入运行，使得台州机场实现从人工送舱单到数据链传输电子舱单，缩短了地面保障时间，极大地提高了保障效率。

2. 机场主要设施

（1）航站区

航站区总占地面积为 7.19 万平方米，区内建有候机楼、航管楼、办公楼、综合楼、餐厅、配电房、车库、仓库等用房设施，建筑面积 1.43 万平方米。具备保障年旅客吞吐量 60 万人次，高峰小时 300 人的能力。候机楼总面积 6033 平方米，航管楼（含塔台）144 平方米，办公楼 1949 平方米，餐厅 1685 平方米，停车场 7000 平方米，停车位 223 个。

（2）助航灯光

在跑道主降方向设置 I 类精密进近灯光系统，在次降方向设置中光强灯光系统，并建立配套的灯光变电站，安装 CCR 调光器等设备，可进行 5 级调光。

（3）导航设施

东北远台、西南远台，有效距离为 150—200 千米；东北近台、西南近台，有效距离为 100 千米；在西南方向有外指点标；跑道两端内 250 米各有指挥台，还有地对空话台、着陆雷达。主降方向有 I 类仪表着陆系统（ILS）1 套（北端航向台、南端下滑台），场内设多普勒全向信标测距仪（DVOR-DNE）1 套。

（4）气象观测设备

外设气象观测场，有常规气象观测设备及气象自动遥测设备；内设气象台，位于航管楼 3 楼，有气象信息接收系统、气象传真广播自动接收系统、气象资料有线自动填图设备、气象卫星云图接收设备等。

（5）供电、供水设施

双电源供电。主电源路东变（10kV），军工 944 线；备用电源为蓬街变（10kV），备用 406 线；场内有油机发电备份。市电与自备电源之间装有联络柜，并装有市电来电保护设施，正常时由市电供电。由路桥自来水厂直接供水，保证每小时流量 1750 吨。

六、丽水机场、嘉兴机场筹建

（一）丽水机场

2007 年，根据国务院批准、中国民航总局公布的《全国民用机场布局规划》，华东片区将在原有 37 个机场的基础上再增加 12 个新机场，以满足华东地区经济社会发展的交通需要。丽水机场便是浙江省内新增的机场之一。2013 年 7 月 31 日上午，丽水机场场址优化评审专家组一行来到联城、南山选址，进行了地理位置、空域环境和地形地貌条件的现场踏勘考察以及资料的收集。在随后召开的评审会上，机场设计方介绍了横岗场址、南山场址和联城场址三个备选场地的地理环境、飞行程序，专家们就三个场址的优缺点进行了深入讨论。机场设计方根据丽水地形，最初将横岗场址定为丽水机场场址。后经过多方考察，认为横岗场址平整土地工程浩大，建设资金过高，中国民航局批复建议重新优化机场选址。经过对三个场址多方面因素的综合比选，专家组最终将南山场址确定为丽水机场优化场址。2016 年 12 月，丽水机场获国务院、中央军委批准立项。2017 年 8 月，丽水机场完成规划选址意见、节能审查意见、用地预审等前置，10 月，中国民航局出具意见行业审查意见。意见上报后，国家发改委第一时间受理并委托评估，中国民航工程咨询有限公司第一时间组织评估会。2018 年 6 月，国家发改委印发《关于新建浙江丽水机场工程可行性研究报告的批复》，批准同意丽水机场工程可行性研究报告。

2018 年 7 月，中国航空规划设计研究总院有限公司中标丽水机场航站楼设计方案征集。丽水机场航站楼依托"秀山丽水，浙西名城"的城市定位，以创建"绿水青山"的"山水城市"为总体目标，以丽水的地域文脉和美丽自然风光为设计元素，汲取浙江传统民居的建筑特色和空间形态，凸显江南地域文化特色，与自然风光和谐相融。实现了绿色生态、智慧人文及航空特色的无缝衔接，助力打造丽水生态文明的城市形象，促进当地经济健康持续发展，形成立体化交通出行模式，提高当地居民生活水平。该项目建成后将有力扩充浙西南航空运输体系，提升综合交通运输系统服务功能，对创建丽水绿色发展综合改革创新区具有重要意义。

2018 年 9 月 30 日上午，丽水机场项目正式开工。2019 年 8 月，丽水机场土石方、地基处理及边坡工程初步设计评审会在上海召开。本次会议的顺利召开，为丽水机场项目进入全面开工建设阶段奠定了扎实基础。受民航华东地区管理局委托，中国民航工程咨询有限公司在上海组织召开了丽水机场土石方、地基处理及边坡工程初步设计评审会。专家评审认为，本次初步设计内容基本满足《民用机场工程初步设计文件编制内容及深度要求》，设计方案基本合理，采用的国家、行业有关技术标准及规范基本适当。2019 年 11 月 8 日，民航华东地区管理局、浙江省发改委联合印发《关于新建浙江丽水机场初步设计（第一批）的批复》（民航华东函〔2019〕380 号）（简称"《批复》"），标志着丽水机场项目即将进入全面建设阶段。2020 年 1 月 9 日，丽水机场土石方试验段工程顺利通过竣工验收。2020 年 1 月 14 日，丽水机场场道工程正式开工建设。2020 年 8 月 20 日，民航华东地区管理局、浙江省发改委联合印发《关于新建浙江丽水机场初步设计（第二批）的批复》，标志着丽水机场项目历时 10 余年的前期工作圆满收官。

丽水机场位于丽水市经济开发区南明山街道上沙溪村附近，距离市区中心直线距离 15 千米，场址标高 162 米，定位为国内支线机场，飞行区等级为 4C。目前是华东地区的第一高边坡、高填方机场。项目总占地面积 3400 亩，预计建设期 4 年，长度约 2800 米，机场跑道海拔 165 米，控制航程 200 千米，按 2025 年旅客吞吐量 100 万人次、货邮吞吐量 4000 吨的目标设计，新建 1.2 万平方米航站楼和 8 个机位的站坪。机场将开通丽水至北京、上海、广州、贵阳、郑州、长沙、成都、南京等航线，航程基本控制在 2000 千米以内，主要使用波音 737 和空客 A320 系列机型。丽水机场的航站楼由北京 MAD 建筑事务所和上海新时代共同设计，参考了丽水当地典型的丘陵地貌，强调建筑与周边环境的连续性，结合场地高差，整体采用了自然放坡形式与场地衔接，将航站楼、停车场、办公区设置在 3 个逐渐降低的平台上，融入山间。北京 MAD 建筑事务所创始人马岩松说："丽水是一座花园城市，它的机场也应该在花园中。作为支线机场，丽水机场展现了城市公共空间交通设施的另一种态度和追求：不贪大、不贪贵；便捷人性；展示城市特征的自我特色。"

（二）嘉兴机场

嘉兴机场位于嘉兴市秀洲区洪合镇，距市区西南约 10 千米，本项目为军民合用改建工程，除跑道与军队共用，其他基础设施均独立建设，与军用机场基础设施均不共用，各成系统，机场性质为国内军民合用的支线机场。2018 年 12 月 24 日上午，嘉兴军民合用机场工程奠基暨配套工程开工仪式举行。项目于 2019 年上半年全面开工建设。2009 年 9 月 22 日，南京军区空军与浙江省人民政府正式签署空军嘉兴机场实行军民合用及改扩建协议，这也意味着嘉兴军民合用机场建设正式提上了日程。嘉兴机场有限公司成立于2010年12月，注册资金1亿元，既是嘉兴军民合用机场建设工程建设单位，又是将来嘉兴机场的运行主体。嘉兴军民合用机场（民用部分）定位是国内支线机场，总投资估算8.5亿元，建设内容主要是跑道、航站楼、导航设施和航站区等配套工程。飞行区按4E标准规划，可以起降波音767-200型、波音737-800型和空客A320-200型飞机。2020年机场规模按旅客吞吐量100万人次规划，到2040年按旅客吞吐量400万人次规划。嘉兴机场的定位则是错位竞争，以航空货运为主、客运为辅，打造嘉兴航空物流和航空产业基地，拉动嘉兴新一轮经济增长。

2018年12月24日上午，嘉兴军民合用机场工程奠基暨配套工程开工仪式举行。市委书记张兵宣布嘉兴军民合用机场工程奠基暨配套工程开工。2019年2月1日，中信银行与嘉兴机场有限公司签订授信协议。2021年8月16日，嘉兴机场项目可行性研究报告获国家层面正式批复。2022年1月18日，国务院发布《国务院关于印发"十四五"现代综合交通运输体系发展规划的通知》嘉兴机场入选民用运输机场建设重点工程。2022年7月26日，嘉兴机场项目民航工程和供油工程初步设计评审会顺利召开，标志着嘉兴机场项目主体工程初步设计评审已全部完成。按照计划，2023年7月，嘉兴机场正式开工建设。预计到2035年，嘉兴机场货运量将达120万吨，有望形成千亿级临空产业区。嘉兴机场将"客货并举，以货为主"，与周边的虹桥、浦东和萧山等机场存在明显区别定位，有望在2035年成为全国范围内的专业货运枢纽机场。

第二节　民航客货运输

一、杭州萧山国际机场运输业务

杭州萧山机场投入运营后，至2001年已开辟国际航线4条、地区航线2条、国内航线43条；2001年旅客吞吐量298.13万人次，货邮吞吐量8.69万吨，平均客座率为54.6%，载运率为49.9%；全年旅客吞吐量和货邮吞吐量在全国民航机场排名分列第13位和第9位。

1. 发展历程

2001 年 12 月 13 日，经中国民航总局批准，杭州萧山机场为国际机场，其经营管理机构相应更名为杭州萧山国际机场有限公司。公司包括空中交通管理中心，共有在编职工 1171 人。

2002 年 1 月 8 日，空中交通管理中心脱离该公司单独挂牌，成立民航杭州空中交通管理中心，隶属民航华东地区管理局空中交通管理局。

2003 年 9 月 4 日，国务院下发《关于省（区、市）民航机场管理体制和行政管理体制改革实施方案的批复》。12 月 28 日，杭州萧山国际机场成建制移交省政府管理。

2004 年，公司共有在编职工 997 人。

2006 年，杭州萧山国际机场有限公司与香港机场管理局合资，共同组建成立杭州萧山国际机场合资公司（仍沿用原公司名称）。新成立的合资公司，杭州萧山国际机场有限公司原股东方出资 36.96 亿元，占 65% 股权；香港机场管理局出资 19.90 亿元，占 35% 股权。为加强新公司的管理，双方还商定在经营、技术和人才等方面展开全方位合作。董事会 11 名成员中，杭州萧山国际机场有限公司原股东方占 7 位，香港机场管理局占 4 位，并聘请原香港机场客运业务部总经理黄伟麟为萧山机场公司总经理。12 月 18 日，经上级有关部门批准，该公司正式揭牌成立。

2. 运输生产

2001 年，杭州萧山机场新开通 6 条航线，其中国内航线 5 条、国际航线 1 条，使保障航线总数达 53 条，每周航班 490 个。与此同时，相继推出"买机票送车票""机场贵宾卡服务""市内值机服务"等措施，客运量明显提高，全年旅客吞吐量 298.1 万人次。在货邮运输方面，公司坚持以优质服务促效益的原则，以客户为中心，注意货主意见和信息的收集，并结合实际情况，调整营销策略。在杭州西湖博览会召开之际，抽调业务骨干，在展览会上设点提供航空货物运输知识的咨询和货物运输服务，并按照创建文明机场的 12 条标准，推出 24 小时服务和快速通道服务，是年完成货邮吞吐量 8.7 万吨。

2002 年，杭州萧山机场新开通 3 条航线，其中国内航线 1 条、国际航线 2 条。公司先后与国内外 15 家航空公司签订地面服务代理协议，停场过夜飞机增至 8 架，旅客吞吐量 387.9 万人次，货邮吞吐量 10.5 万吨。

2003 年，杭州萧山机场新开通 4 条航线，其中国内航线 2 条、国际航线 2 条。开展国际年活动，加强机场的规划和建设，在设备、设施上增加投入，提高保障能力和服务水平。与此同时，克服"非典"带来的不利影响，优先做好"非典"的物资运输，争取中国东方航空公司 3 个航班的包舱。6 月，开通首条杭州—深圳的定期货运包机航线。9 月，又获得商务部和海关总署批准的国际快递业务的经营资格，成为杭州市第 4 家具有该资格的企业。全年完成旅客吞吐量 435.2 万人次，货邮吞吐量 11.2 万吨。

2004 年，杭州萧山国际机场先后与韩国韩亚航空、大韩航空，日本全日空，厦门航空公司签订监管卡车转运业务协议，开通杭州至上海、宁波、苏州、南京的转运业务。还与华立通讯公司、赛诺菲民生制药厂签订快件运输合作协议，完成中央政府援助香港抗"非典"物资的货运包机保障任务。韩国大韩航空公司开通杭州至汉城(今首尔)的国际货包机航线，马来西亚航空公司开通杭州—吉隆坡、杭州—迪拜—阿姆斯特丹的国际货运包机航线，还保障乌克兰安东诺夫航空公司 AN124 特大货运包机(杭州—阿拉木图—雅典)运输任务。先后开通 6 条国际航线。国内、地区和国际航线已达到 93 条，其中 9 条国际航线、2 条地区航线。保障飞机起降 6.6 万架次；完成旅客吞吐量 676.1 万人次，其中国际及地区航班旅客吞吐量为 75 万人次；完成货邮吞吐量 12.8 万吨，其中国际及地区货邮吞吐量为 2.4 万吨。

2007 年，杭州萧山国际机场的旅客吞吐量首次突破千万人次，跻身世界繁忙机场行列。2009 年，旅客吞吐量排名世界第 86 位，货邮吞吐量排名世界第 73 位，两大指标双双进入全球百强机场行列。

2010 年，杭州萧山国际机场共有运营航空公司 32 家，其中国内 20 家、地区 5 家、国际 7 家；总航点 108 条，其中国内 72 条、地区 7 条、国际 29 条。

2011 年，杭州萧山国际机场完成旅客吞吐量 1751.2 万人次、货邮吞吐量 30.6 万吨、航班起降 14.9 万架次。新开辟 7 条国际航线，其中杭州—澳大利亚悉尼航线是浙江首条通达澳大利亚的航线，杭州—印度新德里—埃塞俄比亚亚的斯亚贝巴航线是长三角地区首条通达非洲的定期航线、杭州萧山国际机场首条具有第五航权的航线。

2012 年，杭州萧山国际机场完成旅客吞吐量 1911.5 万人次、货邮吞吐量

33.8 万吨、航班起降 16.6 万架次。12 月 30 日，二期二阶段工程正式竣工启用，杭州萧山国际机场跨入"双跑道、多航站楼、多机坪"运行的新时代。

2013 年，杭州萧山国际机场完成旅客吞吐量 2211.4 万人次、货邮吞吐量 36.8 万吨、航班起降 19.1 万架次。年旅客吞吐量首次突破 2000 万人次，开通了浙江首条中东航线（杭州—卡塔尔多哈）和首条美洲直达货运航线（广州—杭州—美国洛杉矶）。

2014 年，杭州萧山国际机场完成旅客吞吐量 2552.6 万人次、货邮吞吐量 39.9 万吨、航班起降 21.3 万架次。出入境旅客吞吐量首次突破 300 万人次，其中国际旅客吞吐量首次超过地区旅客吞吐量，杭州航空口岸 10 月 20 日起正式实施 72 小时过境免签政策。

2015 年，杭州萧山国际机场完成旅客吞吐量 2835.4 万人次、货邮吞吐量 42.5 万吨、航班起降 23.2 万架次。7 月 18 日，杭州萧山国际机场快件运输枢纽基地（东区）投入运行，是当时亚洲规模最大、设施设备最先进的航空快件运输枢纽基地，由顺丰速运运营。

2016 年，杭州萧山国际机场完成旅客吞吐量 3159.5 万人次、货邮吞吐量 48.8 万吨、航班起降 25.1 万架次。年旅客吞吐量首次突破 3000 万人次，出入境旅客吞吐量首次突破 400 万人次，货邮吞吐量排名首次升至全国第 6 位，首次开辟美洲直达客运航线（杭州—美国旧金山）。圆满完成 G20 杭州峰会航空运输保障，保障的专机数量和单位效率都创造了中国民航的新纪录。1 月 30 日，起杭州航空口岸对 51 个国家符合条件人员实行 144 小时过境免签政策。

2017 年，杭州萧山国际机场完成旅客吞吐量 3557.0 万人次、货邮吞吐量 58.9 万吨、航班起降 27.1 万架次，成为浙江省机场集团有限公司下辖省内龙头机场。

2018 年，杭州萧山国际机场完成旅客吞吐量 3824.2 万人次、货邮吞吐量 64.1 万吨、航班起降 28.5 万架次。出入境旅客吞吐量首次突破 500 万人次。10 月 19 日，全省扩大有效投资重大项目集中开工仪式在杭州萧山国际机场举行，机场三期项目正式动工，建成后机场将成为空铁陆多式联运的大型综合交通枢纽。

2019 年，杭州萧山国际机场完成旅客吞吐量 4010.8 万人次、货邮吞吐量 69.0 万吨、航班起降 29.1 万架次。旅客吞吐量首次突破 4000 万人次，货邮吞吐量排名上升至全国第 5 位；新增 10 个国际航点，其中杭州—埃及开罗航线填补了浙江非洲航线的空白，使杭州萧山国际机场航线网络通达世界五大洲；杭州航空口岸正式实现 24 小时无障碍通关。根据国际机场协会发布的数据，2019 年杭州萧山国际机场旅客吞吐量全球排名第 56 位，货邮吞吐量全球排名第 44 位。

2020 年，新冠疫情在全球蔓延，民航业受到严重冲击，生产指标大幅下行。杭州萧山国际机场完成旅客吞吐量 2822.4 万人次、货邮吞吐量 80.2 万吨、航班起降 23.7 万架次。根据国际机场协会发布的数据，2020 年杭州萧山国际机场旅客吞吐量全球排名第 18 位，货邮吞吐量全球排名第 33 位。

表 5-1 2001—2020 年杭州萧山国际机场航线一览表

日期	新开（恢复）航线	备注
2001 年 4 月 20 日	厦门航空公司，杭州—泰国曼谷	每周 2 班
2001 年 4 月 20 日	厦门航空公司，杭州—澳门	定期包机
2002 年	杭州—武夷山（恢复）	
2002 年	杭州—西宁	
2002 年	杭州—日本富山	不定期包机
2002 年	杭州—日本新潟	不定期包机
2002 年 5 月 11 日	韩国韩亚航空公司，杭州—韩国汉城（今首尔）	每周 2 班（周三、周六）
2003 年	杭州—汕头（恢复）	
2003 年	杭州—绵阳	
2003 年	杭州—日本名古屋	
2003 年 6 月 20 日	扬子江快运航空公司，杭州—深圳	货运包机航线（每日 1 班）
2004 年 3 月 28 日	杭州—日本东京、大阪	东京—杭州往返每周 4 班，大阪—杭州每周 3 班
2004 年 7 月 7 日	大韩航空公司，杭州—韩国汉城（今首尔）	货运包机航线
2004 年 9 月 22 日	马来西亚航空公司，杭州—马来西亚吉隆坡、杭州—阿联酋迪拜—荷兰阿姆斯特丹	货运包机航线
2005 年 3 月 29 日	韩国韩亚航空公司，杭州—韩国釜山	
2005 年 4 月 20 日	泰国曼谷航空公司，杭州—泰国曼谷	
2006 年 3 月 26 日	澳门航空公司，杭州—澳门	每周 4 班
2006 年 10 月 29 日	东星航空公司，武汉—杭州	
2008 年 2 月 4 日	亚洲航空公司，杭州—马来西亚吉隆坡	
2008 年 12 月 15 日	厦门航空公司，杭州—台北	

续　表

日期	新开（恢复）航线	备注
2008 年 12 月 15 日	复兴航空，杭州—高雄	
2008 年 12 月 20 日	中国国际航空公司，杭州—台北	
2008 年 12 月 21 日	台湾华信航空，杭州—台中	
2009 年 7 月 27 日	菲律宾航空公司，杭州—菲律宾卡里波	
2009 年 10 月 27 日	中国国际航空公司，杭州—北京—德国法兰克福	
2010 年 1 月 21 日	顺丰速运（租用香港航空公司飞机），杭州—香港	航空快件专机航线，每周 5 班
2010 年 3 月 17 日	海南航空公司，杭州—泰国曼谷（恢复）	每周 2 班（周三、周日）
2010 年 4 月 19 日	中国东方航空公司，杭州—韩国济州岛（恢复）	每周 2 班（周一、周五）
2010 年 5 月 9 日	荷兰皇家航空公司，杭州—荷兰阿姆斯特丹	直达定期客运航线
2011 年 1 月 19 日	海南航空公司，杭州—深圳—澳大利亚悉尼	浙江首条澳大利亚航线
2011 年 3 月 22 日	捷星亚洲航空公司，杭州—新加坡	
2011 年 4 月 23 日	海南航空公司，杭州—泰国普吉	
2011 年 5 月 3 日	埃塞俄比亚航空公司，杭州—印度新德里—埃塞俄比亚亚的斯亚贝巴	华东地区首条通达非洲航线
2011 年 6 月 30 日	大韩航空公司，杭州—韩国清州	
2012 年 4 月 20 日	复兴航空公司，杭州—花莲	大陆首条至花莲定期直达航线
2012 年 7 月 2 日	越南航空公司，杭州—越南岘港	
2013 年 8 月 1 日	马来西亚亚洲航空公司，杭州—马来西亚沙巴（亚庇）	
2013 年 9 月 28 日	中国南方航空公司，广州—杭州—美国洛杉矶（货运）	杭州首条美洲直达货运航线
2013 年 12 月 20 日	卡塔尔航空公司，杭州—卡塔尔多哈	浙江首条中东航线
2014 年 2 月 21 日	泰国亚洲航空公司，杭州—泰国清迈	
2014 年 9 月 3 日	海南航空公司，杭州—西安—法国巴黎	
2014 年 10 月 29 日	北京首都航空公司，杭州—日本冲绳	
2014 年 12 月 25 日	北京首都航空公司，杭州—日本静冈	
2015 年 3 月 3 日	香港航空公司，杭州—香港—越南河内（货运）	
2015 年 9 月 3 日	北京首都航空公司，杭州—丹麦哥本哈根	杭州首条北欧航线

日期	新开（恢复）航线	备注
2015 年 12 月 28 日	北京首都航空公司，杭州—西班牙马德里	华东地区首条直达西班牙航线
2016 年 7 月 15 日	美国联合航空公司，杭州—美国旧金山	浙江首条直达美洲客运航线
2016 年 10 月 17 日	四川航空公司，成都—杭州—美国洛杉矶	
2016 年 11 月 15 日	中国东方航空公司，北京—杭州—澳大利亚悉尼	杭州首条直达大洋洲航线
2016 年 12 月 30 日	北京首都航空公司，杭州—青岛—加拿大温哥华	杭州首条加拿大航线
2017 年 7 月 6 日	北京首都航空公司，杭州—美国塞班	
2017 年 7 月 25 日	北京首都航空公司，杭州—北京—葡萄牙里斯本	
2017 年 8 月 11 日	俄罗斯航星航空公司，杭州—俄罗斯新西伯利亚（货运）	浙江参与"一带一路"建设首批 14 个重点项目之一
2017 年 9 月 13 日	香港货运航空公司运营、美国阿特拉斯航空公司执飞，杭州—美国芝加哥（货运）	
2017 年 10 月 3 日	文莱皇家航空公司，杭州—文莱斯里巴加湾	
2017 年 12 月 16 日	厦门航空公司，杭州—澳大利亚墨尔本	
2018 年 1 月 16 日	柬埔寨 JC 国际航空公司，杭州—柬埔寨西哈努克港	
2018 年 7 月 31 日	北京首都航空公司，杭州—俄罗斯莫斯科（谢列梅捷沃机场）	浙江首条直达俄罗斯定期客运航线
2018 年 9 月 20 日	美国阿特拉斯航空公司（顺丰包机），杭州—美国纽约（货运）	
2018 年 11 月 3 日	比利时 ASL 航空公司（菜鸟网络租用飞机），杭州—比利时列日（货运）	
2018 年 12 月 17 日	四川航空公司，杭州—缅甸仰光	
2019 年 4 月 2 日	浙江长龙航空公司，杭州—缅甸曼德勒	
2019 年 5 月 9 日	俄罗斯阿特兰联盟航空公司，杭州—俄罗斯克拉斯诺亚尔斯克（货运）	
2019 年 6 月 12 日	中国国际航空公司，杭州—意大利罗马	

续　表

日期	新开（恢复）航线	备注
2019 年 7 月 4 日	俄罗斯伊尔航空公司，杭州—俄罗斯圣彼得堡	
2019 年 7 月 16 日	杭州圆通货运航空公司，杭州—菲律宾马尼拉（货运）	
2019 年 8 月 1 日	老挝航空公司，杭州—老挝万象	
2019 年 11 月 29 日	埃及航空公司，杭州—埃及开罗	填补了浙江非洲航线的空白
2019 年 12 月 1 日	泰国亚洲航空公司，杭州—泰国清莱	
2019 年 12 月 2 日	浙江长龙航空公司，杭州—日本名古屋	
2019 年 12 月 18 日	杭州圆通货运航空公司，杭州—孟加拉国达卡（货运）	
2020 年 3 月 25 日	顺丰航空公司，杭州—泰国曼谷（货运）	
2020 年 3 月 30 日	杭州圆通货运航空公司，杭州—马来西亚吉隆坡（货运）	
2020 年 7 月 21 日	浙江长龙航空公司，杭州—温州	杭温航线停航 10 年后重启，助力打造全省 1 小时交通圈
2020 年 8 月 13 日	中国国际货运航空公司，杭州—西班牙马德里（货运）	
2020 年 8 月 27 日	顺丰航空公司，杭州—新加坡（货运）	
2020 年 9 月 22 日	杭州圆通货运航空公司，杭州—日本东京（货运）	
2020 年 11 月 7 日	顺丰航空公司，杭州—美国洛杉矶（货运）	

注：《杭州市交通志》，中华书局 2003 年版，第 632—635 页；《浙江年鉴》（2003 年），第 213 页；《浙江年鉴》（2004 年），第 212 页；杭州萧山国际机场大事记。

表 5-2　2020 年杭州萧山国际机场通航点一览表

类别	数量	通航点
国内定期通航点	134 个	北京首都、北京大兴、广州、深圳、成都、重庆、西安、贵阳、昆明、郑州、哈尔滨、太原、海口、南宁、青岛、三亚、沈阳、厦门、长春、石家庄、兰州、天津、大连、珠海、武汉、银川、揭阳、长沙、呼和浩特、桂林、烟台、泉州、乌鲁木齐、丽江、西宁、绵阳、西双版纳、宜宾、威海、运城、临沂、恩施、遵义新舟、遵义茅台、柳州、赣州、泸州、湛江、北海、赤峰、广元、临汾、宜昌、惠州、榆林、常德、毕节、张家界、十堰、万州、日照、济南、汉中、襄阳、包头、衡阳、六盘水、锦州、秦皇岛、南充、腾冲、拉萨、阿克苏、信阳、乌兰浩特、文山、黔江、呼伦贝尔、鄂尔多斯、岳阳、保山、怀化、温州、兴义、邯郸、昭通、洛阳、通辽、天水、大同、玉林、凯里、安顺、延安、达州、铜仁、佳木斯、库尔勒、东营、淮安、盐城、牡丹江、潍坊、延吉、邵阳、承德、张家口、南阳、安康、忻州、嘉峪关、敦煌、西昌、琼海、白山、乌兰察布、吕梁、克拉玛依、阜阳、武夷山、格尔木、稻城、唐山、黎平、伊宁、百色、梅州、大庆、福州、南昌、甘孜、乌海、和田、锡林浩特
地区定期通航点	6 个	香港、澳门、台湾桃园、台北松山、高雄、台中
国际定期通航点	50 个	阿姆斯特丹、马德里、罗马、列日、莫斯科（谢列梅捷沃、伏努科沃）、圣彼得堡、新西伯利亚、克拉斯诺亚尔斯克、乌兰乌德、符拉迪沃斯托克、纽约、洛杉矶、塞班、温哥华、悉尼、墨尔本、开罗、多哈、东京、大阪、名古屋、札幌、静冈、冲绳、首尔、济州、襄阳、新加坡、吉隆坡、沙巴、曼谷（廊曼、素万那普）、普吉、清莱、仰光、曼德勒、金边、西哈努克港、万象、胡志明市、芽庄、岘港、富国岛、雅加达、巴厘岛、马尼拉、卡里波、吕宋岛、斯里巴加湾、马累、达卡

总航线 336 条，其中国内 261 条、地区 6 条、国际 69 条

注：杭州萧山国际机场。

表 5-3 2001—2020 年杭州萧山国际机场保障航班及客货邮吞吐量一览表

年份	保障飞机起降 /万次	旅客吞吐量 /万人次	货邮吞吐量 /万吨
2001	3.6	298.1	8.7
2002	4.4	387.9	10.5
2003	5.0	435.2	11.2
2004	6.6	676.1	12.8
2005	7.9	809.3	16.6
2006	10.1	992.0	18.6
2007	11.5	1173.0	19.6
2008	11.9	1267.3	21.1
2009	13.4	1494.5	22.6
2010	14.6	1706.9	28.3
2011	14.9	1751.2	30.6
2012	16.6	1911.5	33.8
2013	19.1	2211.4	36.8
2014	21.3	2552.6	39.9
2015	23.2	2835.4	42.5
2016	25.1	3159.5	48.8
2017	27.1	3557.0	58.9
2018	28.5	3824.2	64.1
2019	29.1	4010.8	69.0
2020	23.7	2822.4	80.2

注：《中国民用航空志华东地区卷》，中国民航出版社 2012 年版，第 700 页；《杭州年鉴》（2011），方志出版社 2011 年版，第 119 页；杭州萧山国际机场公司提供的档案资料。

二、宁波机场运输业务

1. 航线

2001 年 9 月 30 日，开通宁波—韩国仁川国际航线。2004 年 9 月 15 日，开通宁波—新加坡国际航线。2004 年，宁波航站成立市场部，市场部以市场为导向，开拓航空客货源市场，至 2004 年，共开通国内航线 40 条，国际及地区航线 4 条，全年旅客吞吐量 185.2107 万人次，货邮吞吐量（不含行李）25524 吨，飞机起降 2.02 万架次。

2005 年 3 月 1 日，宁波至香港全货机航班正式开通，MU5082 的 A300B4 全货机满载 19.73 吨货物从宁波栎社机场直飞香港机场。11 月 18 日，经中国民航局批复，宁波栎社机场更名为宁波栎社国际机场。12 月 13 日，港联航空公司首飞宁波至香港，Embraer170 客机从宁波栎社国际机场直飞香港。

2006 年初，宁波栎社国际机场被民航华东地区管理局列入"数字民航"试点单位，6 月正式启用"数字民航"生产统计系统，沿用 10 年的原"ASP"机场统计系统停止运行。

2007 年 3—4 月，完成 2 架次波音 747-400 型全货包机保障，共运送 400 头新西兰种牛到宁波机场，成为宁波机场第一条国际货运直飞航线。7 月 10 日，南方航空河南分公司在机场设立临时过夜基地，将新引进的波音 737-300 型飞机放置在宁波。2009 年 8 月 31 日，宁波栎社国际机场开通宁波直航台湾地区航班。（见图 5-9）2010 年 2 月 1 日，机场推出通程登机服务。

图 5-9　2009 年 8 月 31 日，民航宁波站开通对台直航客运航班（陈轩摄）

2010 年，在宁波栎社国际机场营运的航空公司共 13 家，分别为：中国国际航空集团公司、中国东方航空集团公司、中国南方航空集团公司、海南航空股份有限公司、厦门航空股份公司、四川航空公司、奥凯航空公司、鹰联航空公司、祥鹏航空公司和香港港龙航空公司、澳门航空公司、台湾华信航空公司、台湾长荣航空公司。开通国内航线 48 条，地区航线有香港、澳门、台北、台中、高雄共 5 条；国际航线有福冈、曼谷、仁川、吉隆坡、新加坡、首尔共 6 条。旅客吞吐量 451.7070 万人次，飞机起降 3.9 万架次，货邮吞吐量 55966.6 吨，成为国内重要航空运输干线机场。

随着浙江省及周边地区充足的客货资源和旺盛的航空市场需求，浙江省航空运输量迅猛增长，航线网络日趋扩大。2011 年 9 月 9 日宁波栎社国际机场至新加坡国际机场的定期直航航线正式开通。11 月 1 日，宁波—香港首条以国际快件业务为主的全货机航线开通，空港国际快件监管中心同日起运营。12 月 30 日，宁波机场年旅客吞吐量突破 500 万人次。2012 年 6 月 22 日，宁波—首尔国际直航包机开通。7 月 6 日，宁波—曼谷直达航班开通。2013 年 9 月，经海峡两岸民航部门共同商定，宁波成为浙江省内首家对台航空货运定期直航点。12 月 26 日，宁波机场与物流发展集团有限公司成立，标志着宁波机场进入一个新的发展时期。

2014 年 1 月 20 日，宁波首架整机进口公务机降落宁波栎社国际机场。7 月 4 日，宁波—暹粒包机航班开通。12 月 9 日，宁波机场年旅客吞吐量突破 600 万人次。12 月 26 日，宁波至台湾全货机航线开通。2015 年 2 月 17 日，开通宁波—静冈正班航线。2 月 19 日，开通宁波—大阪正班航线。5 月 28 日，开通宁波—罗马包机航线。6 月 6 日，开通宁波—法兰克福包机航线。12 月 2 日，与匈牙利布达佩斯机场结为姊妹机场。12 月 21 日，开通宁波—名古屋正班航线。12 月 28 日，宁波机场年出入境旅客吞吐量首次突破 100 万人次。

2016 年 3 月 6 日，宁波至孟加拉国首都达卡全货机航线开通。3 月 27 日，大阪至宁波跨境电商直达航线投入运行。3 月 28 日，宁波往返韩国清州正班航线开通。5 月 5 日，宁波往返阿姆斯特丹全货机航线开通。6 月 8 日，宁波至布达佩斯航线开通。11 月 10 日，宁波机场通过世界卫生组织考核，成为浙江省首个、全国第十一个国际卫生机场。11 月 22 日，宁波机场年旅客吞吐量突破 700 万人次大关。12 月 15 日，宁波机场年货邮吞吐量突破 10 万吨大关。

2017 年 2 月 2 日，宁波机场单日旅客吞吐量首次突破 3 万人次大关。5 月 1 日，春秋航空在宁波机场投放 2 架驻场飞机，设立宁波过夜基地。6 月 8 日，宁波至捷克布拉格航线开通。9 月 15 日，宁波机场公司归属浙江省机场集团有限公司管理，成为省机场集团的全资子公司。11 月 8 日，宁波机场年旅客吞吐量突破 800 万人次大关。12 月 16 日，宁波机场年旅客吞吐量突破 900 万人次大关。

2018 年 5 月 23 日，深圳航空宁波—广州国际货物转关业务资质获批。7 月 6 日，美国康尼航空（Kalitta Air）B747-400F 大型全货机首飞宁波，成为宁波机场引进的首条南美洲货运航线。11 月 9 日，宁波机场年旅客吞吐量首次突破 1000 万人次。

2019 年 2 月 7 日，宁波机场单日旅客运输量突破 4 万人次。3 月 13 日，中国民航局启动 1000 万—3000 万机场（A-CDM）建设评估，宁波机场获 A 级评定。7 月 4 日，春秋航空首飞宁波往返高雄两岸航线。11 月 17 日，宁波机场年旅客吞吐量突破 1100 万人次大关。12 月 18 日，宁波机场年旅客吞吐量突破 1200 万人次大关。11 月 20 日，"智利—宁波"东方航空物流洲际货运航班首航。

2020 年 5 月 7 日，埃及航空宁波—开罗航线开通。6 月 18 日，宁波栎社国际机场 T2 航站楼内设立口岸出境免税店获批。

表5-4　2001—2023 年民航宁波航站、宁波栎社国际机场航线一览表

年份	国内航线（开通城市）	国际、地区航线（开通城市）
2001	武夷山—珠海	仁川
2003	临沂、三亚、大连—宁波—南宁	
2004		大连—宁波—新加坡
2006	乌鲁木齐、徐州—西安	澳门、吉隆坡
2007	南昌—桂林、深圳	
2008	西宁—兰州、深圳—宁波—连云港（内蒙古海拉尔）	内蒙古海拉尔
2009	昆明、成都、武汉—南宁	台北桃园、高雄、台中
2010	大连—长春、武汉—成都、石家庄—宁波—海口、天津—宁波—三亚	澳门
2011	厦门—宁波—淮安	新加坡
2012	宁波—合肥—济南	曼谷、仁川
2013	海口—宁波—东营	
2014	宁波—兴义—丽江、宁波—潍坊—北京	暹粒
2015	宁波—上海浦东—乌鲁木齐、佛山—宁波—石家庄	静冈、大阪、名古屋
2016	绵阳、铜仁、包头、西双版纳	岘港、清州
2017	延吉、济南、威海、东营、烟台、池州、景德镇、黔江、湛江、万州、济宁、淮安	普吉
2018	张家界、赣州、洛阳、井冈山、盐城、十堰、北海、宜春、泸州、连云港	金边
2019	上饶、柳州、衡阳、惠州、运城、茅台、三明、信阳、鄂尔多斯、北京大兴	东京、襄阳、首尔、曼德勒、仰光
2020	西昌、宜宾、克拉玛依、库车、嘉峪关、常德、毕节、襄阳、遵义新舟	—

年份	国内航线（开通城市）	国际、地区航线（开通城市）
2021	巴中、岳阳、安顺、榆林、拉萨、忻州、天府、伊宁、阜阳	—
2022	南充、阿勒泰、郴州	—
2023	鄂州、大理	布达佩斯、福冈

注：根据宁波栎社机场提供的资料整理。2005 年，国际、国内无新增航线。

2. 客运

2001 年 9 月 4 日起，停航两年多的港龙航空公司宁波—香港航线正式恢复运营。2004 年 9 月 15 日，宁波空港首条国际航线大连—宁波—新加坡航线开通。2007 年开通至舟山、义乌、余姚、慈溪的专线巴士，机场候机楼到达厅出口处设有专门售票窗口，并实行电脑联网售票。12 月 12 日，机场在慈溪启用首家城市候机楼，旅客可于当天在慈溪城市候机楼提前办理登机手续，预订座位。

2009 年 8 月 31 日，宁波栎社国际机场开通宁波直航台湾地区航班。宁波往返台北桃源、高雄、台中三地的固定航班每周 13 个，分别由东方航空公司、海南航空公司、长荣 / 立荣航空公司、华信航空公司执飞。2010 年，旅客吞吐量为451.7070 万人次。（见表 5-5）

表 5-5　2001—2022 年民航宁波航站、宁波栎社机场客货邮吞吐量一览表

年份	旅客吞吐量 / 万人次	货邮吞吐量 / 吨
2001	121.9045	15004.9
2002	126.5057	18660.7
2003	130.0934	19878.7
2004	185.2107	25524.0
2005	253.2910	30747.7
2006	297.2429	38768.1
2007	330.0626	39642.6
2008	357.4352	39768.8
2009	403.1447	46839.7
2010	451.7070	55966.6
2011	501.4002	85374.3
2012	526.6738	90856.3
2013	545.9333	94856.6

年份	旅客吞吐量／万人次	货邮吞吐量／吨
2014	635.9139	113803.6
2015	685.5075	77054.2
2016	779.2305	107019.6
2017	939.0527	120446.8
2018	1171.8416	105673.2
2019	1241.4007	106120.2
2020	897.1579	119155.9
2021	946.2501	112685.5
2022	616.5596	85255.99

注：根据宁波栎社机场提供的资料整理。

3. 货运

2007年3月28日、4月3日，机场完成2架次波音747-400型全货包机保障，共运送400头新西兰种牛，此次航班由澳洲航空运输公司试租美国阿特拉斯航空公司执飞，由新西兰基督城机场起飞，经停美国关岛至宁波机场。2010年5月28日，奥凯航空公司开通宁波—深圳全货机航线，使用波音737-300型飞机营运，每周二至周六执飞5个航班，每架次货物载运量平均为12吨。

三、温州机场运输业务

2002年1月18日，温州机场更名为民航温州永强机场，3月19日正式挂牌。2010年，温州机场累计通航城市72个，旅客吞吐量532.68万人次，货邮吞吐量5.00万吨。

1. 航线

2001年新增至张家界航线。2002年增加至安庆、潍坊、北海航线。2003年增加至赣州、西宁航线。2004年又增加至呼和浩特航线。至是年底，温州机场通航城市共有65个，旅客吞吐量243.9万人次，通航以来首次突破200万人次大关。2006年旅客吞吐量300万人次。2010年，温州机场累计通航城市72个，完成旅客吞吐量532.68万人次、货邮吞吐量5.00万吨，实现安全保障航班起降4.99万架次，旅客吞吐量居全省第2位，全国排名第28位。

2010 年，温州机场国际地区通航城市 2 个，当年起降航班 662 次，旅客吞吐量 6.3 万人次。2011 年，温州机场国际候机厅改造完成投用，并经国务院批复获得一级航空口岸资质。2012 年，温州机场连续开通了台北、韩国首尔、济州以及泰国曼谷航线，使得温州的国际地区通航水平得到大幅提升。

2013 年，温州机场连续开通了越南岘港、菲律宾长滩、中国台北高雄等航线，通过细致的市场调研和需求分析，温州机场与东方航空密切合作，于 2013 年 12 月 24 日完成了温州直飞罗马航班的首航，温州也成为继北京、上海后第三个直飞罗马的内地城市，实现了洲际航线零的突破。

2014 年，温州机场持续深耕国际市场，开通了柬埔寨吴哥、泰国普吉、韩国青州和印尼巴厘岛等国际旅游航线。

2015 年，温州机场开通泰国曼谷索朗万普，韩国江原，日本大阪、静冈和越南芽庄等航线，并实现了年国际地区旅客 30 万人次的目标，成为浙南闽北地区国际航线出港的首选机场。2015 年 11 月 18 日，国航股份温州分公司正式揭牌成立。这是国航首次在地级市设立分公司，也是进驻温州机场的第一家基地航空公司。温州成为继上海、杭州之后，国航华东战略的又一重要节点。12 月 1 日，交通运输部东海第一救助飞行队正式进驻温州机场专用飞行基地，填补了温州"空中救援"的空白，为打造温州"海陆空"应急救援体系，快速、高效处置各类突发事件创造了有利的条件。12 月 12 日，温州机场年旅客吞吐量首次突破 700 万人次大关。

2016 年 1 月 30 日，温州—马来西亚沙巴航线开通，这是温州机场开通的第 16 条国际航线，也是通航的第 100 个城市。2 月 18 日，温州机场国际邮件交换站成功完成首批邮件进口，首批邮件为跨境电商快递货物，货源地为波特兰、温哥华。12 月 23 日，温州机场年旅客吞吐量首次突破 800 万人次，全年新开马来西亚沙巴、日本钏路及长白山等 10 个航点，通航城市数量达到 109 个。

2017 年 1 月 28 日，温州—新加坡航线开通，由新加坡胜安航空承运。2 月 20 日，温州机场圆满完成由中国国际航空执行的温州—韩国国际航线出口邮件首航保障任务。12 月 20 日，温州机场年旅客吞吐量首次突破 900 万人次。全年开通越南富国岛、泰国甲米、新加坡樟宜等 10 个航点，累计通航城市达 119 个。

2018 年 6 月 1 日，温州机场顺利完成 T2 转场并正式投用，开启双航站楼运行新时代。6 月 22 日，温州机场历年旅客吞吐量累计突破 1 亿人次。11 月 23 日，温州机场年旅客吞吐量突破 1000 万人次，成为全国第 36 个跨千万级机场。12 月 18 日，温州龙湾国际机场历年航班起降累计突破 100 万架次。全年新开琼海、南充、齐齐哈尔等 14 个航点，累计通航城市 133 个。

2019 年 9 月 28 日，市域铁路 S1 线机场段工程完工投运，温州机场开启温州空铁"零换乘"时代。2019 年新开衡阳、大庆、老挝万象等 15 个航点，营运国内外航线 197 条，累计通航城市 148 个。

2020 年 1 月 21 日，温州机场启动温州机场公共卫生突发事件应急预案，成立以机场集团主要领导为组长的新冠疫情防控工作领导小组。2 月 14 日，顺利保障川航 3U8226 全货机航班，机上装载着由意大利、罗马尼亚、捷克、西班牙等国家 90 多个温籍侨团捐赠的 217 万多件防疫物资，这是温州第一条国际临时全货机航线、第一条洲际全货机航线，也是温州第一架全公益货机。3 月 16 日，温州机场顺利保障 CA082（米兰—温州）航班，该航班搭乘 123 名在意中国公民，是疫情期间保障的首个境外临时航班。5 月 17 日，欧洲大西洋（EuroAtlantic Airways）航空承运温州—科伦坡—罗安达临时货运包机，是温州机场第一次通达非洲的洲际临时包机航线。6 月 24 日，温州机场保障首架加拿大返温临时航班 MU7202（温哥华—温州），航班上有加拿大返温旅客 215 名。11 月 5 日，温州机场举行"瓯运＋"服务产品启动会，标志着航空、铁路、轨道交通共同推出的无忧服务品牌正式上线。2020 年新开伊春、东营、井冈山等 15 个航点，累计通航城市 151 个。（见表 5-6）

表 5-6　2001—2020 年温州机场航线一览表

年份	开通城市
2001	张家界
2002	安庆、潍坊、北海
2003	赣州、西宁
2004	呼和浩特
2005	盐城
2006	柳州
2008	景德镇、大同

续 表

年份	开通城市
2009	万县、银川
2010	邯郸
2011	淮安
2012	台北、阜阳、济州、首尔、无锡、曼谷
2013	岘港、鄂尔多斯、卡利博、绵阳、台湾高雄、罗马
2014	吴哥、普吉、西双版纳、丽江、韩国青州、巴厘岛
2015	索朗万普、延吉、遵义、韩国江原、襄阳、大阪、静冈、芽庄、榆林
2016	马来西亚沙巴、长白山、日本钏路、越南海防、菲律宾宿务、海拉尔、济宁、满州里、凯里、黎平
2017	越南富国岛、泰国甲米、新加坡樟宜、喀什、大理、运城、西昌、铜仁、毕节、佳木斯
2018	琼海、南充、齐齐哈尔、泰国清迈、印尼民丹岛、常德、惠州、湛江、牡丹江、阿坝红原、泸州、十堰、西哈努克、汉中
2019	衡阳、大庆、老挝万象、临汾、岳阳、池州、信阳、延安、佛山、黔江、德宏、南阳、梧州、柬埔寨金边、日本名古屋
2020	伊春、东营、井冈山、赤峰、格尔木、拉萨、宜宾、吕梁、成都/天府、宜春、荆州、郴州、洛阳、日照、张家口及意大利米兰（货运包机）、美国洛杉矶（货运）

注：根据温州机场提供的资料整理。2007 年，无新航线开通。

2. 旅客吞吐量

2010 年，温州机场旅客吞吐量 5326802 人次。（见表 5-7）

表 5-7 2001—2020 年温州机场旅客吞吐量一览表

年份	旅客吞吐量 / 人次		年份	旅客吞吐量 / 人次	
	国际（地区）航线	国内航线		国际（地区）航线	国内航线
2001	19648	1549654	2011	77212	5521462
2002	25832	1913201	2012	105989	5531314
2003	17369	1983464	2013	290040	6305889
2004	30946	2439392	2014	299566	6502613

续　表

年份	旅客吞吐量 / 人次		年份	旅客吞吐量 / 人次	
	国际（地区）航线	国内航线		国际（地区）航线	国内航线
2005	35019	2623149	2015	300317	7060150
2006	44749	3045854	2016	392986	7796731
2007	45576	3587940	2017	329063	8956558
2008	45334	3976546	2018	354091	1086460
2009	49805	4821527	2019	467534	11824173
2010	62420	5326802	2020	60057	8727143

注：根据温州机场提供的资料整理。

3. 货邮吞吐量

2005 年 4 月 7 日，温州机场首辟省内第一个卡车航班，该航班采用欧美通行做法，即实际用卡车承运货物，但用的是飞机航班的名义，温州开往杭州航班号为 CA2402，杭州开往温州航班号为 CA2401。

2010 年 4 月 17 日，中国货运航空公司 A300-600 全货机装载 40.5 吨青海省玉树赈灾物资从温州机场飞往西宁，这是温州机场通航以来的大型全货机首航。（见图 5-10）是年 6 月 4 日，温州机场首条全货机定期航线——温州至深圳航班开通运营，结束温州机场无全货机的历史。由顺丰速运集团租赁东海航空有限公司波音 737 型全货机营运，整舱货运量可达 14 吨。

图 5-10　从温州机场装载救灾物资飞往青海玉树灾区（温州永强机场提供）

2013 年 1 月 31 日，南京—温州—厦门邮航航班开通，由邮政航空公司承运，机型为 737-300。这是温州机场开通的第一条邮政货运专机航线。

2015 年 10 月 14 日，温州出口邮件启用华信航空台湾航线，首次经台湾中转出口到世界各地，这是温州机场开辟的第二条邮件出口航线。

2016 年 2 月 18 日，温州机场国际邮件交换站成功完成首批邮件进口，首批邮件为跨境电商快递货物，航程为波特兰—温哥华—北京—温州。

2017 年 2 月 10 日，温州机场圆满完成首票国际贵重品进港提货保障任务。

2017 年 2 月 20 日，温州机场圆满完成由中国国际航空执行的温州—韩国国际航线出口邮件首航保障任务。

2019 年 8 月 14 日，温州龙湾国际机场开通第三条全货机航线（温州—南昌），由天津货运航空公司承运。

2019 年 11 月 22 日，澳门航出境邮件开始试运行。

2020 年 2 月 14 日，温州机场顺利保障 3U8226 川航物流公司全货机航班，机上装载着由意大利、罗马尼亚、捷克、西班牙等国家 90 多个温籍侨团捐赠的 217 万多件防疫物资，途经布鲁塞尔、叶卡捷琳堡、西安，最终顺利抵达温州。这是温州第一条国际临时全货机航线、第一条（欧亚）洲际全货机航线，也是温州机场保障第一架宽体全货机、第一架全公益货机。

2020 年 2 月 14 日，温州机场顺利保障 MF8818（雅加达—温州）客改货航班，机上共装载 614 箱、4.78 吨口罩和防护服。这是温州机场保障的首架临时客改货航班。

2020 年 4 月 22 日，温州机场保障意大利勒奥斯航空米兰—温州货运包机，该出港航班共装载 1520 箱、14318 千克的口罩等防疫物资。这是温州机场首次保障 B787 机型，也是温州机场第一家外航执飞的货机航班。

2020 年 5 月 17 日，欧洲大西洋航空承运温州—科伦坡—罗安达临时货运包机，是温州机场第一次通达非洲的洲际临时包机航线。（见图 5-11）

图 5-11　欧洲大西洋航空承运温州—科伦坡—罗安达临时货运包机

温州始发的货物主要有服装、鞋类、海鲜、阀门、电子设备、药品、激光设备、汽配、皮革等。从货物流向看，东北线以沈阳和哈尔滨为主，北线以北京为主，西北线以乌鲁木齐、兰州、西安为主，西线以成都、重庆、武汉为主，西南线以昆明、贵阳、南宁为主，南线以广州、深圳、海口为主。2010 年，温州机场完成国内货邮吞吐量 50024.2 吨。（见表 5-8）国际（地区）货运航线出港货运量为 702.2 吨。（见表 5-9）

表 5-8　2001—2020 年温州机场国内货邮吞吐量一览表

年份	货邮吞吐量 / 吨	年份	货邮吞吐量 / 吨
2001	22668.0	2011	48997.2
2002	28386.9	2012	49714.1
2003	27555.3	2013	59787.1
2004	25435.7	2014	68828.4
2005	26100.0	2015	72638.1
2006	31011.5	2016	77747.7
2007	37340.4	2017	75531.9
2008	36847.7	2018	80189.5
2009	44326.0	2019	81106.6
2010	50024.2	2020	73571.6

注：根据温州机场提供的资料整理。

表 5-9　2001—2020 年温州机场国际（地区）航线货运量一览表

年份	进出港货运量（含邮件、货物）/吨	年份	进出港货运量（含邮件、货物）/吨
2001	320.2	2011	33.1
2002	394.4	2012	73.4
2003	338.3	2013	310.8
2004	607.5	2014	622.0
2005	564.9	2015	921.4
2006	532.0	2016	1543.3
2007	584.4	2017	1338.9
2008	482.9	2018	1088.4
2009	523.5	2019	1105.0
2010	702.2	2020	238.4

注：根据温州机场提供的资料整理。

四、台州机场运输业务

1. 航线

2010 年，该站先后与国航、东航、南航、深航、武汉航空、云南航空、昆明航空、成都航空、吉祥航空、鲲鹏航空等 10 多家航空公司合作，通航杭州、北京、上海、广州、深圳、武汉、郑州、重庆、西安、成都、长沙、昆明、南昌等城市。（见表 5-10）2010 年旅客吞吐量 61.6861 万人次，货邮吞吐量 5483.4 吨，起降航班 6276 架次。

表 5-10　2001—2020 年台州民航站航线一览表

序号	日期	航线	备注
1	2001 年 2 月 1 日	黄岩—昆明	
2	2006 年 4 月 29 日	黄岩—成都	经停长沙
3	2007 年 1 月 20 日	上海（虹桥）—黄岩	
4	2008 年 3 月 30 日	黄岩—武汉—西安	
5	2008 年 10 月 8 日	北京—黄岩	
6	2009 年 10 月 25 日	台州—成都	经停武汉
7	2010 年 1 月 1 日	昆明—台州—青岛	
8	2011 年 11 月 1 日	台州—重庆	

序号	日期	航线	备注
9	2012 年 10 月 28 日	恢复台州至北京、广州、深圳、昆明、长沙、武汉、重庆、成都航线	
10	2013 年 7 月 5 日	台州—贵阳	
11	2013 年 10 月 27 日	台州—珠海—南宁	
12	2014 年 7 月 12 日	台州—郑州—银川	
13	2014 年 11 月 11 日	台州—南昌—重庆	
14	2014 年 11 月 15 日	台州—南昌—西安	
15	2014 年 12 月 11 日	台州—青岛—大连	
16	2016 年 1 月 26 日	台州—重庆	
17	2016 年 8 月 26 日	台州—哈尔滨、台州—海口	
18	2017 年 2 月 6 日	台州—南昌—贵阳	
19	2017 年 2 月 26 日	台州—合肥—西安	
20	2017 年 10 月 29 日	济南—台州—珠海	
21	2018 年 3 月 25 日	台州—西安	
22	2018 年 3 月 25 日	台州—郑州	
23	2018 年 10 月 28 日	台州—宜昌—西安	
24	2019 年 3 月 31 日	台州—烟台	
25	2019 年 4 月 2 日	台州—大连—通化	
26	2019 年 10 月 27 日	台州—长沙—贵阳	
27	2020 年 7 月 1 日	台州—沈阳	
28	2020 年 10 月 25 日	台州—大兴	
29	2020 年 12 月 18 日	台州—青岛	

注：根据台州市民用航空管理局、浙江省台州机场管理有限公司提供的资料整理。

2020 年，该站先后与国航、东航、南航、深航、昆明航空、成都航空、金鹏航空、华夏航空、多彩贵州航空 9 家航空公司合作，通航北京、广州、深圳、武汉、郑州、重庆、西安、成都、长沙、昆明、贵阳、大连、通化、沈阳、济南、青岛等 16 个城市。2020 年旅客吞吐量 108.6994 万人次，货邮吞吐量 10431.2 吨，起降航班 9492 架次。

2. 运量

2001 年，台州高速公路开通，机场旅客吞吐量大幅度下降，是年旅客吞吐量仅 14.8118 万人次。2003 年因"非典"影响，5—6 月份机场航班临时取消，旅客吞吐量 13.5907 万人次。其后采取包机补贴等措施稳定并加密老航线，生产有所回升，2004 年旅客吞吐量为 19.6710 万人次。2007 年开始，机场采取引进航空公司，加密老航线、开辟新航线等措施，旅客吞吐量明显增长，达到 36.7637 万人次。2010 年，旅客吞吐量 61.6861 万人次。从 1987 年通航至 2010 年，累计保障飞机起降 6.03 万架次，旅客吞吐量 452.76 万人次，货邮吞吐量 4.42 万吨。2017 年，根据省委、省政府整合全省机场资源、打造民航强省的战略部署，台州市政府与浙江省机场集团于 2017 年 8 月 16 日签订了《台州机场委托管理协议》。2018 年 1 月 1 日起，台州机场正式由浙江省台州机场管理有限公司运营管理。

　　2018 年是浙江省台州机场管理有限公司运营首年，一举实现旅客吞吐量 111.2199 万人次，进入百万机场行列，超前一年完成台州机场托管考核目标，2019 年台州机场完成旅客吞吐量 138.1321 万人次、货邮吞吐量 10278.5 吨，其中货邮吞吐量首次突破万吨，旅客吞吐量较 2016 年的 69.1442 万人次翻了一番。2020 年受新冠疫情冲击，完成旅客吞吐量 108.6994 万人次、货邮吞吐量 10431.2 吨、航班起降 9492 架次，同比分别增长－21.31%、1.49%、－8.11%。在全国机场排名中，台州机场由 2019 年的第 92 名，提高至 2020 年的第 81 名，进位 11 名。（见表5-11）

表 5-11　2001—2020 年台州民航站航班及客货邮吞吐量一览表

年份	飞机起降 / 万次	旅客吞吐量 / 万人次	货邮吞吐量 / 吨
2001	2921	14.8118	2611.0
2002	2173	13.4338	3062.6
2003	2389	13.5907	2522.8
2004	3266	19.6710	1887.1
2005	2900	22.5874	1726.8
2006	2956	27.1279	2013
2007	3972	36.7637	2779.6
2008	4578	40.7698	3234.9
2009	5340	52.6738	4293.2
2010	6276	61.6861	5483.4
2011	6212	62.8268	6179.1

续　表

年份	飞机起降 / 万次	旅客吞吐量 / 万人次	货邮吞吐量 / 吨
2012	3638	40.3997	4384.6
2013	5208	61.0844	6912.1
2014	5657	66.4663	7410.2
2015	4705	58.4708	5985
2016	5656	69.1442	6719.5
2017	6454	82.1965	6841.6
2018	8248	111.2199	7581.4
2019	10330	138.1321	10278.5
2020	9492	108.6994	10431.2

注：根据台州市民用航空管理局、浙江省台州机场管理有限公司提供的资料整理。

五、义乌机场运输业务

1. 发展历程

2006 年 3 月 27 日，南航汕头航空公司使用波音 737 型客机，开通义乌—长沙—昆明航线，每周 3 班。10 月 30 日，南航新疆航空公司开通义乌—西安—乌鲁木齐航线，每周 2 班。10 月 31 日，南航汕头航空公司又开通义乌—重庆—成都航线，每周 3 班。

2007 年 1 月 20 日，深圳航空公司使用空客 319 型客机，开通义乌—南通—深圳航线，每周 3 班。6 月 14 日，四川航空公司使用 EMB-145 型客机，开通义乌—长沙—成都航线，每周 3 班。7 月 13 日，南航汕头航空公司使用波音 737 型客机，开通义乌—青岛—长春航线，每周 1 班；10 月 2 日，南航汕头航空公司又开通义乌—香港航线，每周 3 班，结束义乌没有地区航线的历史。

2008 年 1 月 20 日，东方航空公司使用 CRJ 型客机，开通义乌—贵阳—昆明航线，每周 4 班。10 月 1 日—12 月 31 日，义乌航空口岸再次获准临时开放。10 月 2 日起，南航汕头航空公司恢复运行义乌—香港航线。至 12 月 31 日，共执飞义乌—香港间往返航班 104 架次。

2010 年 11 月 2 日，引进昆明航空公司开通义乌—贵阳—昆明航线。该航线的开通为加强与中西部地区的文化交流、经贸往来提供了方便，打破了由独家航空公司经营的局面，为构筑合理竞争、优势互补、合作共赢的义乌航空运输新机制打开了良好局面。

2011 年，引进航空公司 2 家，新开或加密航线 4 条。其中，6 月，昆明航空公司开通义乌—重庆—昆明航线；9 月，南航汕头航空公司开通义乌—郑州航线；12 月，引进国航西南公司开通义乌—成都航线。截至 2011 年底，共有国航、南航、昆航 3 家航空公司在义乌运营。

2012 年，引进新航空公司 1 家（天津航空公司），开通新航线 2 条（义乌—乌鲁木齐、义乌—海口）。截至年底，共有国航、南航、昆航、天津航空等 4 家航空公司共同开发义乌航空市场，航线网络不断完善。

2013 年 11 月 15 日，义乌机场旅客年吞吐量突破 100 万人次，成为浙江省第四个年旅客吞吐量突破百万的机场，实现从小型机场向中型机场的历史性跨越。

2014 年 7 月 31 日，国务院批复同意义乌机场航空口岸对外开放；10 月 13 日，义乌航空口岸顺利通过国家级验收；12 月 19 日，义乌至香港航班首航，标志着义乌机场成为真正意义上的国际机场。

2016 年 3 月 31 日，义乌机场正式开通义乌—台北航线，由中国南方航空公司执飞，机型为波音 737-800，每周四往返一班。义乌—台北航线的开通，对于深化义台经贸往来和文化交流，推进义乌国际贸易综合改革试点和城市转型发展有着深远的意义。

2019 年 1 月 22 日，义乌—首尔机场货机航线正式开通。该货运航线由杭州圆通货运航空有限公司投放的波音 737-300 型飞机执飞，最大载货量为 14 吨。该货运航线的开通，极大提高了义乌机场货物的吞吐能力，填补了义乌机场货机航线的空白，成为全省第三个开通国际货机航线的机场。

2019 年 12 月 26 日，义乌机场年旅客吞吐量突破 200 万人次，正式跨入中型机场行列。

2. 客货运量及航线

2001 年，旅客吞吐量 10.54 万人次，同比增长 11.2%，首次突破 10 万人次大关。2003 年，虽受"非典"影响，但义乌航站采取减收起降费的办法，留住部分航班继续运营，旅客吞吐量不降反升，全年旅客吞吐量 12.99 万人次。2005 年，安全保障航班 2321 架次，运送旅客 20.86 万人次，运送货邮 2507.8 吨。2010 年，开通义乌至北京、广州、深圳、厦门、汕头、长沙、贵阳、昆明、香港等 9 个城市的航班，平均每周 60 个航班，全年安全保障航班 6143 架次，旅客吞吐量69.51 万人次，货邮吞吐量 3802.1 吨。（见表 5-12）

表 5-12　2001—2020 年义乌市民用航空管理局（站）吞吐量一览表

年份	起降架次 / 次	旅客吞吐量 / 万人次	货邮吞吐量 / 吨
2001	1591	10.54	1127.9
2002	1830	12.94	1603.8
2003	1746	12.99	2038.6
2004	2248	19.03	2394.5
2005	2321	20.86	2507.8
2006	3467	32.76	3041.1
2007	5091	51.23	3626.7
2008	5314	51.63	3346.9
2009	5319	55.97	3259.4
2010	6143	69.51	3802.1
2011	6740	76.19	3414
2012	8315	93.68	2697
2013	10629	116.15	3453
2014	10749	120.45	5292
2015	11272	119.65	5380
2016	11302	122.67	5914
2017	10974	129.49	6871
2018	12558	163.57	8800
2019	15511	202.91	10613
2020	13677	136.62	12585

注：根据义乌机场提供的资料整理。货邮吞吐量中，2001-2010 年的数据包含行李重量，2011年后的数据不包含行李重量。

2001—2020 年间，义乌机场先后开通义乌至长沙、西安、重庆、南通、青岛、长春、贵阳、昆明、郑州、成都、乌鲁木齐、海口、沈阳、合肥、晋江、南宁以

及香港、台北、曼谷、首尔、芽庄、西哈努克等国内及国际（地区）航线。（见表 5-13）

表 5-13 2001—2020 年义乌机场航线一览表

日期	国内航线	国际（地区）航线
2006 年 3 月 27 日	义乌—长沙—昆明	—
2006 年 10 月 30 日	义乌—西安—乌鲁木齐	—
2006 年 10 月 31 日	义乌—重庆—成都	—
2007 年 1 月 20 日	义乌—南通—深圳	—
2007 年 6 月 14 日	义乌—长沙—成都	—
2007 年 7 月 13 日	义乌—青岛—长春	—
2007 年 10 月 2 日		义乌—香港
2008 年 1 月 20 日	义乌—贵阳—昆明	—
2010 年 11 月 2 日	义乌—贵阳—昆明	—
2011 年	义乌—重庆—昆明 义乌—郑州 义乌—成都	—
2012 年	义乌—乌鲁木齐 义乌—海口	—
2013 年	义乌—沈阳 义乌—合肥 珠海—义乌—哈尔滨 义乌—晋江—南宁 义乌—临沂—大连	—
2014 年	义乌—西安—兰州 义乌—珠海—三亚 合肥—义乌—福州	—
2015 年	义乌—梧州—重庆 义乌—天津	义乌—曼谷 义乌—韩国首尔
2016 年	义乌—武汉—襄阳	义乌—台北
2017 年	义乌—郑州—银川 义乌—武汉—贵阳 深圳—义乌—大连 义乌—西安	义乌—曼谷

日期	国内航线	国际（地区）航线
2018 年	义乌—长春 义乌—青岛	义乌—马来西亚亚庇 义乌—芽庄
2019 年	义乌—石家庄 义乌—太原	义乌—首尔（全货机） 义乌—日本大阪（全货机） 义乌—西哈努克
2020 年	义乌—北京（大兴） 义乌—济南 义乌—贵阳	义乌—符拉迪沃斯托克

注：根据义乌机场提供的资料整理。统计列表均为首次开通航线（相同航线为不同航空公司执飞），停飞后恢复的航线未统计。

六、衢州机场运输业务

1. 航线

1999 年 3 月，衢州至厦门航线复航，每周往返 4 班，2001 年 7 月停飞。

2000 年 3 月 17 日起，衢州至北京航班每周往返增至 4 班。2003 年 3 月 31 日起，衢州至北京航班每周往返增至 6 班。2003 年 3 月 31 日起，开通衢州至深圳航班，每周往返 4 班。2003 年 4 月，衢州至厦门航线再次复航，每周往返 4 班，至 2004 年 2 月停飞。2004 年 9 月，衢州至广州航线复航，每周往返 4 班，2006 年 12 月停飞。2008 年 7 月 1 日起，衢州至北京航班每周往返增至 8 班。

2008 年 8 月 20 日，衢州至厦门航线恢复，每周往返 6 班。2008 年 10 月 26 日，衢州至北京航班每周往返增至 14 班。2008 年 10 月 26 日，衢州至深圳航班每周往返增至 6 班。2010 年受伊春“8·24”空难影响，从 8 月 26 日起暂停飞行，12 月 9 日复航。2009 年 4 月 13 日起，开行上海—衢州—厦门航线。2010 年运营的航线为中国联合航空公司的衢州—北京航线、深圳航空公司的衢州—深圳航线、上海航空公司的上海—衢州—厦门航线。2011 年 6 月 8 日，上海航线停飞。2012 年，广州航线复飞。2013—2017 年，在飞航线为北京、深圳、厦门。

2017 年，浙江省政府实施“民航强省”战略，启动全省机场资源整合，根据衢州市政府和省机场集团协议，自 2018 年 1 月 1 日起成立浙江省衢州机场管理有限公司，衢州机场公司纳入浙江省机场集团有限公司托管，依托省机场集团大平台，负责衢州机场的运营管理，属于省机场集团的二级子公司，注册资本金为 2000 万元，省机场集团 100% 持股。

2018 年，衢州机场进入快速发展阶段，新增至重庆、海口、昆明、青岛、济南航线；2019 年新增至大连、贵阳、北京大兴、西安航线；2020 年新增至广州、成都、舟山、大兴、武汉、珠海航线，到 2020 年底航线增至 14 条。

2. 运输

1993 年 11 月通航。由于衢州人口基数偏低，集聚效应不高，人员流动不快，区域经济相对欠发达，航空运输客源不足，民航发展比较缓慢。2002 年 3 月至 2003 年 3 月因驻衢空军对飞行区进行扩建，民航航班暂停飞行。1993—2006 年，每年航班起降不到 1000 架次，旅客吞吐量不到 4 万人次。2007 年 6 月，衢州民航局（站）提出"安全稳航、科技强航、文化领航、旅游兴航"的发展战略，在保障安全的基础上，拓展市场、扩大内需，创新营销渠道，挖掘周边客源，旅客吞吐量快速增加。2010 年，旅客吞吐量达 133498 人次。（见表 5-14）

表 5-14　2001—2020 年衢州民航站航线客货运量一览表

年份	航线	起降架次 / 次	客运量 / 人次	货邮运输量 / 吨
2001	北京、广州、厦门	458	15155	129.4
2002	北京、广州	76	2612	36.4
2003	北京、深圳、厦门	378	8878	55.80
2004	北京、深圳、厦门、广州	436	12535	83.7
2005	北京、深圳、广州	346	8755	93.3
2006	北京、深圳、广州	546	30095	178.8
2007	北京、深圳	506	37424	103.6
2008	北京、深圳、厦门	742	61434	86.6
2009	北京、深圳、厦门、上海	1674	128389	172.1
2010	北京、深圳、厦门、上海	1700	133498	180.2
2011	北京、深圳、厦门、上海	1452	148907	263.8
2012	北京、深圳、厦门、广州	1518	190077	470.2

年份	航线	起降架次 / 次	客运量 / 人次	货邮运输量 / 吨
2013	北京、深圳、厦门	1766	222071	771.4
2014	北京、深圳、厦门	1732	220714	629.8
2015	北京、深圳、厦门	1792	212658	799.7
2016	北京、深圳、厦门	1692	208219	639.4
2017	北京、深圳、厦门	1652	202620	601.8
2018	北京南苑、深圳、厦门、重庆、海口、昆明、青岛、济南	2034	251032	750.2
2019	北京南苑、北京大兴、深圳、厦门、重庆、海口、昆明、青岛、济南、西安、成都双流、贵阳	3604	404092	839.4
2020	北京大兴、重庆、海口、济南、昆明、青岛、深圳、大连、西安、贵阳、广州、成都双流、武汉、珠海	4751	386122	699.5

注：根据衢州民航站提供的资料整理。

七、舟山机场运输业务

2001 年，每周 37 个航班，保障飞机起降 3276 架次，旅客吞吐量 25.07 万人次，货邮吞吐量 2243.5 吨。2002 年 4 月 15 日，由厦门航空公司使用波音 737 型客机执飞武夷山—舟山—北京航线，每周一、三、六各 1 个当日航班往返。5 月 20 日，由新疆航空公司使用 ATR-72 型客机执飞舟山—上海航线，每日往返 1 班。2003 年 4 月，受"非典"影响，机场进出港旅客急剧下降。4 月 30 日起，该航站全面停航。6 月 19 日，恢复舟山至福建晋江航线，到 7 月下旬全面通航。8 月 8 日，由南方航空公司波音 737 型客机执飞舟山—上海航线，每周二、四、六设 1 个当日往返航班。8 月 28 日，由东方航空公司波音 737 型客机执飞舟山—晋江—广州单向航线，每日 1 班。11 月 8 日，由东方航空公司空客 319 型、320 型客机执飞舟山—上海航线，每日往返 1 班。2003 年保障飞机起降 2814 架次，旅客吞吐量 26.03 万人次，货邮吞吐量 2243 吨。（见表 5-15）

表 5-15 2001—2020 年舟山市民航站客货邮吞吐量一览表

年份	旅客吞吐量 / 万人次	货邮吞吐量 / 吨
2001	25.07	2243.5
2002	30.19	2567.8
2003	26.03	2243
2004	38.05	2334.8
2005	38.41	2369
2006	32.10	1573.3
2007	33.80	569
2008	35.56	321.9
2009	44.80	434.7
2010	35.69	377.2
2011	38.49	286.6
2012	46.41	425.2
2013	47.91	286.2
2014	53.84	254.8
2015	64.47	319.7
2016	80.09	319.1
2017	102.30	196.8
2018	120.97	112.4
2019	152.19	622.6
2020	114.15	893.5

注：根据舟山民航站及舟山机场提供的资料整理。

2004 年初，舟山民航站邀请舟山市旅游局等有关单位在北京、上海、广州、厦门、晋江等大中城市举行旅游推介会 5 次，扩大普陀山机场的影响。至是年底，舟山航站先后开通至北京、上海、厦门、杭州、晋江、南京、青岛、武汉、广州、深圳、汕头、珠海、温州、济南、成都、福州、临沂、武夷山等 18 个城市的航线，全年保障飞机起降 4168 架次，旅客吞吐量 38.05 万人次，货邮吞吐量 2334.8 吨。

2008 年，舟山民用航空以安全、服务、效益为主线，全面加强管理，严把飞行、空防、地面安全三大关，未发生各类安全事故或安全事故征候，安全生产总体态势平稳，通过民航航空保安审计，成为浙江省第 3 个通过航空保安审计的机场。是年，新引进深圳、山东 2 家航空公司，新增至广州航线。全年安全起降航班 4002 架次，保障专机 6 架次，完成旅客吞吐量 35.56 万人次，航班平均客座率 61%，载运率 50.4%。航空产业收入 1617 万元（不包括航空油料收入）。全年实施空中紧急救援飞行 6 次。

2009 年，新增舟山至深圳、福州航线，增开厦门航班班次，开通舟山至北京（经上海）虚拟航班和东航上海"超级中转"联程航班，并实现一票到底，行李直挂目的地。10 月底引入国内首家低成本航空公司——春秋航空公司，开通舟山至上海往返航班。开展促销拓展客源市场，在福建漳州和香港协办"千人斋宴"活动，推出"经深飞"业务（舟山经深圳至香港），做好金（门）厦（门）"小三通"调研促销，吸引香港、台湾地区游客。全年安全起降航班 4653 架次，完成旅客吞吐量 44.80 万人次，航班平均客座率 64.5%，载运率 53.9%；起降通用航空 1763 架次，运送旅客 1.06 万人次。是年航空产业收入 2038 万元（不包括航空油料收入）。完成国家领导人专机保障 2 架次，部队首长重要包机 9 架次，实施空中紧急救援飞行 8 次。2010 年，旅客吞吐量 35.69 万人次，货邮吞吐量 377.2 吨。

2010 年，以"安全、服务、效益"为重心，创新工作思路，制定多项举措确保舟山民航平稳发展。是年因受国际金融危机、高铁和宁波机场竞争、连岛大桥通车、伊春"8·24"空难等诸多不利因素的直接或间接影响，航班和客、货运输量受到严重冲击，出现下滑，为遏制航班量和客流量减少的趋势，舟山民航局巩固恢复原有航线，并依托地缘优势，发展壮大通用航空，引入国航浙江分公司到本场进行飞行训练作为新的发展亮点。全年安全生产形势良好，未发生各类安全事故或事故征候，航空飞行、空防、地面运输运行安全，安全生产总体态势平稳；扎实推进安全管理体系（SMS）建设和全面审计迎审、实施和后续整改工作，实现民航第 14 个航空安全年。严格按照全国青年文明号先进集体和省级文明单位各项要求，为进出港旅客、货主及执飞航班的航空公司提供优质正点服务，服务水平全面提升，全年顾客平均满意率超过 87.4%，旅客、货主有效投诉率为零，平均航班正点率 70.5%，机场放行正常率 90.8%，位于本行业前列。

2011 年，受经济环境等影响，普陀山机场生产增长放缓，特别是上半年客流量下滑。面对困难，机场以浙江舟山群岛新区获批为契机，加大航空客源市场营销和航线航班拓展，实现机场飞行起降架次和客流总量的双增长，全年安全保障飞行起降 10134 架次，同比增长 34.93%，在全国 180 个机场排名中为第 66 位；完成旅客吞吐量 38.49 万人次，同比增长 7.84%，排名全国机场第 81 位，其中 10 月份客流量达 5.3 万人次，比上一年同期增长 76.5%，是机场通航以来第三次单月客流量突破 5 万大关；完成货邮吞吐量 286.6 吨，同比减少 24.02%。

2012 年，新开通舟山至北京首都机场直航航线，以及至大连、温州、沈阳、成都和台湾等联程中转航线，另增 1 班厦门至舟山的航线，加上原有的舟山至北京南苑、上海、广州、深圳、厦门、泉州（晋江）航线，机场稳定执飞航线 11 条，通航城市 9 个，周航班量超过 110 架次，并实现与客流量排名全国前五位机场之间的通航。是年，在全国航空经济不景气形势下，成功创下客流量、航班起降架次和货邮吞吐量的历史新高。全年机场完成旅客吞吐量 46.41 万人次，同比增长 20.58%，在全国 183 个机场中排名第 79 位，较上年上升 2 位；安全保障飞行起降 12317 架次，同比增长 19.42%；完成货邮吞吐量 425.2 吨，同比增长 48.36%。机场公司实现营业收入 2461 万元，同比上升 20.93%。

2013 年，舟山普陀山机场客流量、航班起降架次为历史最高。全年完成旅客吞吐量 47.91 万人次，同比增长 3.25%，在全国 193 个机场中排名第 89 位；安全保障飞行起降 1.28 万架次，同比增长 4.24%；完成货邮吞吐量 286.2 吨，同比增长 48.36%。10 月，新引入国航上海分公司开展飞行训练业务，全年保障训练飞行 2748 架次，同比增长 8.2%；保障公务机 88 架次，同比增加 60%，促进机场航空保障能力和经济效益提升。

2014 年，舟山普陀山机场旅客吞吐运量 53.84 万人次，比上年增长 12.37%，由此跻身中型机场行列，旅客吞吐量在全国 202 个运输机场中位列第 90 位，其中 10 月创机场通航以来单日、单月旅客吞吐量历史纪录，分别为 3257 人次和 72836 人次，比上年增长 22.3%；完成货邮吞吐量 254.8 吨，同比增长 18.96%；通用航空 5947 架次，同比增长 16%；国航训练 3896 架次，同比增长 41.8%；保障公务机 110 架次，同比增长 25%。

2015 年，舟山普陀山机场旅客吞吐量 64.47 万人次，同比增长 19.74%，其中 10 月、11 月连创通航以来客流量单月新高，11 月最多为 74927 人次。保障航空器起降 2.05 万架次，同比增长 30.77%；完成货邮吞吐量 319.7 吨，同比增长 25.47%。开辟至大连、青岛、天津 3 条新航线，加密泉州航班。至年底，机场直达航线 13 条，周航班量超 180 班次，创历史新高。通用航空发展实现新突破，全年通用航空飞行 9251 架次，同比增加 55.56%，服务旅客 5 万人次，是华东地区通航业务量最大的机场。水上飞机航线正式开通。全面铺开以新建航站楼为重点的机场改扩建工程。

2016 年，舟山普陀山机场旅客吞吐量 80.09 万人次，比上年增长 24.22%，增速列浙江省 7 个机场之首。其中 10 月客流量创机场通航以来单月最高。全年保障航空器起降 2.14 万架次，同比增长 4.05%；完成货邮吞吐量 319.1 吨，同比增长 8.56%。开辟舟山至广东佛山、河南郑州 2 条新航线，加密至福建泉州航班。至年底，机场直达航线 15 条，高峰日航班起降 32 架次以上，航线网络基本覆盖全国沿海主要城市和京津沪、广深佛汕等地区，机场服务新区经济社会发展能力不断提高。全年保障通用航空飞行 9153 架次，同比增长 55.56%，公务机 125 架次，急救飞行 112 架次，训练飞行 3990 架次，成为华东地区航空运输增长较快、通航业务量最大的机场。是年，波音 737 完工和交付中心项目落户舟山朱家尖。国际空港建设全面有序推进，至年底，新建航站楼及高架桥工程完成主体工程建设。是年，舟山普陀山机场航空口岸开放项目被列入《国家口岸发展"十三五"规划》。

2017 年，舟山普陀山机场旅客吞吐量首次突破 100 万人次，达 102.30 万人次，同比增长 27.74%，年均增速超同期国内全民航增速 50% 以上，增幅居全省 7 个机场前列，正式迈入"百万级"空港序列，在中国境内 229 个民用航空（颁发许可证）机场中，排到第 84 位。全年保障航空器起降 2.23 万架次，同比增长 5%，其中运输航班 9810 架次，同比增长 19.56%。新开辟舟山至山东济南、安徽阜阳、重庆、陕西西安 4 个国内航点，打通西南、西北空中通道。至年底，有东航、厦航、南航、中联航、山东航、深圳航、福州航、华夏航 8 家航空运输公司在机场运营开展航空运输业务，开通舟山至北京首都、北京南苑、上海、天津、青岛、广州、深圳、厦门、泉州（晋江）、福州等航线，17 个航点，周航班量超过 210 架次。全年保障通用航空飞行 1.25 万架次，公务机 132 架次，训练飞行 4440 架次，通用航空业务量在华东地区名列前茅。至年底，航站区工程建设累计完成投资 4.05 亿元，新建国内航站楼完成。浙江舟山波音 737 完工和交付中心普陀山机场飞行区配套改扩建工程启动建设。打造"舟山第一窗口"，深化"祥云服务"品牌，相继完成首届世界油商大会、国际海岛旅游大会及政商要客保障等一系列重要任务。旅客满意率 91.7%，旅客、货主有效投诉率为零。继续保持全国青年文明号、省级文明单位等荣誉称号。落实"党政同责、一岗双责"安全生产，以"平安民航"建设为主线，健全安全责任制和安全监管体系，排查治理安全隐患，全年未发生一起飞行、空防和航空地面安全事故，机场实现连续第 21 个航空安全年，在民航华东地区管理局安全考核中为优秀。通过安全管理体系（SMS）效能评估和"平安民航"考核，完成党的十九大航空安保工作。是年，根据省政府"整合全省机场资源方案"，舟山机场以资产为纽带成建制划入浙江省机场集团有限公司直管，成为省部属在舟企业。

2018 年，舟山普陀山机场旅客吞吐量首次突破 120 万人次，达 120.97 万人次，比上年增长 18.24%，高出省内机场平均增幅 4.7 个百分点，在中国境内 235 个民用航空（颁发许可证）机场中，排到第 87 位。全年保障航空器起降 2.45 万架次，同比增长 9.59%，其中运输航班 1.06 万架次，同比增长 7.59%；通用航空和训练飞行 13946 架次，同比增长 10.87%。新增上饶、成都、南昌、大连航点。至年底，通航城市达 18 个，周航班量 260 班次，实现与国内旅客吞吐量前五位的机场的通航。1 月 26 日，国务院批复浙江舟山普陀山机场作为航空口岸对外开放；10 月 16 日，国家口岸办批复同意舟山普陀山机场临时口岸开放。8 月 8 日，新国内航站楼正式启用。11 月 9 日，新国际航站楼一期工程、波音专用联络道正式启用，波音 737MAX8 飞机首次降落在舟山普陀山机场，通过机场波音专用联络道，进入波音 737 完工和交付中心。12 月 15 日上午 7 时 15 分，美国波音公司国际事务总裁马爱仑乘坐的航班号为 RDN450 的 BBJ 公务机抵达舟山普陀山机场，成为机场国际口岸开放后的第一架境外飞机。12 月 16 日凌晨，舟山波音 737 完工和交付中心首架波音 737MAX 飞机从舟山普陀山机场起飞交付国航使用。

2019 年，舟山普陀山机场旅客吞吐量首次突破 150 万人次，达 152.2 万人次，比上年增长 25.81%。全年保障航空器起降 2.42 万架次，其中运输航班 1.27 万架次，同比增长 19.83%；通用航空和训练飞行 1.15 万架次。新增烟台、岳阳航点，加密舟山至泉州、汕头、大连等航班，单日最高起降 48 架次，周航班量达 330 架次，空中直达航点 19 个，11 月 3 日完成 6008 人次，为通航以来首次突破 6000 人次，标志着机场单日客流量跨入 6000 时代。飞行区项目整体完成建设和验收。国际航站楼二期工程完成主体结构建设。机场新一轮规划修编报民航华东地区管理局审批。"黄山—德清—舟山"短途航线正式运行，成为省内首条连接通航机场与运输机场的空中桥梁。"建德—舟山"成功试飞。抗击第17号台风"塔巴"期间，安全保障9架直升机78架次起降，抢运平台工作人员737人。4月底，顺利通过国家航空安保审计。注销清理舟山民航集团有限公司无效企业6家，管理层级压缩至2级，统一使用"舟山普陀山机场"名称。

2020年，舟山普陀山机场坚持疫情防控和复工复产"两手硬，两战赢"。全年新增舟山至衢州、徐州、惠州、广州、武汉、郑州、长沙及扬州（泰州）8个航点（见表5-16），新引进5家航空公司，北京航线成功转场至大兴机场，增加舟山至青岛、揭阳（潮汕）等航班。至年底，执行23条航线通达26个城市；周进出港航班量430架次，比上年增长30%。完成旅客吞吐量114.15万人次，同比下降25%，降幅为全省第三。7月、8月连续获得全省机场复工复产争先创优活动航空主业第一名。11月8日，单日客流量达到7689人次，刷新机场通航以来单日最高纪录。10月旅客吞吐量同比增长47%，在整个民航华东地区44个机场中排名第一。年旅客吞吐量在全国机场中排名第80位，上升7位，实现对洛阳、柳州等机场的反超。通用航空方面，打造"海岛快巴""沪舟风景快线"旅游通航项目，开通机场至东极、嵊泗、上海金山短途航线。引入一架彩虹四型无人机入驻本场，执行国家突发事件应急测绘任务。全年通航飞行架次增长16.66%。

表5-16 2001—2020年舟山机场航线一览表

年份	国内航线（开通城市）	地区航线（开通城市）
2001	晋江、厦门、上海、上海浦东、北京、温州、青岛、南京、宁波、海口	
2002	晋江、厦门、上海、上海浦东、北京、南京、武夷山	
2003	晋江、厦门、上海、北京、广州、南京、武夷山	
2004	晋江、厦门、上海、北京、广州、武夷山	
2005	晋江、厦门、上海、北京、广州、武夷山	香港
2006	晋江、厦门、上海、北京、济南、武夷山	香港
2007	晋江、厦门、上海虹桥、北京、武夷山	
2008	晋江、厦门、上海、北京、广州、武夷山	

续　表

年份	国内航线（开通城市）	地区航线 （开通城市）
2009	晋江、厦门、上海、北京、福州、深圳、广州、青岛、海口、武夷山、烟台、三亚、天津	
2010	晋江、厦门、上海虹桥、上海浦东、北京、福州、深圳、广州	
2011	晋江、厦门、上海、北京、深圳、广州、无锡	
2012	晋江、厦门、上海、北京、深圳、广州、大连、成都、温州	
2013	上海浦东、北京首都、厦门、泉州、广州、深圳、连云港、佛山、北京南苑	
2014	上海浦东、北京首都、北京南苑、厦门、泉州、连云港、深圳、广州、合肥、福州、汕头	
2015	上海浦东、北京首都、北京南苑、厦门、泉州、汕头、大连、连云港、深圳、广州、合肥、福州、天津、青岛	
2016	上海浦东、北京首都、北京南苑、厦门、汕头、青岛、深圳、连云港、福州、天津、广州、合肥、北京南苑、佛山、郑州	
2017	上海浦东、北京首都、北京南苑、佛山、厦门、泉州、汕头、青岛、深圳、连云港、福州、天津、广州、合肥、郑州、济南、阜阳、重庆、西安	
2018	上海浦东、北京首都、北京南苑、厦门、泉州、汕头、青岛、济南、深圳、连云港、福州、天津、西安、广州、阜阳、重庆、成都、上饶、大连	
2019	上海浦东、北京首都、厦门、泉州、汕头、青岛、济南、深圳、连云港、福州、天津、大连、阜阳、重庆、成都、岳阳、昆明、郑州、西安、烟台、广州、上饶、南昌	
2020	上海浦东、汕头、武汉、厦门、青岛、济南、泉州、北京大兴、深圳、连云港、福州、天津、大连、阜阳、重庆、成都、徐州、惠州、郑州、西安、衢州、烟台、扬州、广州、上饶、南昌	

注：根据舟山民航站、舟山机场提供的资料整理。

八、其他民航公司客货运

（一）中国国际航空股份有限公司浙江分公司

1. 概况

1997—2002 年，中浙航连续引进 5 架空客 320 型和 3 架空客 319 型飞机，并先后退租 2 架图-154 型和 3 架冲-8 型飞机，实现机队的实质性转变。在此期间，中浙航逐步完善航线布局，形成以杭州为中心，北接哈尔滨、沈阳、大连、北京，西通乌鲁木齐、昆明、贵阳、成都、重庆、西安、兰州，南接广州、深圳、桂林等 20 多个大中城市以及武夷山、黄山、张家界等风景旅游航线的运输网络。2001 年，杭州萧山国际机场建成并正式通航后，中浙航迁入杭州萧山机场新基地，是年 4 月，中浙航顺利通过运行合格审定，步入规范化运行轨道。2002，中浙航将 3 架冲-8 型飞机置换成 3 架空客 319 型飞机，并调整各项销售措施，当年实现利润 4989 万元。2002 年，中浙航在完成改革重组的同时，实现运输总周转量 1.71 亿吨千米，旅客运输量 123.1 万人次，货邮运输量 2.9 万吨。

2002 年 10 月 11 日，民航六大集团正式挂牌成立，由原中国国际航空公司、中国航空总公司、中国西南航空公司 3 家联合组建中国航空集团公司，中浙航成为中航集团下属主业公司中国国际航空公司的组成部分，更名为中国国际航空公司浙江公司，2003 年 1 月 1 日，公司正式统一使用中国国际航空公司航班代号代码运营。2003 年 7 月 25 日，正式定名为中国国际航空公司浙江分公司，由此完成历史性重组。8 月 26 日，中国民航总局下发《关于注销中国国际航空西南公司、浙江公司、重庆公司经营许可证并变更中国国际航空公司经营许可证的批复》，决定从 8 月 28 日起注销国航浙江分公司经营许可证，并将其航空运输主业及关联资产划入中国国际航空公司，债权债务由中国国际航空公司承担，经营范围、航线航班经营权由中国国际航空公司承继，原中国航空公司的票证、代号、标志终止使用。2004 年 1 月 15 日，中国国际货运航空有限公司下发《关于成立杭州运营基地的通知》，成立中国国际货运航空有限公司杭州运营基地。1 月 17 日，中国国际货运航空有限公司杭州运营基地正式成立。2004 年 9 月 30 日，经国务院国有资产监督管理委员会批准，中国国际航空股份有限公司正式成立，公司也随之正式更名为中国国际航空股份有限公司浙江分公司（简称"国航股份浙江分公司"）。2005 年 6 月 17 日，公司通过 ISO9001 质量体系认证。2006 年 11 月 20 日，"奥运吉祥号"首次亮相杭州萧山国际机场。2007 年 8 月 1 日，国航股份浙江分公司温州基地正式成立并投入运行，下设安全运行办公室和综合保障室两个业务单元。2009 年 1 月 16 日，国航股份浙江分公司开通办理自杭州始发经北京中转的 8 家星空联盟承运人运营的国际航班通程登机业务，这 8 家承运人分别为美国联合航空公司、汉莎航空公司、奥地利航空公司、北欧航空公司、泰国航空公司、韩亚航空公司、新西兰航空公司和埃及航空公司。3 月 28 日，国航股份浙江分公司自管机坪正式纳入杭州萧山机场公司机坪统一管理，共增加 18 个停机位。2009 年 10 月 25 日，推出杭州至北京的"国航杭—京快线"。2010年，国航股份浙江分公司成立暨安全飞行 23 周年，累计飞行 60 余万小时，运送旅客 2960 余万人次，货邮 39 万吨，完成总周转量 37.7 亿吨千米，并自 2002 年起连续 7 年获得全国"安康杯"竞赛优胜企业称号，2010 年荣获浙江省"五一"劳动奖章。

2. 运输生产

（1）运输航空器

2001 年 3 月 5 日，中浙航向中国民航总局申请增加 1 架空客 319 型飞机。在得到中国民航总局和中航总部同意后，中浙航于是年 11 月 15 日，就 3 架冲-8 型飞机出售、短期回租 3 架空客 319 型飞机经营性租赁事宜，与美国 CIT 公司签订合同。3 架冲-8 型飞机分别于是年 12 月 10 日、28 日和 2002 年 1 月 14 日出境交付美国 CIT 公司，完成退租工作。2002 年有 3 架空客 319 型飞机抵杭（1 月、2 月及 7 月各 1 架），中浙航机队统一成为空客系列，共有飞机 8 架。2003 年国航股份浙江分公司飞机增加至 11 架。2004 年国航股份浙江分公司共有飞机 14 架，2005—2006 年共有飞机 18 架，2007—2009 年增加 20 架。2010 年，国航股份浙江分公司机队规模增至 22 架，其中包括空客 319 飞机 15 架，空客 320 飞机 7 架。2011 年，国航股份浙江分公司机队规模增至 24 架。2012 年，国航股份浙江分公司机队规模增至 25 架，并首次执飞空客 A321 型飞机。2013 年，国航股份浙江分公司机队规模达 27 架。2014 年，国航股份浙江分公司机队规模增至 29 架。2015 年，国航股份浙江分公司机队规模增至 30 架。2016 年，国航股份浙江分公司机队规模增至 31 架。2017 年，国航股份浙江分公司机队规模达到 33 架。2018 年，国航股份浙江分公司机队规模增至 35 架。2019 年 7 架 A320NEO 飞机加盟分公司，分公司机队规模达到 42 架。2020 年，国航股份浙江分公司机队规模达到 45 架。

（2）航线

2001 年，开通杭州—西安—乌鲁木齐、杭州—济南—沈阳、杭州—呼和浩特、杭州—银川以及温州—长沙—成都、温州—杭州—成都等航线。2002 年，开通杭州—西宁—乌鲁木齐航线。2003 年 5 月，中浙航划归中国国际航空公司，改称国航浙江分公司。是年 9 月 5 日，正式开通杭州至汉城（今首尔）首条国际航线，实现"飞出去"的目标。2004年1月16日，开通杭州至新加坡航线，当日至2005年10月29日，每周飞3班，2005年10月30日起，改为每天飞1班。2004年4月19日，开通杭州至香港航线，每天1班。2005年夏秋季，国航股份浙江分公司开通国内航线25条、国际航线3条、地区航线1条。2006年夏秋季，共有国内航线27条、国际航线2条、地区航线1条。2007年夏秋季，国内航线新增至29条，国际航线2条。2008年夏秋季，执行国内航线30条、国际航线4条。2009年新开杭州—金边—杭州、杭州—广元—杭州、杭州—大连—杭州等航线，至2010年夏秋季，公司共执行国内航线26条、国际航线2条、地区航线1条。2011年夏秋季，执行国际航线2条、地区航线2条、国内航线27条，其中新开航线2条，分别为杭州—沈阳—杭州和杭州—哈尔滨—杭州。2012年夏秋季，执行国际航线4条、地区航线2条、国内航线28条，其中新开航线3条，分别是温州—台北、杭州—东京和杭州—大阪。2013年夏秋季，执行国际航线2条、地区航线2条、国内航线25条、其中新开航线7条。2014年夏秋季，执行国际航线2条、地区航线2条、国内航线31条，其中新开航线4条，为杭州—济州、杭州—包头、杭州—张家界、杭州—青岛。2015年夏秋季，执行国际地区航线7条，其中新开航线3条为杭州—曼谷、杭州—大阪、杭州—东京；国内航线29条，其中新开航线1条为杭州—太原。2016年夏秋季，执行国际地区航线8条、国内航线34条，其中新开航线2条为杭州—青岛、温州—首尔。2017年夏秋季，执行国际航线5条、地区航线2条、国内航线36条。2018年夏秋季，执行国际航线5条、地区航线2条、国内航线37条。2019年夏秋季，执行国际航线6条、地区航线2条、国内航线42条。2020年夏秋季，开通温州—兰州—喀什（CA1995/6）往返航班，恢复杭州—首尔、杭州—东京、杭州—新加坡国际航线。

（3）旅客运输

2001年，杭州萧山国际机场启用后，东航、厦航等公司纷纷加大对杭州市场的投放力度。中浙航面对新的市场形势，以提高飞机日利用率为突破口，通过开辟"红眼航班"来降低生产成本，增加收益。1—12月，总飞行小时在飞机数量不变的情况下较前一年增加2634小时，运输总周转量增加3257万吨千米，全年实现运输总周转量1.22亿吨千米，运送旅客95.6万人次。2002年，中浙航为避免恶性竞争，一方面在共飞航线上主动与南航、东航、厦航等公司进行票价协调，另一方面利用一切机会组织包机业务。全年共实现运输总周转量1.71亿吨千米，完成旅客运输量 123.1 万人次。

2003 年，中浙航归属国航后，积极拓展联程销售，以北京和成都为中转点，推出杭州 / 宁波—北京—呼和浩特、海拉尔、延吉和杭州—成都—九寨沟 / 拉萨等联程航班。但是，突如其来的"非典"给公司经营造成极大影响。从 6 月中旬"非典"得到有效控制后，公司全面实施"蓝天振兴"计划，在引进 3 架空客 319 型飞机的基础上，新开通杭州—南昌—成都、温州—杭州—重庆、烟台—北京、烟台—浦东等国内航线。9 月 15 日，公司正式开通杭州—汉城（今首尔）—杭州首条国际航线，实现"飞出去"的目标。全年共实现运输总周转量 2.25 亿吨千米，完成旅客运输量 161.80 万人次，货邮运输量 3.28 万吨，实现利润 1.01 亿元。2004 年，国航股份浙江分公司充分利用国航强大的网络优势，积极开展市场营销，全年实现运输总周转量 3.28 亿吨千米，完成旅客运输量 249.43 万人次，实现利润 3.64 亿元。2005 年，公司实现运输总周转量 3.71 亿吨千米，完成旅客运输量 285.64 万人次。2006 年，公司实现运输总周转量 4.24 亿吨千米，完成旅客运输量 310.49 万人次。2007 年，公司实现运输总周转量 4.0 亿吨千米，完成旅客运输量 360.1 万人次。2008 年，公司实现运输总周转量 4.58 亿吨千米，完成旅客运输量 344.44 万人次。2009 年，公司实现运输总周转量 4.47 亿吨千米，完成旅客运输量 346.07 万人次。2010 年，公司全年实现运输总周转量 4.81 亿吨千米，完成旅客运输量 364.5 万人次。2011 年，公司完成运输总周转量 5.36 亿吨千米，完成旅客运输量 375.69 万人次。2012 年，公司完成运输总周转量 5.356 亿吨千米，完成旅客运输量 393.6 万人次。2013 年，公司完成运输总周转量 5.086 亿吨千米，完成旅客运输量 403.5 万人次。2014 年，公司完成运输总周转量 5.852 亿吨千米，完成旅客运输量 463.5 万人次。2015 年，公司完成运输总周转量 6.238 亿吨千米，完成旅客运输量 494.83 万人次。2016 年，公司完成运输总周转量 6.92 亿吨千米，完成旅客运输量 550.58 万人次。2017 年，公司完成运输总周转量 7.67 亿吨千米，完成旅客运输量 587.96 万人次。2018 年，公司完成运输总周转量 8.87 亿吨千米，完成旅客运输量 595.28 万人次。2019 年，公司完成运输总周转量 9.82 亿吨千米，完成旅客运输量 662.29 万人次。2020 年，公司完成运输总周转量 7.09 亿吨千米，完成旅客运输量 484.08 万人次。（见表 5—17）

表 5-17 2001—2020 年国航浙江客货邮运输量一览表

年度	运输总周转量 / 亿吨千米	旅客运输量 / 万人次	货邮运输量 / 万吨	飞行时间 / 万小时	起降架次 / 万次	载运率 /%	客座率 /%	航班正常率 /%	飞行小时利用率 /%
2001	1.22	95.6	1.85	—	—	—	—	—	—
2002	1.71	123.1	2.9	—	—	—	—	—	—
2003	2.25	161.80	3.28	3.10	36070	73.9	70.47	82.2	9.2
2004	3.28	249.43	3.7	4.71	50856	77.7	75.6	80.59	9.8
2005	3.71	285.64	4.3	5.49	55212	77.3	76.4	80.1	10
2006	4.24	310.49	5.0	6.3	754	75.8	76.2	77.6	9.7
2007	4.0	360.1	—	—	—	—	—	—	—
2008	4.58	344.44	—	7.13	33141	77	78.9	72.9	9.7
2009	4.47	346.07	—	7.1346	34051	78.8	76.5	65.8	9.8
2010	4.81	364.5	—	8.0851	34826	78.2	81.7	57.8	9.8
2011	5.36	375.69	4.12798	8.0403	34993	77.8	82.9	62.8	9.6
2012	5.356	393.6	4.02695	7.97	35077	77.1	81.1	56.4	9.4
2013	5.086	403.5	4.0989	8.09	36078	78.39	81.2	55.2	8.42
2014	5.852	463.5	4.641346	8.94	39356	77.5	81.58	50.1	9.01
2015	6.238	494.83	4.7566	9.42	41429	75.26	81.03	52.6	8.88
2016	6.92	550.58	4.8088	10.1597	44258	75.78	83.15	61.4	8.98
2017	7.67	587.96	4.9082	10.9214	46614	74.74	83.81	52.1	9.1
2018	8.87	595.28	4.9564	1.30547	47210	74.09	83	76.41	9.4
2019	9.82	662.29	4.345	1.2591	51171	74.45	84.3	74.93	9.05
2020	7.09	484.08	4	1.00641	41731	70.57	75.94	83.28	6.3

注：根据中航浙江航空公司提供的资料整理。

（4）货邮运输

2001 年 1 月 1 日，杭州萧山国际机场启用后，中浙航在萧山国际机场占地 1400 平方米的货运操作场地正式投入使用，初步具备运输大宗货物的能力。是年 11 月 28 日，货运公司正式组建并独立运行。此时，货运代理发展至 30 多家，货运范围扩大到南至海口，北至哈尔滨，西至昆明，东至上海；经常性货运企业发展到 70 家，范围遍及高校科研单位、行政机关部门及国有、私营、外资企业等。中浙航还与国航、西南航订立 SPA 特殊比例分摊运价，互签航线联营合作协议，将货物的通达目的地拓展到拉萨、包头、南宁、呼和浩特等 30 个城市。全年完成货邮运输量 1.85 万吨。2002 年，中浙航货运公司进一步完善运价体系，建立基准运价、相对固定运价、特定运价和一货一议运价等多种价格机制，针对不同货源市场和航班时节，组合运用固定包舱、弹性包舱、冲量积累优惠运价和冷热线捆绑销售等多种方式，提高货运量。是年，中浙航取得国际销售代理资格后，成功开展货运国际业务。是年，共实现货邮运输量 2.9 万吨。

2003 年，中浙航归属国航后，充分利用国航网络优势，积极开展以北京、杭州为中转点的物流联程业务；采取国际货物国内调运的方法，与其他航空公司开展国际到达业务和卡车航班运输业务。在营销手段上，改变以往包舱包吨位的方式，推行保量销售、冲量积累等鼓励性销售政策，扩大货运量。全年实现货邮运输量 3.28 万吨。2004 年 1 月 17 日，中国国际货运航空有限公司杭州运营基地正式成立，是年实现货邮运输量 3.7 万吨。2011 年，实现货邮运输量 4.12798 万吨。此后基本上每年都有所提升，2018 年，实现货邮运输量 4.9564 万吨。2019 年，受新冠疫情的影响，货邮运输量有所降低，2019 年货邮运输量 4.345 万吨。2020 年货邮运输量 4 万吨；同年 8 月 13 日，中国国际货运航空有限公司开通中航集团在杭州首条全货机国际货运航线，即杭州—列日—马德里（CA8401/2）航线。

（5）专包机运输

2001 年，中浙航以赞助形式承担第九届全国运动会浙江省体育代表团运送任务。2002 年，中浙航完成浙江省党政代表团、黑龙江和安徽等省政府代表团出行、考察等多项包机工作。

2003 年，国航浙江分公司完成浙江省"两会"代表赴京来回运输保障工作。

2004—2010 年，国航股份浙江分公司连续 7 年完成浙江省"两会"代表赴京来回运输保障工作。2006 年 3 月，公司顺利包机运送浙江省党政代表团赴江西省学习考察，4 月完成首届世界佛教论坛包机工作，执行该次大会的杭州—舟山以及舟山—浦东的包机任务。2007 年 5 月，完成第七届全国残运会浙江省代表团的航班运输任务。2008 年 5 月，四川汶川发生里氏 8.0 级大地震，5 月 12 日—6 月 12 日，公司共执行 30 班抗震救灾航班（其中 6 班为包机），运输救援人员和灾区伤员 1289 人次、救灾物资 61.35 吨。8 月 10 日，运送非盟主席偕夫人及中国外交部官员一行 6 人由北京至杭州。8 月 12 日，保障斐济总理乔塞亚·白尼马拉马一行专机由广州至杭州。9 月，运输浙江省残奥会代表团由杭州赴北京参加 2008 年北京残奥会开幕式。10 月 25 日，运输新加坡总理李显龙一行 43 人由北京至西安。12 月 17 日，台湾地区国民党名誉主席连战及其夫人搭乘的公司专包机 CA1702 航班由北京抵达杭州。2009 年 1 月 26 日，公司首开杭州直飞柬埔寨金边的包机航班。5 月 29 日，保障国民党主席吴伯雄率领的国民党高层访问团一行 44 人由重庆前往杭州。7 月 8 日，公司从上海调波音 747 型飞机执行新疆运兵紧急任务。2010 年 4 月 25 日，运输浙江省全国劳模和先进工作者代表团一行 127 人赴京接受表彰。6 月 9 日，运送由省长吕祖善率领的省政府赴台代表团顺利抵达台北桃园国际机场。6 月 21 日，公司执行杭州至花莲的包机新航线。（见表 5-18）

表 5-18 2004—2010 年国航浙江航线一览表

日期	航班号	航线	机型	备注
2004 年 3 月 28 日	CA159/60	北京—名古屋	空客 320	2004 年 10 月 30 日止
2004 年 3 月 28 日	CA1355/6	北京—海口	空客 320	
2004 年 3 月 28 日	CA1335/6	北京—南宁	空客 320	
2004 年 3 月 30 日	CA5977/8	杭州—天津—哈尔滨	空客 319	
2004 年 10 月 31 日	CA1753/4	杭州—昆明	空客 319	
2004 年 10 月 31 日	CA1609/10	北京—长春	31H	
2004 年 11 月 16 日	CA1981/2	温州—昆明	31H	
2005 年 3 月 27 日	CA1507/08/37/38	北京—南京—北京	空客 319	2005 年 10 月 28 日止
2005 年 4 月 19 日	CA185/6	杭州—香港—杭州	空客 319	
2005 年 4 月 26 日	CA1217/8	北京—银川—北京	空客 319	2005 年 10 月 29 日止
2005 年 4 月 26 日	CA1325/6	北京—郑州—北京	空客 319	2005 年 10 月 29 日止
2005 年 10 月 30 日	CA1797/8	上海虹桥—昆明—上海虹桥	空客 320	
2005 年 10 月 30 日	CA1837/8	上海虹桥—广州—上海虹桥	空客 320	

日期	航班号	航线	机型	备注
2005 年 10 月 30 日	CA1857/8	北京—上海虹桥—北京	空客 320	
2005 年 10 月 30 日	CA1313/4	北京—深圳—北京	空客 320	
2005 年 10 月 30 日	CA4515/6	成都—浦东—成都	31B	
2005 年 10 月 30 日	CA957/8	杭州—厦门—新加坡—厦门—杭州	空客 319	
2005 年 12 月 25 日	CA1980/79	上海虹桥—武汉—上海虹桥	31B	
2006 年 3 月 26 日	CA1216/5	浦东—西安—浦东		接飞总部航班
2006 年 3 月 26 日	CA1835/6	浦东—宜昌—浦东		10 月 29 日停航
2006 年 4 月 3 日	CA1769/70	杭州—桂林—杭州		7 月 15 日停航
2006 年 4 月 20 日	CA1771/2	杭州—大庸—杭州		10 月 29 日停航
2006 年 6 月 23 日	CA1791/2	杭州—呼和浩特—杭州		接飞总部航班
2006 年 7 月 15 日	CA1785/6	杭州—西宁—乌鲁木齐—西宁—杭州		仅执行 1 班
2006 年 9 月 1 日	CA141/2	杭州—釜山—杭州		2005 年 10 月 29 日止
2006 年 9 月 1 日	CA135/6	大连—首尔—大连		
2006 年 10 月 29 日	CA1969/70	虹桥—桂林—虹桥		接飞总部航班
2006 年 10 月 29 日	CA1963/4	虹桥—厦门—虹桥		接飞总部航班
2006 年 10 月 29 日	CA1961/2	虹桥—烟台—虹桥		原 4574/3 航班
2006 年 10 月 29 日	CA1751/2	杭州—贵阳—昆明—贵阳—杭州		
2006 年 12 月 22 日	CA1783/4	杭州—三亚—杭州		
2007 年 3 月 26 日	CA1561/2	北京—南京—北京	空客 319	
2007 年 7 月 1 日	CA1339/30	北京—广州—北京	空客 319	
2007 年 7 月 23 日	CA1773/4	杭州—太原—杭州	空客 319	
2008 年 9 月 16 日	CA1775/6	杭州—西安—银川	空客 319	
2008 年 12 月 20 日	CA149/50	杭州—台北	空客 319	
2009 年 6 月 19 日	CA1781/2	杭州—大连—杭州	空客 319/320	
2009 年 11 月 1 日	CA1773/4	杭州—广元—杭州	空客 319	

日期	航班号	航线	机型	备注
2009 年 11 月 26 日	CA113/4	杭州—金边—杭州	空客 319	
2010 年 3 月 28 日	CA1787/8	杭州—青岛—哈尔滨—青岛—杭州	空客 319	2010 年 10 月 30 日止
2010 年 6 月 21 日	CA8621/2	杭州—花莲	空客 319	包机
2011 年 3 月 27 日	CA1905/6	浦东—银川—乌鲁木齐—银川—浦东	空客 319	2010 年 10 月 30 日止
2011 年 3 月 27 日	CA1771/2	杭州—北海—杭州	空客 319	2010 年 10 月 30 日止
2011 年 10 月 30 日	CA1789/90	杭州—沈阳—杭州	空客 320	2011 年 3 月 24 日止
2011 年 10 月 30 日	CA1787/8	杭州—哈尔滨—杭州	空客 320	2011 年 3 月 24 日止
2012 年 3 月 25 日	CA835/6	温州—台北—温州	320	2012 年 10 月 27 日止
2012 年 10 月 28 日	CA1777/8	杭州—南宁—杭州	319	2013 年 3 月 30 日止
2012 年 10 月 28 日	CA1787/88	杭州—威海—哈尔滨	319/320	2013 年 3 月 30 日止
2012 年 10 月 28 日	CA1779/80	杭州—武汉—兰州	319/320/321	2013 年 3 月 30 日止
2013 年 3 月 31 日	CA1749/50	杭州—贵阳—杭州	A319	
2013 年 3 月 31 日	CA1767/8	杭州—兰州—杭州	A319	
2013 年 3 月 31 日	CA1797/8	杭州—桂林—杭州	A320	
2013 年 3 月 31 日	CA1905/6	杭州—西安—杭州	A320	
2013 年 3 月 31 日	CA1775/6	杭州—银川—杭州	A320	
2013 年 3 月 31 日	CA1795/6	杭州—郑州—西宁	A320	
2013 年 3 月 31 日	CA1907/8	杭州—烟台—长春	A320	
2013 年 3 月 31 日	CA1791/2	杭州—海拉尔—杭州	随机	
2013 年 7 月 17 日	CA1909/10	杭州—西宁—杭州	随机	
2013 年 10 月 27 日	CA1915/6	杭州—丽江—杭州	A319	
2013 年 10 月 27 日	CA1911/2	杭州—海口—杭州	A319	
2013 年 10 月 27 日	CA1789/90	杭州—哈尔滨—杭州	A319	
2013 年 10 月 27 日	CA1919/20	杭州—湛江—杭州	A319	

日期	航班号	航线	机型	备注
2013 年 10 月 27 日	CA1389/90	天津—杭州—三亚（往返）	B738	
2013 年 10 月 27 日	CA1749/50	温州—贵阳—温州	A319	
2014 年 5 月 1 日	CA147/8	杭州—济州	A319	
2014 年 7 月 1 日	CA1797/8	杭州—张家界	A320	
2014 年	CA1907/8	杭州—青岛—长春	A320	原杭州—烟台—长春
2014 年 9 月 1 日	CA1925/6	温州—郑州—呼和浩特	A320	
2014 年 9 月 1 日	CA1929/30	温州—运城—呼和浩特	A320	
2015 年 4 月 25 日	CA1763/4	杭州—太原	A320	
2015 年 7 月 1 日	CA723/4	杭州—东京	A320	
2015 年 7 月 1 日	CA725/6	杭州—大阪	A319	
2015 年 7 月 1 日	CA715/6	杭州—曼谷	A321	
2015 年 11 月 7 日	CA1921/2	温州—天津	A319	
2015 年	CA1907/8	杭州—长春	A319	原杭州—青岛—长春航线结构调整
2016 年	CA1739/40	杭州—青岛	A320	
2016 年	CA739/40	温州—首尔	A320	
2016 年	CA1757/8	杭州—郑州—乌兰察布	A319	
2016 年	CA1789/90	杭州—烟台—大庆	A320	
2016 年 7 月 5 日	—	杭州—素叻他尼	—	
2016 年 11 月 30 日	CA755/6	杭州—茨城	A319	
2017 年 3 月 27 日	CA1747/8	杭州—六盘水	A319	
2017 年 10 月 29 日	CA1775/6 CA1765/6	杭州—盐城—银川；杭州—兰州—库尔勒	A319	
2017 年 12 月 22 日	CA717/8	杭州—普吉岛	A320	
2018 年 2 月 1 日	CA1795/6	杭州—临汾	A320	
2018 年 2 月 1 日	CA727/8	杭州—芽庄	A320	

日期	航班号	航线	机型	备注
2018 年 3 月 1 日	CA1991/2	温州—太原	A320	
2018 年 3 月 25 日	CA1791/2	杭州—乌兰察布—海拉尔	A319	
2018 年 3 月 25 日	CA1743/4	杭州—西安—克拉玛依	A320	
2018 年 11 月 1 日	CA1923/4	温州—西安	A320	
2018 年 11 月 2 日	CA1995/6	温州—兰州	A321	
2019 年 3 月 31 日	CA1998/7	临汾—温州	A319	
2019 年 4 月 2 日	CA1914/3	西安—宁波	A320	
2019 年 6 月 12 日	CA731/2	杭州—罗马	A320	
2019 年 10 月 27 日	CA8169/8170	杭州—大兴	A320	
2019 年 10 月 27 日	CA1793/4	杭州—呼和浩特—海拉尔	A319	
2019 年 10 月 27 日	CA1917/8	温州—长春	A319	
2019 年 10 月 27 日	CA1997/8	温州—临汾—银川	A319	
2019 年 11 月 3 日	CA743/4	温州—曼谷	A320	
2019 年 11 月 15 日	CA1769/70	杭州—万州	A320	
2020 年 1 月 10 日	CA145/6	杭州—东京	A321	
2020 年 6 月 24 日	CA1995/6	温州—兰州—喀什	A320	
2020 年 7 月 31 日	CA767/8	杭州—新加坡	A320	
2020 年 10 月 25 日	CA8173/4	杭州—汕头	A321	
2020 年 10 月 25 日	CA8179/8180	杭州—鄂尔多斯	A320	
2020 年 10 月 30 日	CA1785/6	杭州—郑州	A319	

注：根据中国国际航空股份有限公司浙江分公司提供的资料整理。

（二）中国东方航空股份有限公司浙江分公司

长城航空公司是 20 世纪 90 年代初由中国民航飞行学院向中国民航总局申请筹办的航空公司。2001 年 2 月 2 日，东航股份公司和民航飞行学院同意将长城航空公司改制为东航宁波分公司，该公司以宁波为基地，在宁波注册。6 月 8 日，东航宁波分公司正式挂牌成立。

东航宁波分公司正式对外经营时，有员工 349 人，执管波音 737-200 型飞机 3 架，飞行正班国内航线 16 条，2001 年全年通航里程为 179.36 万千米，每周飞行 60 班次。2002 年，东航宁波分公司飞行正班国内航线 34 条，地区航线 2 条，共计 36 条，全年通航里程 581.06 万千米，每周飞行 100 班次。（见表 5-19）

表 5-19　2001—2020 年东航浙江分公司客运航线一览表

年份	航线分类				通航里程 / 万千米	每周飞 行班次	使用机型
	合计	正班国内 航线 / 条	正班地区 航线 / 条	正班国际 航线 / 条			
2001	31	31	—	—	478.62	76	737
2002	36	34	2		581.06	100	737/320
2003	42	38	2	2	698.09	124	737/320
2004	56	39	2	15	926.09	176	320
2005	45	38	2	5	1045.68	188	320
2006	35	29	2	4	1296.73	209	320
2007	72	48	4	20	1513.48	222	320
2008	73	48	4	21	1720.62	240	320
2009	115	94	8	13	2175.43	342	320
2010	136	117	4	15	2250.78	346	320
2011	67	60	4	3	8317.15	165	737/757/320/330
2012	105	86	4	15	75444.14	494	737/757/320/330
2013	106	83	4	19	89492.08	534	737/757/320/325/330
2014	117	86	5	26	76688.58	493	737/757/320/325/330
2015	131	89	4	38	96430.42	536	737/320/325/330
2016	142	94	2	46	120275.42	594	737/763/320/325/330
2017	144	115	2	27	137018.36	621	737/320/325/330
2018	143	121	2	20	162945.30	675	737/320/325/330
2019	167	143	2	22	193307.15	741	737/320/325/330
2020	155	139	2	14	130429.92	603	737/773/320/325/330

注：根据中国东方航空股份有限公司浙江分公司提供的资料整理。

2003—2004 年，东航宁波分公司引进空客 320 型飞机 5 架，原有的波音 737

型飞机自 2003 年开始退役。为全面配合上海枢纽港建设，该公司推广中转联程销售，开展东方假期、电子客票、东方万里行、卡车航班等新业务。2004 年，东航宁波分公司共飞行 9334 班次，完成旅客运输量 943845 人次、货邮运输量 14712 吨。

2009 年 6 月，经中国民航局批准东航宁波分公司改为中国东方航空股份有限公司浙江分公司。经营范围：国内和经批准的国际、地区航空客、货、邮、行李运输业务及延伸服务；通用航空业务；航空器维修；航空设备制造与维修；国内外航空公司的代理业务；与航空运输有关的其他业务。

2010 年，共运送旅客 2183761 人次，运输货邮 27814.2 吨，共计完成运输总周转量 2.87 亿吨千米，平均客座率 80.3%，平均载运率 78.3%，飞机平均在册日利用率 10 小时。（见表 5-20）

表 5-20　2001—2020 年东航浙江分公司航空运输情况一览表

年份	飞行班次	旅客周转量 / 人次	货邮运输量 / 吨
2001	3941	336965	5640.7
2002	5180	494416	8197.0
2003	7329	647443	11164.4
2004	9334	943845	14712
2005	10090	1034941	13398.8
2006	11888	1215775	15568.9
2007	12976	1412017	18740.0
2008	14014	1497580	19927.1
2009	17659	2014754	25976.8
2010	17984	2183761	27814.2
2011	18564	2301213	27816.1
2012	22788	2754938	26949.7
2013	25593	3093689	26568.2
2014	23788	2836179	22698.4
2015	26415	3196859	23852
2016	28522	3492820	26948
2017	30278	3730637	27782.1
2018	33572	4259611	27397.1
2019	36095	4591509	28113.8
2020	26053	3027126	24707.4

注：根据中国东方航空股份有限公司浙江分公司提供的资料整理。

2012年9月12日，东航浙江分公司实现安全飞行20周年。共飞行315385小时，起降173030架次，运送旅客17795252人次，货邮231994.2吨，运输总周转量224146.65万吨千米。

2010—2020年间，东航浙江分公司实现了运输旅客人次、货邮运输量、总周转量、平均载运率、客座率的稳步增长。东航浙江分公司先后荣获"年度中央企业青年文明号""全国文明单位"及浙江省"安康杯"优胜企业、宁波市"工人先锋号"等荣誉称号。

（三）厦门航空有限公司杭州分公司

1986年，厦门航空有限公司杭州分公司的前身厦门航空杭州公司开辟厦门—杭州—西安航线，首次进入杭州市场。2000年，厦门航空有限公司在杭州萧山国际机场启用免费试飞；2001年4月，厦门航空有限公司在杭州设立过夜基地成立杭州办事处，并在当月开辟杭州始发第一条定期国际航线杭州—曼谷。2006年7月28日，经中国民航总局和省政府批准，厦门航空有限公司在萧山注册成立杭州分公司，下设办公室、运行中心、营销部、人事财务处、航空安全处、杭州机务处、杭州乘务队。分公司成立时，时任浙江省委书记习近平发来贺信并勉励厦航科学规划、科学管理，为浙江改善交通环境提供更加优质的服务。（见图5-12）

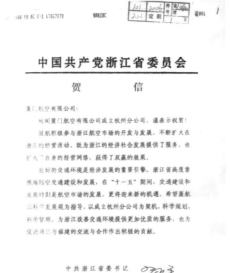

图5-12　2006年7月22日，时任浙江省委书记习近平为厦门航空有限公司杭州分公司成立发来贺信

2006年7月11日，杭州分公司迎来第一批杭州属地化乘务员。2007年5月，厦门航空有限公司杭州分公司经营管理班子到位，正式组建杭州分公司。

2008年5月14日，厦门航空有限公司杭州分公司首架抗震救灾专机飞往成都，载运救援人员137人，救灾物资5.1吨。5月17日，参加杭州萧山经济技术开发区"抗震救灾，爱心捐赠"活动，分公司捐款20万元。

2009年4月完成国民党名誉主席连战一行（贵阳—杭州）、缅甸总理（三亚—厦门）专机保障工作。2010年11月，分公司通过安全管理体系（SMS）符合性验证。

2010年，厦门航空有限公司杭州分公司在杭州萧山国际机场驻场飞机6架，共有员工363人。2010年，厦门航空有限公司杭州分公司在杭州萧山机场累计开辟国内、国际及地区航线36条，包括乌鲁木齐、海拉尔、桂林、兰州、呼和浩特、大阪、张家界、深圳、西安、济南、南宁、台北、三亚、石家庄、昆明、汕头、郑州、澳门、新加坡、青岛、晋江、哈尔滨、贵阳、南昌、沈阳、长春、天津、福州、成都、重庆、武汉、长沙、大连、台北、太原、厦门；在宁波栎社机场累计开辟国内航线8条，包括西安、重庆、成都、大连、福州、厦门、青岛、长沙；在舟山普陀山机场累计开辟国内航线4条，包括武夷山、北京、厦门、晋江。

2012年12月30日，杭州萧山机场T3航站楼和第二跑道启用。2013年1月，自理地面服务业务工作完成全流程压力测试，顺利完成厦航在杭所有进出港航班的值机、乘机、配载、行李、头等舱服务等地面服务项目自理工作。

2013年10月9日，厦门航空杭州基地业务楼奠基。11月23日，杭州萧山国际机场旅客吞吐量突破2000万人次，与此同时，厦航机队规模突破100架，正式迈入大中型航空公司行列。2014年2月20日，厦航杭州—北京航线首航；2月22日杭州—广州航线首航；3月30日，杭州—澳门航线首航。

2014—2020年，连续七年承担全国"两会"人大浙江代表团航班运输保障任务。2020年，承担全国"两会"住浙政协委员航班运输保障任务。

2017年8月8日，厦航杭州新基地楼正式启用。12月16日，举行杭州—墨尔本首航活动和厦航杭州基地项目B地块工程奠基开工典礼。

2018年1月25日，开通杭州—卡利博航线，策划"热带风情，漫步长滩"首航机上特色活动。

新冠疫情期间，分公司承担社会责任，协助浙江各地运送抗疫物资500余吨，保障6班卢本巴希国际包机、32个返浙复工团和19个学生返校团。2020年4月

8 日，顺利保障武汉"解封"后全国首个武汉进港客运航班 MF8095（杭州—武汉）。2020 年 5 月 15 日，厦航杭州货站正式启用。

自成立以来，分公司始终保持"零严重差错、零事故征候、零事故"的安全纪录，并已发展成为福建省外最大分公司、浙江省第二大基地航空公司。分公司组织架构越来越完善，下设杭州飞行中队、杭州维修基地、运行保障部、杭州空中乘务部、地面服务保障部、客运部、货运部、安全保卫部、办公室、总务部、杭州配餐部、保警杭州大队、党委工作处、人力资源处、财务处、酒管杭州分公司，在职员工 1600 余人。

截至 2020 年底，厦航集团在浙投放过夜飞机 22 架，综合运力 40 架，运营国内、国际地区航线 50 余条，年安全飞行 6.74 万小时，执行运输班次 1.77 万班，运输旅客 436.76 万人次，运输货邮 3.95 万吨，在杭形成了集飞行、维修、营销、运行、服务、保障为一体的完整航空运输生产保障能力，是萧山机场覆盖省会城市最多的航司。

（四）中国南方航空集团有限公司浙江地区营业部

1. 中国南方航空集团有限公司概况

中国南方航空集团有限公司（简称"南航集团"）是国务院国资委直接管理的三大骨干航空集团之一。南航集团确定以实施枢纽网络、生态圈、创新驱动、精益管控、品牌经营五大战略为核心的"五五六六"高质量发展总体思路，主要产业包括：航空运输、航空物流、机务维修、航空金融、航空食品、通用航空、培训教育、航空酒店。截至 2020 年底，集团总资产 3474 亿元人民币，员工 11 万余人，拥有 9 家全资公司、4 家控股子公司和 18 家参股公司。

2. 中国南方航空股份有限公司概况

中国南方航空股份有限公司（简称"南航"）为南航集团控股航空运输主业公司，先后获得中国民航"飞行安全钻石二星奖"、Brand Finance 全球最有价值航空品牌第 6 名、2023 年《财富》中国 500 强第 220 名、SKYTRAX "中国最佳航司"等荣誉，安全管理水平、服务保障能力国际领先。截至 2020 年 12 月，南航以广州、北京为核心枢纽，机队规模 889 架，运营航线 1457 条，每天有约 3000 个航班飞往全球 40 多个国家和地区、200 多个目的地。南航旗下拥有厦门航空、河南航空、贵州航空、汕头航空、珠海航空、重庆航空、南方货运航空等 7 家航空运输子公司；拥有新疆、北方、北京、深圳、上海等 18 家分公司及基地；设有杭州、南京、西宁等 21 家境内营业部和洛杉矶、纽约、伦敦、巴黎等 53 家境外营业部。

南方航空物流股份有限公司（简称"南航物流"），运营 777 货机 14 架和 2 架波音 747-400F 型货机，货机机队规模全国第一；运营 19 条全货机航线，每周超 60 个货机航班，向客户提供从国内通往国际的运输服务。南航通用航空有限公司（简称"南航通航"），运营直升机 22 架，拥有亚洲最大的西可斯基直升机商用机队，是中国三大航空运输企业唯一通用航空公司，国家骨干通用航空企业。

3. 营业部概况

南航杭州营业部成立于 1999 年 6 月，办公地点位于杭州市西湖区教工路 18 号，市场管辖区域为浙江杭州，主要负责航空客运销售以及地面保障监督等工作。2018 年，杭州营业部执行航线超过 39 条，航班班次 29372 班。2020 年，杭州营业部执行航线 49 条，航班班次 14848 班，提供座位 272.03 万个，保障出港旅客 208.14 万人次，承运收入 12.11 亿元。同年，杭州营业部全年市场份额提升至 17.5%，位列杭州市场第一；机场吞吐量份额（含国际）15.3%，列杭州市场第一。

2017 年 2 月 22 日，杭州营业部与浙江省援疆指挥部达成长期合作关系。2017 年至今已连续 6 年全力保障援疆团，除获援疆干部好评外，也体现南航作为央企的社会责任与担当。

2019 年 10 月 21 日，A350 首次执行广州至杭州往返航班。至 2023 年，杭州营业部已执飞南航现有 33C、33H、33W、B788、梦想客机 B787-9、墨镜侠 A350 等宽体机型。

2020 年 12 月 22 日，杭州机场联合国航，南航两家航空公司，开通"杭京""杭穗"两条快线。（见图 5-13）杭穗快线是杭州机场第一条实现了全程人脸识别、无纸化智能登机的品牌快线。2022 年转场后，杭穗快线不断升级，享受专属安检通道、更便捷的值机方式，是南航重点打造快线之一，也是浙江省机场集团重点打造的两条精品快线之一。

图 5-13　"杭京""杭穗"精品快线发布会现场

宁波营业部成立于 2002 年 9 月 17 日，办公地点位于宁波市鄞州区天童北路 899 号和邦大厦 C 座，主要开展航空客运销售以及地面服务保障监督工作，管辖宁波、舟山 2 个机场。2018 年，执行航线 17 条，航班班次 8844 班，承运收入 12.49 亿元。2020 年，执行航线 16 条，航班班次 5108 班，承运收入达 3.32 亿元。

温州营业部成立于 2001 年 10 月，办公地点位于温州市龙湾区永中街道永宁西路 299 号温州航空总部大楼，主要开展航空客货运销售以及地面保障监督工作，市场管辖区域为浙江省温州市、浙江省台州市。2018 年，温州营业部执行航线 18 条，航班班次 9802 班，承运收入 11.34 亿元。2020 年，执行航线 21 条，航班班次 4281 班，承运收入达 2.77 亿元。

（五）浙江长龙航空有限公司

浙江长龙航空有限公司成立于 2011 年 4 月 19 日，是一家综合公共运输航空公司。公司总部位于杭州，下设长龙（杭州）航空维修工程有限公司、长龙（杭州）航空模拟机训练股份有限公司等子公司，并在西安、成都分设西北、西南分公司。长龙航空以杭州萧山国际机场为主运营基地，拥有国内国际、客运货运全牌照航空运输资质，截至 2023 年初，累计开通国内外客货运航线近 600 条，覆盖全国并通达日韩及东南亚、中亚等沿线国家和地区的 170 余个城市，运输旅客超 5000 万人次。

2011 年 4 月 19 日，长龙国际货运航空有限公司正式成立。2012 年 8 月 9 日，开通首条货运航线：杭州—青岛。

2013 年 2 月 16 日，中国民航局批准同意将"长龙国际货运航空有限公司"名称变更为"浙江长龙航空有限公司"，并同意公司在原有货运业务的基础上增加客运业务。2013 年 7 月 26 日，公司获得中国民航局颁发的新"公共航空运输经营许可证"，获准扩大经营范围，准许经营国内航空旅客运输业务，国内（含港澳台）、国际航空货邮运输业务。公司主营业务包括国内航空旅客运输、国际国内航空货物运输、航空快递、航空器维护、航空客货运输的延伸服务。

2013 年 12 月 29 日，开通首条客运航线：杭州—重庆。2014 年 10 月 26 日，开通杭州—天津—哈尔滨、杭州—通辽—哈尔滨航线。2015 年 5 月 27 日，开通首条国际货运航线：昆明—达卡。2016 年 6 月 28 日，开通首条国际客运航线：杭州—岘港。

2019 年 6 月 5 日，长龙航空西南分公司成立；7 月 17 日，长龙航空西北分公司成立；10 月 16 日，成为杭州 2022 年第 19 届亚运会官方合作伙伴。2022 年 6 月 26 日，浙江长龙航空创新智能维修保障主基地一期机库启用；8 月 7 日，鸡西机场开通鸡西—大连—西安航线，由长龙航空公司执飞。

长龙航空实施数字化顶层战略，加快数字赋能。2020 年 6 月自主研发的"飞行员数字画像"被科技部列为"科技助力经济 2020"重点专项，获得"2021 年度中国航空运输协会民航科学技术奖"二等奖；牵头中商飞、民航大学、飞行学院、航科院等组建"民航智慧航空大脑产业技术创新战略联盟"，于 2021 年 5 月获得中国民航局批复同意。

（六）杭州圆通货运航空有限公司

杭州圆通货运航空有限公司（简称"圆通航空"）是圆通速递股份有限公司的全资子公司，是浙江省唯一按 CCAR-121 部运营的大型全货运飞机公共航空运输承运人企业。

圆通航空于 2015 年 9 月首航，2017 年 12 月获得国际运行资质。2019 年 7 月，首次 IOSA（国际航空运输协会运行安全审计）认证完成，公司运行和安全管理水平与国际航空先进标准接轨。截至 2021 年 9 月底已安全运行 74667 小时，起降 26676 架次，运输业载 340787 吨。截至 2022 年初，圆通航空拥有自有全货机 10 架，已累计开通 96 条国内、国际货运航线。圆通航空国内及亚洲地区的航线网络格局已初步形成。

2021 年 2 月 6 日，圆通航空接到外交部运送疫苗任务。2 月 7 日，首架疫苗运输航班YG2860从北京首都机场起飞，到老挝万象。2021年，执行疫苗运输任务6次，其中2月7日、4月26日、6月14日和8月9日从北京至万象，5月10日从上海浦东至万象，10月13日从杭州至万象。

截至2022年初，圆通航空航线通达城市中，国内机场33个，国际机场22个。（见表5-21）

表5-21　圆通航空航线通达城市

类别	通达城市
国内机场（33个）	北京、上海、广州、深圳、杭州、天津、武汉、成都、西安、昆明、重庆、乌鲁木齐、石家庄、长沙、南宁、银川、兰州、长春、沈阳、南昌、合肥、常州、宁波、泉州、无锡、温州、盐城、烟台、义乌、喀什、延吉、榆林、鄂尔多斯
国际机场（22个）	日本：东京、大阪、福冈 韩国：首尔 泰国：曼谷 越南：胡志明、河内 菲律宾：马尼拉、克拉克 新加坡：新加坡 马来西亚：吉隆坡 柬埔寨：金边 孟加拉国：达卡 老挝：万象 巴基斯坦：伊斯兰堡、卡拉奇、拉合尔 印度：德里 吉尔吉斯斯坦：比什凯克 乌兹别克斯坦：塔什干 哈萨克斯坦：阿斯塔纳、阿拉木图

第三节　通用航空

自2000年以来，浙江通用航空发展加快，通用机场建设加速，省发改委和省交通运输厅等部门相继颁发了浙江省通用机场建设发展规划，提出了全省"空中1小时交通圈"发展目标，大力推进通航产业发展。

2016 年，国务院办公厅印发了《关于促进通用航空业发展的指导意见》，通航产业成为各地经济发展的重点领域。2017 年，省委、省政府做出了推进全省机场资源整合、搭建航空大平台的重要决策部署。2017 年 11 月 17 日，浙江省机场集团有限公司正式揭牌成立。

省机场集团成立后，浙江省通用航空发展提速，成立了通用航空运营及产业开发大平台，成为集团公司的重要业务板块。2018 年 3 月 23 日，浙江省通航产业总部落户建德。4 月 23 日，浙江省通用航空产业发展有限公司注册成立。7 月 13 日，省通航公司举行揭牌仪式，标志着浙江省机场集团"1＋4"业务板块中的通航板块正式开启。9 月 4 日，省通航公司与建德经济开发区管委会、建德市资产经营开发有限公司签订《组建建德通用机场管理有限公司三方合作协议》。9 月 21 日，建德通用机场管理有限公司注册成立，标志着建德通用机场托管项目正式落地。

一、通用航空营运概况

2002 年，成立舟山岛际航空服务有限公司。2004 年 4 月 28 日，舟山岛际航空正式通航，用于旅游航拍及紧急救援等。普陀山机场在嵊泗、东极、桃花、岱山、衢山 5 岛建造直升机停机坪。由于市场等原因，旅游包机服务在 2006 年之后暂停。但是机场租用的直升机一直在参与海上紧急救护。2007 年 7 月 1 日，该公司续租中国飞龙专业航空公司 Z9 型直升机开始运行，并逢双休日开通普陀山机场至东极岛的定期航班和临时包机服务。9 月 12 日，因直升机费用高、安全风险大等，不再租用，并取消岛际包机飞行业务。同时，与驻场的中信海直签订协议，由海直直升机负责海岛和海上空中急救飞行任务。

自 2003 年 5 月 1 日中国民航总局开始实施《通用航空飞行管制条例》，敢于吃螃蟹的浙江民营企业眼光独到，大胆尝试，勇于创新，积极发展商用通用航空、航天产业业务。至 2020 年底，全省持续涌现了一批有实力、有情怀的民营企业参与航空航天产业发展。如，西子势必锐已获 5 大国际航空制造商的 287 项认证，成为大中型机身结构件一级供应商。万丰航空年产 400 架轻型运动飞机和 100 架钻石飞机整机制造工厂建成投产。星箭航空 30 年深耕航空航天管路元件制造。吉利集团投资建设的台州星空智联科技公司已进入卫星研发、测试领域。浙江省商用通用航空、航天配套产业已具备一定的基础。

在通用飞机机场建设方面，2006 年 7 月，浙江省首家民营资本控股的通用机场在建德竣工试飞；横店集团控股东华航空公司后，投资 4450 万元建设东阳横店机场的规划方案获得批准；杭州萧山机场硬件设施完善，通用航空停机坪和第二跑道修建完工后，开始为新机试飞及运输出厂等提供更为便利的条件。

2007 年 7 月，全国首家通用飞机 4S 店落户杭州。截至 2020 年，浙江省通用机场达到 19 座，占全国 4.9%，A 类通用机场 12 座，B 类通用机场 7 座，其中杭州市 4 座，占 21%，湖州市 3 座，占 16%，金华市 2 座，占 10%，绍兴市 4 座，占 21%，舟山市 6 座，占 32%。它们分别是：建德千岛湖通用机场、杭州浙大二院解放路院区直升机场、浙大二院滨江院区直升机场、杭州娃哈哈电商大厦直升机场、安吉太子湖通用机场、德清莫干山通用机场、安吉昌硕直升机场、诸暨暨阳直升机场、诸暨人民医院直升机场、新昌万丰机场、绍兴鉴湖直升机场、永康十里牌直升机场、东阳横店通用机场、舟山岱西直升机场、舟山衢山直升机场、舟山桃花直升机场、舟山东极直升机场、舟山嵊泗菜园直升机场、舟山嵊泗枸杞直升机场。

2018 年 11 月 28 日，建德通用机场管理有限公司与建德千岛湖通用机场有限公司签署《建德千岛湖通用机场委托管理确认书》。12 月 1 日，省通航公司正式托管建德千岛湖通用机场。

2019 年 5 月 5 日，浙江省低空飞行服务中心有限公司注册成立。10 月 20 日，中国通航 EC-135 空客直升机顺利抵达建德千岛湖通用机场，标志着中国通用航空有限公司正式入驻建德通用机场。11 月 24 日，浙江省低空飞行服务中心在建德航空小镇成功地进行了中国民航史上首次航空器起降远程指挥试验。11 月 26 日，浙江省低空飞行服务中心通过民航华东地区管理局的符合性检查和测试评估，正式通过局方验收。这标志着浙江省低空飞行服务中心成为华东地区首个通过局方符合性检查和测试评估的飞行服务站。

2020 年 5 月 18 日，国际航空运输协会公布了建德千岛湖通用机场三字码：JDE。10 月 15 日，江西快线通勤航空有限公司总经理陈大志一行到公司商洽短途运输、"通航＋旅游"等合作事宜。11 月 1 日，"建德—上海金山"水陆通勤旅游航班正式启航。12 月 21 日，浙江省低空飞行服务中心与德清 B 类飞行服务站实现飞行计划常态化上报。截至 2020 年，浙江省飞行营地建设共计 32 座，其中校园营地 9 座、飞行营地 23 座，国家级航空飞行营地示范工程 2 座。建设浙江省通航产业示范区共 2 座，通航产业园共计 9 座，占全国 8.65%，分别是：德清通用航空产业基地（30000 亩）、安吉通用航空产业基地（500 亩）、南湖航空航天产业园（15000 亩）、建德通用航空产业园（15000 亩）、宁波杭州湾航空产业园（15880 亩）、上虞启德通用航空产业基地（1300 亩）、温州通用航空基地（3000 亩）、舟山航空产业园（11820 亩）、北航长鹰通用航空产业园（3600 亩）。

通用航空服务应用有序拓展。自 2015 年建德举办"新安集团杯"科研类全国航空航天模型（建德）公开赛后（见图 5-14），又相继举办了温州机场、楠溪江通航表演赛。

图 5-14 全国航空航天模型（建德）公开赛

杭州市获批国家首批民用无人驾驶航空试验区。新昌万丰小镇已成为全国轻型飞机锦标赛举办地，安吉成为国际无人飞行器创新大奖赛及通用航空嘉年华活动永久举办地。顺利开通建德至上海金山、德清至舟山等"浙江低空快线"。长龙航空、宁波东海通航等本土航空公司加速成长。通航运动、旅游，无人机运输、植保，卫星导航、测绘，智慧城市、智慧海洋等应用业务进一步拓展。

此外，在商用航天产业发展方面，浙江省民企积极响应国家"星空"计划，相继投资建设各类航空航天企业 100 余家，广泛涉猎航空零部件及材料、航天设备等多个领域，在我国航天工业发展上已经初具规模。为此，浙江省政府积极申请立项"宁波国际商业航天发射中心项目"，建设我国首个民营火箭发射基地，为民企融合航天产业奠定基础。

2006 年 3 月，建德千岛湖通用机场建设完工，拥有一条长 500 米、宽为 21 米的跑道，可满足起飞全重 5250 千克以下 A 类飞机起降，飞行区等级为 1B 级。目前有可停放 10 架航空器的停机坪和 10—15 架航空器的停机库以及相应的联络道，整个飞行区占地面积 300 亩左右，空中交通管理系统及相关人员配备相对齐全。最初 5 年，机场运营中的主要业务有航空培训、飞行训练和航测。2011 年 11 月 20 日，建德千岛湖通用机场新建 4000 平方米停机坪完工投入使用。

在通用航空运营中，建德千岛湖通用机场的空域条件与周边乃至全国的通用机场相比都具有较强的优势。机场的管制空域范围为高度 1200 米以下，面积约 4500 平方千米，这在全国民用机场中都是少有的。2012 年 10 月，部队空军又将该范围作为低空空域改革的试点划设成为报告空域，进一步为通航飞行松绑。千岛湖通用机场优质的空域条件为建德通航产业发展提供了有力支持，吸引了不少通用航空企业落户建德航空产业园。

2013 年 8 月 6 日，建德千岛湖通用机场有限公司经股权收购，由民营控股转为地方国有全资企业。

2014 年，为加快建德航空产业的发展，经建德市政府批准由建德市国资公司进行股权收购，机场公司成为国有控股子公司。当年 6 月，批复一期扩建工程将跑道由 500 米加长到 800 米，宽度由 18 米加宽到 30 米，并建设排水沟、围界、巡场道等附属工程，项目总投资 1950.66 万元，2016 年 9 月竣工验收。扩建完工后，机场的飞行架次和飞行小时数逐年上升，市场化业务拓展加快。目前主要运营业务有飞行训练、航测、航空护林、高空跳伞、低空旅游、短途运输、应急救援等。值得注意的是，高空跳伞业务受到市场的追捧。2020 年底，新冠疫情全球大流行，全球航空业遭受巨大打击，通用航空发展也受到一定影响，飞行架次和飞行小时数都有所下降。但是在疫情严重的 2021 年，参加高空跳伞的人数依然有 4029 人，静态展示和短途运输均受到较大影响。

建德千岛湖通用机场的二期改扩建项目总投资近 3 亿元，项目内容包括机场跑道由目前的 800 米延伸至 1200 米，宽度 30 米，新建停机坪 20000 平方米；新建机场航站楼、候机楼、办公楼、塔台等建筑面积约 10000 平方米，新增用地约 390 亩，同时建设 50 米宽、1.45 千米长的机场与 320 国道连接大道。

2018 年 11 月 23 日，建德千岛湖通用机场完成使用许可证换证工作。2018

年9月4日，建德千岛湖通用机场正式由浙江省机场集团托管。

二、通用航空公司

（一）浙江东华通用航空有限公司

浙江东华通用航空有限公司经中国民航局批准成立于2017年9月，注册资本9000万元，由横店集团控股有限公司全资控股，公司位于浙江省东阳市横店通用机场内。东华通航旗下全资控股子公司浙江东华通用航空有限公司从1995年5月经中国民航总局批准筹建，其前身是原中国民航第十三、十四飞行大队通用航空飞行队，具有近60年的历史。1997年6月，浙江东华通用航空有限公司正式开展运营。2011年国有资产全部退出，浙江东华通用航空有限公司成为横店集团全资控股子公司。2012年，横店集团又出资3400万元，将注册资本由2600万元增至6000万元。

浙江东华通用航空有限公司是国内首家通过《CCAR-91部商业非运输航空运营人运行合格审定》的甲类通航企业，拥有中国民航局颁发的CCAR-91部、CCAR-135部运行及CCAR-145部维修资质，拥有国家武器装备科研生产单位三级保密资质，是目前国内能够承担多项重大科研任务的通航企业。

公司经营范围涵盖通用航空包机飞行、医疗救护、商用或私用驾驶员执照培训、空中游览、人工降水、航空探矿、航空摄影、海洋监测、渔业飞行、城市消防、空中巡查、电力作业、航空器代管、跳伞飞行服务、航空护林、航空喷洒（撒）、空中拍照、空中广告、科学实验、气象探测、通用航空信息咨询服务等。

公司现有运-12、运-5、塞斯纳172S\T206H、西锐SR22等不同机型11架。现有员工65人，拥有一支经验丰富、精干高效的管理团队，在做大做强传统通航业务基础上，公司在东阳横店通用机场、建德千岛湖机场积极开展空中游览、私照培训、青少年航空科普夏（冬）令营、空中婚礼、航空拍摄、空中广告、包机飞行、航空器销售、短途运输等为公司及个人服务的新兴通航消费服务项目。

公司与中国航天科工集团、中国航天科技集团、中国科学院、国土资源部航测遥感中心、核工业航测遥感中心、国家测绘地理信息局及各省市测绘院、林业厅等单位紧密合作，完成了众多重大项目，已逐步形成集飞行服务、飞机改装、飞机维修、飞行培训等业务多元化发展的通航运营模式。曾获评"服务国家战略排头兵示范单位""交通运输诚信企业""中国通用航空示范企业"等多项荣誉，是目前国内运营规范、服务优质、竞争力较强的通航企业。

（二）德清莫干山通用机场

德清莫干山通用机场位于中国浙江省湖州市德清县，于 2018 年 10 月 8 日启用。截至 2018 年 10 月，德清莫干山通用机场已建成 600 米机场跑道，并拥有 25 个固定翼停机位和 19 个直升机停机位。同时，机场还配套了 6700 平方米的机库。截至 2021 年，机场的主营业务有本场训练、调机、体验飞行、短途运输、电力巡线和航拍摄影。

2018 年 10 月 8 日，德清莫干山通用机场正式获得民航华东地区管理局颁发的 A1 类通用机场使用许可证，标志着莫干山机场已正式取得营业资格。（见图 5-15）A1 类通用机场是通航机场中级别最高的，可满足固定翼运 Y-5、塞斯纳 C208、大棕熊等通航机型以及所有型号直升机起降。按照规划，德清莫干山通用机场将延伸至 1800 米（具备公务机飞行能力），另外还将配有水上起降条件（约 1000 亩水域）。2018 年 11 月 30 日，德清莫干山机场使用许可证颁证暨首航仪式在德清举行。

图 5-15　德清莫干山通用机场正式获得由民航华东地区管理局颁发的 A1 类通用机场使用许可证

2019 年 6 月，浙江首批城际"低空快线"开通（见图 5-16），德清莫干山机场获得国际航协颁发的三字代码——DEQ，成为全国第一个拥有三字代码的通用机场。开航以来实现安全飞行 650 小时、594 架次。

图 5-16　2019 年 6 月，浙江首批城际"低空快线"首航仪式

2019 年 7 月，德清莫干山通用机场举行战略合作框架协议签约仪式，浙江省气象服务中心、湖州市气象服务中心、德清县气象局、德清莫干山通用机场、德清县地理信息中心五方共同签订合作协议。至 2019 年末，机场的总飞行量达到 3256 架次，飞行时间数达到 907 小时。

2021 年 1 月 5 日，浙江省低空飞行服务中心圆满保障金汇通航"建德—衢州—杭州—建德"应急医疗救援任务。1 月 14 日，浙江省低空飞行服务中心圆满保障浙江省航空护林站"建德—新昌"森林灭火应急任务。8 月 11 日，省机场集团与省应急管理厅签署《航空应急救援战略合作协议》。11 月 4 日，浙江省低空通信监视网络全面建成，实现了全省 900 米以上低空空域通信监视信号的有效覆盖。12 月 1 日，完成省级低空气象服务中心建设并试运行。

2020 年，德清莫干山机场总飞行量达到 4438 架次，运行时间达到 1564 小时。2020 年 7 月，德清莫干山机场与中国电信深度合作，打造华东地区首个 5G 信号全覆盖的通用机场。

（三）万丰航空工业有限公司

万丰航空工业有限公司是万丰集团全资控股的专注于通用航空产业的投资公司，是对通用航空产业各领域（包括飞机制造、机场管理、通航运营、航校培训、低空保障等）进行投资的平台。公司现有 5 大业务板块、国内外 30 余家子公司。万丰航空工业有限公司成立于 2015 年 10 月，2016 年 4 月、11 月和 12 月，公司相继收购捷克 DF 飞机公司、捷克 FM 飞机公司、AP 飞机公司和加拿大钻石飞机工业公司，公司致力于通用航空产业开拓与发展，全力融入浙江省"空中 1 小时交通圈"的"大交通"战略中，全力参与国家发展低空空域经济生态圈的建设，全力为国家发展通用航空、国防建设、振兴地方经济做出贡献。通过与国际高端飞机制造公司开展战略合作，制造拥有自主知识产权的飞机整机，已经发展成为世界前三强的通航飞机制造公司。形成以通航品牌"钻石"为依托的通用飞机制造产业发展格局，并拥有轻型通用飞机浙江省工程研究中心。

2016 年 5 月 10 日，万丰航空特色小镇正式奠基，占地面积 5.5 平方千米。航空小镇的建设定位是以飞机研发制造为核心，结合当地旅游、文化、环境等资源基础，以通航运营、观光旅游、航空运动、飞行体验、驾照培训为亮点，形成产业、文化、旅游三位一体，生产、生活、生态融合发展，工业化、信息化、城镇化联动发展，宜业、宜居、宜游的美丽生态小镇。

第四节　民航管理机构和管理体制

一、民航机构管理体制改革

根据国务院 2002 年 3 月 3 日和 11 月 19 日先后下发的有关民航体制改革的通知精神，原实行三级行政管理体制时组建的民航浙江省管理局予以撤销，而设立相应的安全监督管理办公室。民航浙江监管办于 2003 年 12 月 28 日正式成立，浙江民航机场移交暨民航浙江监管办成立仪式在杭州西子宾馆举行。民航所持有的杭州萧山国际机场股份以及宁波栎社机场、温州永强机场整体移交给省政府，民航浙江省管理局至此已成历史使命，予以撤销。浙江省成立机场管理公司，为省政府所属机场管理机构。此后，空管、油料等系统也相继进行改革，改革后的浙江各单位各司其职、协调配合，共同保障浙江民航安全运行和发展。

民航浙江监管办作为民航华东地区管理局副局级行政派出机构，担负着浙江民航行业管理职能，主要负责监督检查省内航空公司、机场、维修单位等民航企事业单位执行国家有关法律法规，民航有关规章、标准、制度的情况，同时对省内各民用机场、航空公司的安全运行和民用航空运输市场实施监督管理。

2002 年，中国民航六大集团重组，中航浙江航空公司加盟中国国际航空公司，并更名为中国国际航空浙江公司。2004年1月，在浙江航空投资公司基础上，浙江组建浙江机场管理公司，列入省政府机构序列，为省直属单位。浙江机场管理公司主要是经营管理或委托经营管理省内民航机场的省属国有资产以及按省政府授权承担全省民航机场管理。2007年后，浙江加快开放浙江省机场国内外航空运输市场，鼓励更多航空公司入驻浙江省机场，并进一步深化机场管理体制改革，研究出台加快机场建设和民航发展的政策。

二、全省民航管理机构

（一）民航浙江安全监督管理办公室（2003年12月—2009年3月）

2003年12月28日，国务院批复，行政性的民航浙江省管理局予以撤销，其承担的监管职能由新设立的民航浙江安全监督管理办公室履行。

浙江省内民航机场移交当地政府管理，民航浙江省管理局随之撤销。浙江监管办为民航华东地区管理局派出机构，其辖区内有杭州、宁波、温州、黄岩、义乌、衢州、普陀山等7个民用机场和安吉、义乌、舟山等3个主要通用航空起降点，有国航浙江分公司、东航宁波分公司、东华通用航空公司等3家基地航空公司，有香港港龙等8家航空公司的飞机在浙江临时过夜。2003年，浙江监管办监管的在飞航线135条，其中国际航线14条，地区航线4条；日航、全日空、韩亚等6家外航公司在浙江执行国际航班任务；销售代理企业268家。是年，民航华东地区管理局明确民航浙江监督办为副司局级，设主任1名、副主任3名。内设4个正处级职能处：综合处、运行监察处、机场处、市场处。

2004年2月3日，民航华东地区管理局决定将运行监察处更名为飞行标准处。8月4日，民航华东地区管理局在浙江监管办增设空防处，空防处既是监管办的内设职能机构，又是民航华东地区管理局公安局的派出机构。2007年6月6日，民航华东地区管理局出台新"三定"方案，内设机构7个，分别为：综合处、市场处、飞行标准处、航务处、适航维修处、机场处、空防处。2007年8月17日，浙江监管办增设空管行业管理办公室。

（二）民航浙江安全监督管理局（2009年3月—　　）

2009年3月17日，根据《国务院办公厅关于印发中国民用航空局主要职责内设机构和人员编制规定的通知》和《关于民航安全监督管理办公室更名为民航安全监督管理局的通知》，中国民用航空浙江安全监督管理办公室更名为中国民用航空浙江安全监督管理局（简称"民航浙江安全监督局"）。

2010年8月11日，民航华东地区管理局决定，民航浙江安全监督局规格为副司局级，内设机构为正处级，内设9个机构，机构设置序列为：综合处（应急管理办公室）、航空安全办公室、运输处（国防动员办公室）、飞行标准处、航务处、适航维修处、机场处、空中交通管理处、空防处。

（三）浙江省机场管理局

浙江省的机场管理几经更迭。1997年12月5日，浙江航空投资公司成立。浙江航空投资公司为全民事业单位，行政关系挂靠在浙江省计经委，公司实行企业化管理，自主经营、自负盈亏。公司是将要组建的杭州萧山机场有限责任公司浙江投资方中省政府的产权代表，参与机场的筹资、建设和经营管理，按规定程序报批后，可以参与其他和机场建设相关项目的投资。公司开办费为1000万元，由浙江省财政厅和计经委各拨500万元。公司总经理按干部管理权限任命，实际按副厅级事业单位管理。公司内设一室三部，即办公室、财务部、业务部、投资咨询部。1998年6月24日，根据浙江省政府和中国民航总局商定的杭州萧山机场建设体制，省政府同意由浙江航空投资公司、杭州市投资控股有限公司、萧山市机场投资公司分别作为浙江省、杭州市、萧山市的股东代表，按4:3:3出资组建浙江省航空发展有限公司，注册资金4.95亿元。浙江省航空发展有限公司作为浙江省地方三级政府的投资代表（占49%）与民航华东地区管理局（占51%）共同投资组建注册资金为10.1亿元的杭州萧山机场有限责任公司，参与杭州萧山机场投资、建设、经营和管理。浙江省航空发展有限公司设立董事会，设董事4人，浙江航空投资公司2人，杭州市投资控股有限公司1人，萧山市机场投资公司1人。董事长由浙江航空投资公司法定代表人担任，总经理由董事长兼任，公司暂不设常设机构，财务委托浙江航空投资公司代管。

2004年1月17日，根据《国务院关于印发民航体制改革方案的通知》和《国务院关于省（区、市）民航机场管理体制和行政管理体制改革实施方案的批复》精神，浙江省政府决定在浙江航空投资公司的基础上组建成立浙江省机场管理公司。除对杭州萧山机场公司行使出资人职能外，浙江省机场管理公司还承担全省民航机场管理的部分职能，即直接管理萧山机场，委托地方政府管理宁波、温州机场，指导、服务省内民航机场的行业管理职能。浙江省机场管理公司所需的日常工作经费，由杭州萧山机场公司先预垫付，今后在股权分利中扣还。干部任免实际按正厅级事业单位管理。浙江省机场管理公司内设 4 个职能处室：综合办公室，职责包括协调、文秘、档案、后勤、党务、纪检、人事、财务等；规划运行管理部，职责包括全省机场发展总体规划、机场资源管理、机场生产运行统计、机场建设费使用管理等；安全监察部，负责杭州萧山机场安全工作的监督检查、对除萧山机场以外的、省内民航机场的安全生产和空防安全工作进行指导、参与省内民航飞行事故和航空地面事故及其事故征候的调查处理；资产经营部，分析掌握控股或持股企业的经营情况及资产状况、提出考核目标、论证股东会或董事会的有关议案、负责投资或引资项目的可行性研究等。浙江省机场管理公司组建完成后，浙江省航空发展有限公司成立清算小组，于 2005 年 10 月 9 日注销。浙江航空投资公司于 2007 年 1 月 26 日注销。2004 年 11 月 2 日，浙江省机场管理公司变更杭州萧山国际机场有限公司（简称"杭州萧山机场公司"）股东，经过调整，杭州萧山机场公司的注册资本为 9.43 亿元，其中，浙江省机场管理公司占 68.5%，杭州市投资控股有限公司占 15.75%，萧山市机场投资公司占 15.75%。12 月 8 日，根据财政部文件精神，中国民航总局将宁波、温州机场财务隶属关系和杭州萧山机场股份正式划转浙江省政府，由浙江省机场管理公司统一接收，包括杭州萧山机场的股权 3.45 亿元和其他资产 1.03 亿元，宁波栎社机场的资产总额 9.86 亿元、负债 7.53 亿元、所有者权益总额 2.32 亿元，温州永强机场的资产总额 3.08 亿元、负债 5.60 亿元、所有者权益总额 2.52 亿元。宁波、温州机场委托地方政府经营管理。2005 年 1 月 28 日，浙江省财政厅、省国资委联合发文，将中国民航总局下放的 4.48 亿元资产划转浙江省机场管理公司管理。

2006 年 12 月 18 日，杭州萧山机场公司与香港机场管理局设立合资企业——杭州萧山国际机场有限公司挂牌。杭州萧山机场公司的净资产转增注册资本金 36.96 亿元，占注册资本总额的 65%，其中浙江省机场管理公司占 44.52%、杭州市投资控股有限公司占 10.24%、萧山区国有资产经营总公司占 10.24%；香港机场管理局出资 19.9 亿元，占注册资本总额的 35%。合资公司成立董事会，董事会由 11 人组成，其中杭州萧山机场公司 7 人，香港机场管理局 4 人。设董事长 1 名，副董事长 2 名；合资公司设总经理 1 名、副总经理若干名；设总会计师、总经济师各 1 名。10 月 13 日，根据省国资委下发的《关于同意变更杭州萧山机场有限公司股东的批复》精神，原公司解散。

2007 年 10 月 14 日，浙江省机场管理公司完成注册登记。

2007 年 12 月 29 日，省政府召开会议，专题研究萧山机场二期建设有关投资事宜。会议决定建立浙江机场投资有限责任公司，由浙江省机场管理公司出资 6 亿元、杭州市投资控股有限公司出资 3 亿元、萧山区国有资产经营总公司（后改名为杭州空港投资开发有限公司）出资 3 亿元，分别代表省、市、区三级政府共同投资，注册资本金 12 亿元。公司地址设在浙江省机场管理公司内。公司董事会由 5 人组成，其中浙江省机场管理公司 2 人，杭州市投资控股有限公司 1 人，萧山区国有资产经营总公司 1 人，职工董事 1 人。5 月 20 日，浙江机场投资有限责任公司首次股东大会暨一届一次董事会召开。6 月中旬，首期注册资本金 4.8 亿元到位，6 月 30 日，浙江机场投资有限责任公司完成工商注册登记取得企业法人营业执照，组建工作完成。10 月上旬资本金 12 亿元全部到位。

2008 年，国务院机构改革，决定组建交通运输部，中国民用航空局和国家邮政局均划归交通运输部管理，不再保留交通部、中国民航总局。2008 年 12 月 16 日，根据省政府文件精神，浙江省机场管理公司成建制划归省交通运输厅，更名为浙江省机场管理局，为正处级监管类事业单位。其机构属性从国有企业向管理部门转变，工作性质则从投资管理向行政监管转变，履行政府监管职责，统筹全省民航机场规划、建设和管理工作。浙江省机场管理公司不再由省国资委监管，不再履行杭州萧山机场公司和浙江机场投资有限公司省属国有资产的出资人职责。12 月 16—17 日，浙江省机场管理公司分别与温州市人民政府、宁波市国资委签署国有产权无偿划转协议，将温州永强机场的资产及财务隶属关系划归温州市国资委，宁波栎社机场的资产及财务隶属关系划归宁波市国资委。12 月 30 日，根据省国资委、省财政厅文件精神，浙江省机场管理公司将持有的宁波栎社机场 100% 的国有股权无偿划转给宁波市人民政府国有资产监督管理委员会，以 2008 年 9 月 30 日为基准日，宁波栎社机场资产总额 13.48 亿元，负债总额 6.53 亿元，所有者权益总额 6.96 亿元；浙江省机场管理公司将持有的温州永强机场 100% 的国有股权无偿划转给温州市人民政府国有资产监督管理委员会，以 2008 年 9 月 30 日为基准日，温州永强机场资产总额 6.91 亿元，负债总额 2.66 亿元，所有者权益总额 4.25 亿元。

2010 年 9 月 15 日，浙江省机场管理局正式挂牌成立。9 月 25 日启用新印章。浙江省机场管理局的主要职责：一是参与起草有关民航机场的地方性法规、规章草并监督实施，指导监督省内民航机场执行有关法律法规、规章制度和技术标准；二是承担省内民航机场的行业管理，研究提出全省民航机场发展战略，拟定全省民航机场行业发展规划，承担航空运输与其他运输方式衔接的协调工作，协调省内民航机场资源的合理配置和有效利用；三是编制全省民航机场建设年度计划草案，提出省内民航固定资产投资项目的规模、方向和资金安排建议并指导、监督实施，承担省内民航机场建设管理费等相关专项补助资金的汇总申报和使用监督，负责行业建设项目的汇总编报；四是指导省内民航机场行业安全生产和应急管理工作，协助有关部门调查处理民航机场重大事故；五是组织省内机场业务交流和开展民航文明机场创建活动，承担全省民航机场的行业信息统计工作；六是承办浙江省交通运输厅交办的其他事项。浙江省机场管理局内设机构 5 个，分别为综合办公室、组织人事处、财务审计处、规划建设处、运输安全处；事业编制 20 人，其中局长 1 名，副局长 2 名，所需经费由省财政适当补助。

2019 年，落实中央、省委改革要求，全面深化机构改革，实现交通机构职能整体性、系统性重构。1 月 19 日，根据中共浙江省委办公厅、浙江省人民政府办公厅印发的《浙江省交通运输厅职能配置、内设机构和人员编制规定》，省交通运输厅下设厅机场处，强化了综合交通统筹职能。浙江省机场管理局同时撤销。省交通运输厅机场处的职责为：拟定省内民用机场政策、规划并监督实施。会同有关部门审查单个民用机场总体规划，承担民用机场选址审查和初步设计审核工作。督导有关重大建设项目进度。协调涉地通用航空飞行服务保障工作。承担民航涉地综合协调、民航航线培育的管理工作。承担省民航强省建设领导小组办公室的日常工作。

三、地方机场管理机构

（一）宁波机场管理机构

1. 民航宁波栎社机场（1984 年 10 月—2005 年 10 月）

2002 年 4 月，宁波航站更名为民航宁波栎社机场。

2004 年 4 月 28 日，宁波栎社机场正式移交宁波市政府管理。

2005 年 3 月 1 日，宁波正式开通至香港的全货机航班。4 月 1 日，国务院正式批准宁波航空口岸对外籍飞机开放。9 月 2 日，对外籍飞机开放通过国家验收。

2. 宁波栎社国际机场（2005年11月— ）

2005年11月29日，经中国民航总局批复，栎社机场更名为宁波栎社国际机场。机场航线遍及国内43个大中城市和香港特别行政区、澳门特别行政区，并相继开通韩国首尔、泰国曼谷、马来西亚吉隆坡等国际包机航线，每周进出港航班近600个。2006年7月，栎社国际机场与澳门国际机场结为姊妹机场，在航线拓展、市场营销、管理培训等领域开展广泛合作。

2007年3—4月，栎社国际机场完成2架次波音747-400型全货包机保障，由澳航试租美国阿特拉斯航空公司执飞，由新西兰基督城机场起飞，经停美国关岛至宁波机场，成为宁波机场第一条国际货运直飞航线。2008年8月14日，栎社国际机场与比利时列日机场签署意向性战略合作书，成为姊妹机场。12月17日，宁波市和省机场管理公司在宁波举行宁波栎社国际机场移交仪式，栎社国际机场资产正式移交宁波市国资委管理。2009年8月31日，栎社国际机场开通宁波直航台湾地区航班。2010年2月1日，栎社国际机场推出通程登机服务。

（二）温州机场管理机构

1. 民航温州永强机场（2001年11月—2010年12月）

2001年11月2日，根据民航华东地区管理局规范机场名称的要求，经温州市同意中国民用航空温州站更名为民航温州永强机场。

2002年1月8日，根据民航空管体制改革精神，民航温州永强机场航务管理站（除通信站外）剥离，正式挂牌成立民航温州空中交通管理站。1月18日，民航温州永强机场注册登记，注册资本1.8亿元，地址在温州永强机场，经营范围为航空地面服务、航空客货运代理、航空延伸服务等。5月15日，民航华东地区管理局批准同意民航温州永强机场调整部分二级机构，下属机构为计划财务部、人力资源部、安全监察室、运输服务部、机务保障部、机场建设保障部、企业管理规划部、现场指挥中心、党委办公室。

2003年7月17日，民航华东地区管理局下文批复同意机场增设资产管理部、信息导航部及候机楼管理部3个二级机构。12月28日，中国民航总局和省政府在杭州举行浙江民航机场移交仪式，温州永强机场整体移交给省政府管理。

2004年2月2日，机场设立护卫公司。2006年4月11日，机场设立市场发展部、总经理值班室、国防动员办公室等3个机构。

根据国务院、公安部以及民航上级等部门有关民航公安体制改革精神，机场公安分局从民航温州永强机场移交给温州市公安局，2008年9月26日，温州市公安局机场分局正式挂牌成立，直属温州市公安局管理。12月16日，省机场管理公司把民航温州永强机场的国有股权全部无偿划拨给温州市，由温州市实施属地管理。

2. 温州机场集团有限公司（2010年12月— ）

2010年12月14日，民航温州永强机场经温州市工商局变更登记，更名为温州机场集团有限公司，为市属国有独资有限责任公司，注册资金2亿元。

（三）台州机场管理机构

2001年1月9日，根据《中共台州市委常委会议纪要》精神，黄岩民航站（黄岩区民用航空管理局）整建制划归台州市领导，设立台州市民用航空管理局，保留黄岩民航站名称，原班子人员不变，并根据《台州市人民政府专题会议纪要》精神，于6月25日列编。航站先后与东航、深圳航、武汉航、云南航等10多家航空公司合作，开通14条航线，通往杭州、北京、上海、广州、深圳、汕头、厦门、福州、武汉、郑州、南京、重庆、西安、成都、昆明、南昌等16个城市。

2005年9月，浙江省编制委员会批复，台州市民用航空管理局正式定为正处级单位。

2008年10月20日，台州市政府批复同意黄岩民用航空站更名为台州民用航空站。2009年5月11日，市编制委员会同意将台州市民用航空管理局（黄岩民用航空站）更名为台州市民用航空管理局（台州民用航空站）。

（四）义乌机场管理机构

2010年，该航站开通义乌至广州、厦门、上海、武汉、南京、温州、福州、西安、北京、深圳、大连、汕头、哈尔滨、潍坊、郑州、济南、晋江、宁波、成都、长沙、昆明、乌鲁木齐、重庆、南通、青岛、长春、香港等27条航线，安全保障4.15万个航班。

（五）舟山机场管理机构

2000年7月，舟山民航站实行人事体制改革，成立舟山市民用航空管理局。

2003年初，舟山市民用航空管理局对下属公司进行改组和归并。8月20日，舟山市同意组建舟山民航企业集团（有限）公司，该公司是在舟山普陀山机场有限公司、舟山民航发展有限公司、舟山市岛际航空服务有限公司、舟山市建设实业发展公司4家国有独资公司的基础上组建的责任有限公司，注册资金2.8亿元。

2003年10月16日，舟山市政府同意舟山民航站171名职工转换身份，按工龄计算一次性买断。买断后职工重新签订劳动合同，实行全员劳动合同制。

2004年，开通舟山至北京、上海、厦门、杭州、晋江、南京、青岛、武汉、广州、深圳、汕头、珠海、温州、济南、成都、福州、临沂、武夷山18个城市的空中航线，其中舟山至杭州、济南、温州、成都、福州、广州、深圳、珠海、汕头、临沂航班，因客货量少及受航路控制而相继停航。

第五节　民航运行保障

一、航行调度

（一）民航杭州空中交通管理中心航务管理部

根据中国民航总局《关于空中交通管理体制改革的暂行意见》和民航华东地区管理局《华东管理局空管体制改革实施意见》，杭州萧山国际机场实施空管体制改革，成建制从机场公司划出，于2002年1月8日，成立民航杭州空中交通管理中心。中心二级机构航务管理部，设有飞行报告室、进近管制室、塔台管制室、航行情报室、气象服务室和综合技术设备室等6个三级机构。其管辖的航线包括：国内航线44条、国际（地区）航线5条。是年，共保障各类飞机起降4.48万架次，保障飞越航班5.52万架次。全年管制方面未发生责任原因造成的事故或事故征候，也未出现责任原因造成的返航、备降；重要气象预报准确率为81.9%，常规观测错情率低于0.63%，情报部门提供PIB电报5588份，差错率为0；技术保障部保证了1500万份各类业务电报的正常收发及5.6万小时的雷达导航保障；通信、气象、情报等重要系统设备的工作正常率达到99.9%。地面安全行车21万千米。4月22日，根据中国民航总局的统一安排和杭州空管中心《关于下发〈民航杭州空中交通管理中心组织机构职责〉的通知》的精神，航行情报室与飞行报告室两室合一设立飞行情报服务报告室，主要负责制作飞行计划，航空公司的签派代理工作，延伸服务工作，制作、发布和管理航行情报资料，协助净空管理等。

2003年4月30日零时起，杭州管制区范围内实施雷达监控条件下的缩小飞行间隔标准（20千米），大幅提高杭州的空中交通管制服务能力。

2004年9月9日，根据中国民航总局《关于划设杭州进近管制扇区和管制区域的批复》，于 10 月 28 日零时起实施，实现塔台管制室承担的进近管制任务移交给杭州进近管制室的重大工作变革，杭州进近管制扇区分为 01 号和 02 号两个管制扇区。是年，塔台管制区调整为终端区（13 千米及 600 米以下范围）。

2005 年，共安全保障各类飞机起降 13.75 万架次，其中本场起降 7.84 万架次，同比增长 17.1%；保障飞越航班 5.91 万架次。全年管制方面未发生责任原因造成的事故或事故征候，也未出现责任原因造成的返航、备降。

2006 年 6 月 8 日零时，杭州进近区域实施雷达管制；10 月 26 日 8 时，杭州塔台开始地面管制。

（二）民航华东地区空管局浙江分局航务管理部

2007 年 7 月，民航杭州空管中心更名为民航华东地区空管局浙江分局。9 月 27 日，杭州进近管制室 03 号扇区正式开设，其水平范围与现行杭州进近 01 扇区范围相同，垂直范围为修正海平面气压高度 3000 米（含）以下，杭州笕桥机场塔台管制区范围除外。主要负责进场航班排序工作，有效缓解 01 号扇区的管制负荷。2008 年 8 月 1 日，塔台正式开设数字放行席位，本场离港航班均通过数字放行系统获取离场信息，减轻地面指挥席的工作负荷。2009 年 1 月 15 日，《杭州地区空域结构调整优化方案》正式实施。新辟并对外开放党山 VOR-SUPAR 航段、杭州 VOR-OKTUG 航段、党山 VOR-MOLGU 航段、闻堰 NDB-AKOTO 航段，实现有条件的局部进离场航班分离，缓解杭州地区空域运行压力。2010 年 3 月 15 日，沪杭甬庵东地区统一使用上海终端区修正海压标准，解决宁波往返庵东方向、杭州往返庵东方向、上海庵东进出港航班庵东地区多年来气压基准面不统一的问题。9 月 29 日，杭州进近管制区范围内实施缩小雷达管制间隔，两机间隔由 10 千米缩小至 6 千米，以缓解持续增长的航班流量与有限空域资源的矛盾。

（三）宁波机场航行调度

1. 航行管制

1984 年 11 月，宁波民航站成立航行调度室。1989 年，成立航务管理科兼管调度室、气象台、通信队等。1993 年，通信队分出航务管理科后，下设航行调度室和气象台。1993 年，人员和飞行量增加，航行调度室设立管制 1 组、2 组。其中 1 组含话台，2 组含情报。1997 年，航行调度室设立飞行报告室、塔台管制室、航行情报室。1998 年，宁波栎社机场升格为副厅级，作为宁波栎社机场职能部门的航务管理科升格为副处级，改称航行气象处。

2002 年 1 月 8 日，宁波空管站成立，航行气象处从机场分离出来，改名为航务管理部。航务管理部下设 4 个三级机构单位，分别是：塔台管制室、飞行情报服务报告室（下设延伸服务室）、气象服务室（下设预报室和观测室）、综合设备技术室（2003 年划归技术保障部）。

2010 年，由于民航空管体制改革，气象服务室从航务管理部分离出来成立气象台，航务管理部改名为管制运行部，下设 5 个三级机构单位，分别是：综合办公室、技术室、安全监察室、塔台管制室、飞行服务报告室。管制运行部主要职责是向区域内飞行活动提供空中交通管制、告警、航行情报服务；掌握区域内的飞行动态，及时通告飞行和管制信息；落实专机、重要飞行保障和航空器搜寻救援空管保障等工作。

宁波空管站所辖管制范围为大隐—石岭—潘溪—桐照—管江—大隐连线内，高度为上海终端区修正海压 3000 米（含）以下。宁波空管站只设立一个塔台管制区，并行使部分进近管制功能。至 2010 年，管制方式为程序管制，同时引入异地（上海浦东、杭州萧山）雷达信号作为指挥参考，通常可观察到高度 900 米以上的航空器。

宁波塔台管制区东面与舟山塔台管制区、西面与杭州进近管制区、北面与上海进近管制区、南面与上海区域管制区相接。塔台管制区内多山地，地形复杂。本场 15 千米范围内超过 450 米的山有 3 座，其中最高的为 537 米，离本场仅 12 千米；55 千米范围内 700 米以上的山数不胜数，最高的为 1021 米。

宁波栎社机场周围军用或军民合用机场密集，半径 150 千米范围内共有庄桥、义乌、笕桥、嘉兴和路桥 5 个机场，其中距离最近的庄桥机场距本场仅 15 千米；军航空域密布，管制区内共有战斗机和直升机空域 12 个，靶场 1 个，无人机空域 1 个，均对本管制区的空中交通管制工作造成直接影响。

宁波栎社机场首座指挥塔 1990 年 6 月 30 日启用。指挥塔系 9 层现浇钢筋混凝土筒体结构，高 33 米，面积 428 平方米。由宁波市第一建筑公司第一工程处和宁波市设备安装公司第二工程处施工。2002 年，因指挥塔倾斜，经宁波市房屋安全鉴定办公室鉴定为危楼。2005 年 4 月 28 日，新建指挥塔、航管楼工程开工。新建指挥塔、航管楼面积 3280 平方米。指挥塔系 9 层现浇钢筋混凝土筒体结构，高 35 米；航管楼系 4 层框架结构。2007 年 11 月 29 日竣工启用。2008 年原指挥塔拆除。

2. 现场指挥

2002 年 1 月 18 日，宁波栎社国际机场指挥中心成立。指挥中心隶属于宁波机场运行保障中心，其主要职能为：及时准确地向各生产保障部门提供航班动态信息和机位调度信息，现场组织、联络协调指挥航班运行、应急救援，保证航班安全、正常。

指挥中心包括生产指挥、运行监管、航空器引导、航务管理 4 个模块。生产指挥模块 24 人，设置带班主任、协调席、指挥席和信息席 4 个席位，配有调度集成系统、二次雷达、气象信息系统、CDM 系统、监控系统、甚高频、电话等设备。运行监管模块 11 人，在 AOC 设置进程监控席，机坪运行监管 6 人，候机楼运行监管 2 人，配有监管车 1 辆。航空器引导模块 7 个，配有引导车 3 辆。航务管理模块 1 人，配有手持 GPS 和测高仪。指挥岗位主要负责机场运行开放、净空管理、机坪运行安全、航班运行保障、资源优化分配的全面指挥和协调，同时肩负着机场不安全事件处置、应急救援指挥的重任；监管岗位负责航班运行过程中机坪、候机楼的现场监督和管控，两个岗位间的内外配合、整体联动、高效运作、全程管控，是机场科学、顺畅运行的有力保证。

（四）温州机场航行调度

1. 航行管制

1990 年 7 月，民航温州永强机场建站开航时，空中交通管理部门有 3 名管制人员和通信、导航、气象设备。地空通信使用的是发报台短波通信和海华收信机，地面通信采用电传机和 200 门纵横交换机通信，航行信息处理全部采用人工编辑、拍发电报，人工填写飞行进程单，天气图由无线接收、人工填图。机场通信基础设施在 1992 年台风及 1994 年洪水灾害中受到严重损毁。

1990 年，温州机场通航城市 64 个（包括香港、澳门），并成为中国海洋直升机公司的驻场基地和东航山西分公司、国航浙江航空公司在温州的过夜基地，对外服务和业务量迅速扩大。1996 年和 1999 年上海地区两次空中航路调整，增加经温州上空的 H22 分流航线和海上 W13 航路，温州上空飞行流量加大，温州机场成为繁忙的航空港。2000 年 7 月，温州航管二次雷达投入运行，温州设立进近管制区，实现从程序管制到雷达监控下的程序管制转变。

1990—2010 年，民航温州航站航务管理站担负着温州管制区的空中交通管制、地空通信、雷达导航、气象信息、航行情况等任务。

2. 现场指挥

1990 年 7 月 12 日，温州机场开航以来，机坪运行管理工作没有牵头部门，机坪各保障部门执行各自职责，民航局方相关要求并不明确，机场在基础规章方面未形成规范。

1995 年，中国民航总局要求旅客吞吐量超过 50 万人次的机场成立现场指挥协调机构，其主要工作是发挥指挥枢纽和对外协调的作用。1996 年 11 月，温州机场成立外场协调中心，负责对机坪运行情况进行监督管理和综合协调。是年，《温州机场机坪运行管理规定》出台。1998 年，成立温州机场安全监察处，加强安全生产的现场监管，下设现场指挥室和监管队。2002 年 2 月，机场成立现场指挥中心，负责机坪综合协调、运行管理、航空器引导等工作，对机坪运行进行全天动态监督、检查、协调、指挥，使整个机坪运行处于受控状态。

（五）台州机场航行调度

1987 年 9 月 15 日，黄岩民航站建站。建站初期，设立技术科，有 2 名管制人员、1 名通信人员、1 名气象人员和简单的通信、气象设备。导航设备是利用军航的 NDB 导航台，地空通信使用的是 KY-92 机载甚高频收发机，地面通信采用西门子电传机和几门电话通信，航行信息处理全部采用人工编辑、拍发电报，人工填写飞行进程单，天气图由无线接收、人工填图。1991 年 6 月 26 日，经黄岩市编制委员会批准同意，技术科改为航务科。1993 年，通信科从航务科中分出，单独设立。

航务处于 1994 年搬入新航站楼办公，并更新甚高频设备。1997 年，更新电传发报设备，塔台增加气象自动观测系统。经过台州上空的进离场航线有 H95（FK-SHZ、FK-P22）和 J603（FK-BK）共 3 条。台州设立有塔台管制区，实施程序管制。

（六）义乌机场航行调度

2010 年 10 月，由于原航管楼位置拆扩建成停机坪，航行科搬迁入新航管楼，飞行数据处理系统（FDD）、航班信息集成系统等投入使用，塔台上新安装跑道灯光开放遥控系统，建立塔台、飞行情报报告室等。

（七）衢州机场航行调度

2002 年 5 月，通信专业从航务科剥离，设立通信科。2009 年 10 月，气象专业从航务科剥离，设立气象科。2010 年，航务科共有 7 人，其中 2 人持有塔台、飞行服务和情报 3 种执照，4 人持有塔台和飞行服务双执照，1 人执有飞行服务执照。飞行服务报告室设置飞行服务和航行情报岗位，塔台管制室日常运行严格执行"双岗制"规定，设置塔台管制指挥岗位、塔台管制协调岗位。

（八）舟山机场航行调度

1997 年 8 月 8 日，舟山机场正式通航后，舟山民用航空站实行值班首长领导下的以指挥调度为中心的运行协作制度。管制员除管制工作外，还承担机坪日常运行管理和机场应急救援值班；情报员负责航行情报工作，并协助有关部门监护机场净空。对空通信通过甚高频电台进行，地面联络通过固定电话、对讲机进行；航行信息处理全部采用人工编辑、拍发电报，人工填写飞行进程单。情报室配备有航行情报处理小型工作站 1 套，天气图常规资料通过有线接收、人工分析。

2010 年，民用航空通航城市增加到 7 个、日航班量增加到 10 个左右；通用航空快速发展，占机场飞行总量的 1/3—1/2，中信海直和中国飞龙专业航空公司 3 架直升机、2—3 架 Y–12 长期驻场，执行本场至东海海上石油平台生产服务、海洋监测、海上维权、航空遥感等飞行任务；另有不定期的租赁航空器执行公务巡视、紧急救护等飞行任务；此外，国航浙江分公司、东华通用、江南通用、广东省通用、东方教培、交通部救捞局东海救助飞行队等航空公司和飞行单位也将机场作为临时基地，开展训练飞行和航空作业。

二、机务保障

（一）杭州萧山机场机务保障

2001 年 1 月，杭州萧山机场有限公司设立机务维修保障部。机务维修保障部下设技术质量控制室、机务队、特种设备队等机构，工作职责为：负责过站飞机的航线维修工作，负责飞机维修特种车辆、航空食品车、清洁车、扫雪车等车辆的保障服务工作，负责特种设备、车辆的日常维护保养工作，等等。2007 年 9 月，机场公司调整二级机构及其工作职责，机务维修保障部负责国内外航空公司航空器经停本场的航线检查、维修和一般勤务保障工作，提供航空器停场期间所需的机务特种车辆保障工作，负责冬季停场航空器及跑道、联络道、机坪的除冰、雪工作等。

（二）宁波机场机务保障

1998 年，宁波机场机务队升级为机务保障处 / 部，下设质控室、机务科、特种车辆科，主要负责经停宁波机场航空器的适航维修和一般勤务工作，其间客梯摆渡二次划入划出机务保障部，2010 年车辆维修业务划入机务保障部。

（三）温州机场机务保障

2002 年，温州机场机务保障处更名为机务保障部。2010 年 12 月，温州机场集团机务维修工程公司成立，主要负责温州机场飞机的引导、勤务、清洁、牵引、检查、排故和放行等安全与服务保障工作。时有人员 123 人，其中机务放行人员 19 人；机具设备有飞机牵引车 4 辆、飞机气源车 3 辆、飞机电源车 3 辆、飞机引导车 3 辆、飞机清洁车 2 辆。

2001 年 8 月 7 日，北方航空 CJ6821 航班麦道-82 飞机发动机启动时，1 块蒙皮从发动机尾部内部喷出，机务人员发现后，立即制止发动机继续启动。2001 年 12 月，机务保障处被中国民航总局授予"民航机务维修先进集体一等奖"。

（四）台州机场机务保障

2001 年，机场由台州市管理，机务科更名为机务处。2006 年，中国航空油料集团有限公司组建，航空燃油业务脱离机务处。机务处的职责仍恢复为航线维修、勤务保障和电（气）源车、牵引车保障工作。

（五）义乌机场机务保障

义乌机场通航初期成立机务科。2004 年，机务科获得民航华东地区管理局重新颁发的维修许可证，具备航线维修资格，维修许可项目包括波音 737-CL/NG 机型。

2003 年 4 月 4 日，机务科及时发现南航 CZ3881 航班 2 号风挡玻璃下缘与电阻丝呈 30 度角玻璃裂纹故障，保障了飞行安全。

（六）衢州机场机务保障

衢州机场机务科成立之初共有职工 7 人。其工作职责除主要承担过站飞机和航线的维修外，还承担油料供应、场务维修等职能。

2008 年 10 月 9 日起，供油工作由中国航油浙江分公司衢州供应站负责。2008 年，有机务人员 4 人，均具有维修人员执照和上岗证。2009 年开始，机务维修工作由航空公司随机机务负责。2010 年，有机务人员、客梯车驾驶员共 7 人。

（七）舟山机场机务保障

舟山普陀山机场通航时，机务保障部同时成立。2003年，机务保障部更名为机务保障分公司。2005年，又更名为机务保障部。2010年，共有人员16人，其中机务人员11人（取得航空公司授权的放行人员8人，一般勤务人员3人），特种车辆驾驶员5人。拥有各型特种车辆13辆，其中客梯车7辆，交直流电源车2辆，单管气源车2辆，清水车污水车各1辆。

三、通信导航

通信导航是提供通信手段，以便及时了解机场和航路天气演变情况，传递飞行动态，交换航行信息和设备管理信息。

（一）杭州机场通信导航

1. 管理沿革

1956年2月，杭州笕桥机场筹建民航杭州站，5月，民航上海管理处派无线机务员携带无线电通信设备来杭州协助筹建电台，1957年1月1日建成使用。民航杭州站成立之初，只有1条上海—杭州—南昌—广州的航线，通信设备比较简单，收讯台设在办公用平房内，配有3名报务员，有2部BC-779型收讯机。发讯台位于综合仓库内，发射机房及油机房建筑面积200平方米，配有无线电机务员3名、短三型发报机2台、203A型400W发讯机1台、201型150W发讯机1台，另配有PE95E型10千瓦汽油发电机1部作为备用电源。平面波道与上海、南昌联系及收发报工作。

1960年，第一个候机楼建成，收讯台搬进候机楼三楼，增配402型、403型短波收讯机3台，发讯台仍在原处，增配804型400W发讯机与TC-401型500W短波发讯机等设备。

1971年，杭州笕桥机场紧急扩建时，于机场东北3.5千米处的丁桥新建发讯台，建筑面积315平方米，新增150W发讯机3台、1600W发讯机1台、24千瓦柴油发电机2台，架设角笼形、双极式等天线共8副。

随着航班的日益增多和飞机机型的不断更新，对传递飞行信息的速度和精度提出更高的要求，无线电报的传递方式已不能适应。1974年，开通上海至杭州的有线电传电路，配有BD-55型电传机，用单工方式与民航上海管理局电台建立通信联系。为保证飞行安全，确保多种类型的飞机在昼夜复杂气象条件下进行正常飞行和安全起降，杭州笕桥机场先后配备 "791-A" 着陆雷达与仪表着陆系统。

"791-A" 着陆雷达位置在杭州笕桥机场跑道中心线的西北侧，雷达探测距离 30—45 千米，可双向引导飞机着陆。着陆雷达于 1976 年 5 月 1 日正式开放使用。仪表着陆系统安装在主降方向，着陆航向由西南向东北着陆。1976 年开工修建，1978 年 12 月安装调试完毕。1979 年中国民航总局批准按 I 类 LLS 标准正式开放使用。

1984 年，民航浙江省管理局电台作为一个终端接入民航上海管理局电子计算机低速自动转报系统，电报的转报速度提高。

2. 主要通信导航设备设施

（1）通信

① HARRIS 甚高频共用系统。负责杭州管制区的地空通信，系统于 2000 年 6 月建成，2000 年 12 月 1 日正式启用投产，由民航浙江空管分局技术保障部终端运行室负责运维。HARRIS 共用系统包括接收部分（红山 HARRIS 接收机房）、发射部分（塔台机房）、监控部分、应急波道部分（航管楼四楼）以及光纤和微波通信系统，共有 12 个信道，管制员通过内话系统来使用信道。2004 年 3 月，HARRIS 甚高频共用系统在国航、东航、厦航、长龙航空和全日空等 5 个航空公司各安装 1 套 HARRIS VHF 遥控盒供航空公司和机组之间通话使用，同时在现场指挥中心安装 1 套 VHF 遥控盒供现场指挥使用。

② RS 甚高频共用系统。2010 年 7 月 26 日正式投产，由民航浙江空管分局技术保障部终端运行室负责运维。RS 甚高频共用系统由 5 个部分组成，包括接收部分（红山接收机房）、发射部分（萧山机场公安楼东侧）、监控部分、应急波道部分（塔台机房）以及光纤和微波通信系统。RS 发射机房及接收机房均于 2009 年建成，主要用于安装 12 信道 RS 甚高频共用系统的型号为 SU250A 的发射机和接收机。

③甚高频应急单体电台。2000 年 6 月，在民航浙江空管分局航管楼安装 4 信道 HARRIS 甚高频收发一体单机。2009 年 9 月，在塔台机房架设 6 信道型号为 XU250A 的 RS 甚高频收发一体机。这些单机设备作为杭州进近和塔台管制主频的应急手段，已接入甚高频应急遥控盒提供给管制用户使用。

④衢州甚高频遥控台。包括杭州—衢州 1 信道甚高频遥控台和青浦—衢州 2 信道甚高频遥控台。2009 年 10 月，杭州—衢州甚高频遥控台完成设备安装调试。

⑤云和甚高频遥控台。投产时间是 1996 年 5 月。

⑥ FREQUENTIS 语音通信交换系统。2000 年 12 月 1 日正式投产使用，由民航浙江空管分局技术保障部终端运行室负责运维。

⑦ SCHMID 语音通信交换系统。2009 年 10 月投产使用，为民航浙江空管分局主用内话系统，FREQUENTIS 语音通信交换系统转为备份系统。

⑧ DMHS-M 自动转报系统。2000 年 10 月投产使用。2007 年 4 月，完成系统扩容设备安装工作，2008 年 1 月正式投产使用。由民航浙江空管分局技术保障部网络传输室负责运维。

⑨华东数据网络系统（DDN 网络）。系民航浙江空管分局最主要的传输网络，由 7 个 Vanguard 路由器组成。由技术保障部网络传输室负责运维。2000 年 11 月，华东数据网杭州节点正式启用。2006 年 4 月，华东数据网杭州节点新开通杭州至上海 1 条 2M 链路。2010 年 6 月，华东数据网杭州节点新开通杭州至上海 2 条 2M 链路。至此，华东数据网杭州节点有 2 条杭州至上海 2M 中国电信链路和 2 条 2M 中国联通链路，此外，杭州与舟山、黄岩、义乌、衢州 4 个地方机场均有帧中继相连，承载转报、众多雷达信号、华东气象信息网、DDN 电话等多个业务。

⑩民航数据网络系统（简称"ATM 网络"）。系民航浙江空管分局重要传输网络，除承载转报、数字空管系统、集中监控系统、气象信息数据库系统（简称"新 621 系统"）、程控业务、雷达、CDM 等多项业务外，办公网、视频会议、财务等业务也在 ATM 网络传输，另外，ATM 网络还作为杭州至上海转报传输的备用网络。系统由技术保障部网络传输室负责运维。2004 年 10 月，ATM 网络杭州节点正式启用，2005 年 4 月，新增一条上海至杭州 2M 链路，通过与早期 2M 链路捆绑的方式将中继扩容至 4M，并于 2006 年 6 月接入中国联通 2M 链路。ATM 网络杭州节点于 2009 年 5 月进行扩容，至此，ATM 网络杭州节点拥有 2 条中国联通、4 条中国电信光缆。

⑪ KU 波段卫星系统。由民航浙江空管分局技术保障部网络传输室负责运维。1995 年 8 月和 1996 年 4 月，KU 波段卫星系统杭州节点分别引入 TES 二类站和 PES 二类站（TES 卫星和 PES 卫星均为 C 波段卫星）。2005 年，中国民航专用 KU 波段卫星系统杭州节点着手开始建设 KU 卫星三类站，于 2006 年 5 月建成并投入试运行。2007 年 7 月，KU 波段卫星正式启用。

⑫程控交换系统。承载着民航浙江空管分局语音交换业务，是分局用户之间、

分局与外部相关业务部门之间实现语音通信的主要方式。由技术保障部计算机室负责运维。2009 年 3 月，程控交换系统正式投入运行。

（2）导航

①南浔导航台。南浔导航台始建于 1978 年，1979 年正式投入使用，原属军航导航台。1996 年，国务院、中央军委决定将北京—上海和上海—广州航路管制指挥由军航移交民航，该导航台也于 6 月 30 日交给民航浙江省管理局管理，由该局通信总站分管并招员值守。该台位于湖州南浔，占地面积 1853 平方米，主要担负沪—广航路的导航任务。该台有 NDB500 导航设备 1 套、63 型电子管归航机 1 台（备用）、本田 5 千瓦汽油发电机 1 台、国产 24 千瓦柴油发电机 1 台。建台初期，该台由南京军区空军 86474 部队派战士值守，隶属通信营。1996 年 6 月 30 日民航接管后，原部队值班人员全部撤离。民航浙江省管理局安排 2 名工作人员接管值守。1997 年职工增至 3 人，2002 年 1 月民航杭州空中交通管理中心成立后，该台隶属杭州空管中心雷达导航室，现隶属于民航浙江空管分局技术保障部。2004 年 6 月，在南浔增加全向信标测距设备，并另选南浔富强村为新台。该台投资 885 万元，于 2007 年 7 月 3 日动工，在 2009 年 5 月 7 日正式开放使用，新台占地面积 8 亩，其中机房、值班用房和油机配电房 441 平方米，设备有 DVOR/DME 设备 1 套，配套建设反射网、通信、水电、道路等设施。全向信标机房 38.5 平方米。台站隶属民航浙江空管分局技术保障部导航保障室。原南浔 NDB 台站于 2010 年 3 月撤销。南浔全向信标台 DVOR/DME 均配有两套设备，实现双机运行，互为主备。南浔全向信标台地处上海、浙江、江苏交界，是重要的航路导航台。

②嵊州导航台。嵊州航路导航台由上虞导航台迁建而成。原上虞导航台开通于 1992 年 11 月。1995 年因上海地区航线调整，为适应调整后航线导航的需要，在嵊县新建 1 座导航台。第一期先建 NDB 临时导航台，而后再建 VOR/DME 永久性导航台。临时导航台投资 126 万元。NDB 临时导航台坐落于浙江省嵊州市城关镇北门新村，征用土地 7 亩。该工程于 11 月开工，12 月竣工。机房内装有电子 63 型归航机 1 台，15 千瓦和 10 千瓦油机各 1 台。12 月 15 日进行飞行校验，1996 年 2 月 1 日正式开放。是日，原上虞导航台撤销。嵊州全向信标台 2004 年动工，于 2005 年 8 月完成新设备安装，台站海拔标高 96 米，占地面积 7 亩。台内安装 DVOR/DME 设备 1 套，30 千瓦柴油发电机 2 台，配有辅助用房、油机房、

值班用房、设备机房、地网以及道路等设施，于 2006 年 5 月通过校飞并投产启用。台站隶属民航浙江空管分局技术保障部导航保障室。2006 年 8 月，原嵊州 NDB 临时导航台撤销。嵊州全向信标台 VOR/DME 均配有 2 套设备，实现双机运行，互为主备。嵊州全向信标台是南方航线重要的航路导航台。

③云和导航台。1980 年 3 月开建，1981 年 6 月竣工。台内安装 GH500D 归航机 2 台、1600 瓦短波话报机 1 台、10 千瓦发电机组 2 台及其他附属设施，于 1981 年 8 月 10 日通过校飞并启用。1995 年 2 月更新设备，安装 NDB-500 型设备 1 套，是年 4 月 3 日原 GH500D 归航机停用。1995 年 4 月，安装 VHF 甚高频系统 1 套，通过 DDN 专线与杭州主控端相连。为适应日益增长的民航事业的发展，提高导航定位的精度，2006 年 7 月，在云和县青峰顶增加全向信标 / 测距设备。台站海拔标高为 155 米，配有 VOR/DME 设备 1 套。全向信标台遥控设备通过电缆接入原 NDB 导航台值班房，并于 2010 年 8 月完成校飞。台站隶属民航浙江空管分局技术保障部导航保障室，是西南航线重要的航路导航台。（见图 5-17）

图 5-17 云和全向信标台

④桐庐导航台。1978 年，民航浙江省管理局桐庐导航台建立。该台坐落于桐庐县桐庐镇，占地面积 5.9 亩（含 107.5 米道路）。台内安装有 1 千瓦归航机 1 部，500 瓦归航机 1 部，7512 收发信机 1 部，91-戊型短波话报发射机 1 部和 15 千瓦汽油发电机 2 部。1990 年 6 月，为适应民航事业的发展和提高桐庐空中走廊的飞行安全性，桐庐导航台增加全向信标 / 测距仪设备，原台址迁至桐庐金西乡周家村。该台投资 360 万元，1992 年 7 月 2 日竣工。该台占地面积 19 亩，

其中NDB导航台机房值班房69平方米，全向信标台机房26.82平方米，两台直线距离180米。1995年4月，更新为NDB-500型归航机。1999年，NDB导航台扩建，新增51.75平方米，桐庐NDB-500于2009年7月20日报废。2010年7月，在原址更新全向信标/测距设备，设备为DVOR432和DME435。

⑤党山导航台。民航浙江空管分局党山导航台坐落于绍兴市柯桥区安昌镇前庄村，台站高度4.9米，配有DME/DVOR设备1套，台站于2000年12月28日投产使用。

⑥杭州导航台。民航浙江空管分局杭州导航台坐落于杭州市萧山区萧山机场南跑道东端1020米，台站高度5.5米，配有DME/DVOR设备1套，台站于2001年6月30日投产使用。杭州导航台是萧山机场非精密进近和精密进近重要的导航台。

（二）宁波机场通信导航

1.管理沿革

1984年11月，民航宁波站设立通信队。1990年，宁波栎社机场正式通航。为保证飞行安全，确保多种类型的飞机在低能见度复杂天气条件下进行正常飞行和安全起降，宁波栎社机场配备主降方向的仪表着陆系统，设备型号为MARKII，主降方向和次降方向均配备中指点标和外指点标，型号为645A型，同时东南近台及西北近台（两个近台均距离跑道入口端1000米）配备63型200W中波归航机，姜山台（又称东南远台，距离跑道入口端7.60千米）、石岭台（又称西北远台，距离跑道入口端13.60千米）配备63型500瓦中波归航机，设备均在1990年6月正式投入使用。1993年12月，宁波航站通信队升格为通信科，下设通信队、导航队和电话站3个机构。1998年10月，通信科升格为通信处（副处级），但工作性质未变，下辖无线通信科、导航科和有线通信科，1999年12月增设维修队。2000年，东南近台进行搬迁（搬迁后的近台距离跑道入口端930米），3月完成NDB-200G和MB-1的安装，2000年5月设备开放使用。

2002年1月8日，宁波空管站成立，宁波航站通信处被分为两部分，其中以原无线通信科和导航科全向信标台为主成立宁波空管站技术保障部，下设通信室和雷达导航室。2002年7月姜山台（东南远台）、石岭台（西北远台）更新NDB设备，型号为NDB-500，2002年8月完成校飞并开放使用。2003年4月，原航务管理部综合技术设备室整建制划归技术保障部，使技术保障部三级机构增加到 3 个。2005 年 4 月，东南远台更新 MB 设备，型号为 MB-1。2005 年起宁波栎社国际机场正式着手建设双向仪表着陆系统，双向配备 NORMARC7000B 设备，配置 DME 设备 AWA LDB-102 一部（主降方向），2005 年 12 月完成安装。2005 年 12 月，次降 31 方向通过投产校飞，2006 年 2 月开放使用；2006 年 3 月，主降 13 方向通过投产校飞，2006 年 5 月开放使用，同时西北近台、西北外指点标关闭。

2010 年 12 月，空管站统一实施"三定"方案，综合技术设备室划归空管站气象台，技术保障部设综合办公室，终端运行室、导航保障室、网络传输室、动力设备室、计算机室等 6 个科室。

2. 主要通信导航设备设施

（1）通信

1999 年，民航华东地区管理局批准新建宁波机场通信业务用房 1454 平方米，扩建电话站 550 平方米，敷设通信光缆 21 千米。2001 年 3 月开工，2002 年 5 月竣工，概算投资 371 万元。

①有线通信。栎社机场有线通信工程分场外通信、场内通信和程控交换 3 部分。1988 年 10 月，场外通信工程开工，工程包括从机场航管楼总配线室的配线架直列端至宁波市电话公司江南六分局配线架第十八列之间敷设的用户中继线电缆 1 条，中继线 20 对，敷设直埋电缆 7.3 千米，管道电缆 6.47 千米，1989 年 12 月 30 日竣工。1988 年 10 月，场内通信工程开工，工程包括总配线架至全向信标台、北近台、北外指台、下滑台、灯光变电站；总配线架至航向台、南近台；总配线架至机场办公楼、汽车库、宁波机场边防检查站、宁波机场安全检查站；总配线架至发讯台、油库区、航站楼、总变电站、综合仓库、航管楼等，并实施用户端全线开通。敷设通信电缆总长度为 22.5 千米。1990 年 5 月 15 日竣工。1990 年，栎社机场开始建设电话系统，装机容量为 200 门，1993 年升级到 400 门。2000 年，更新程控交换机为 ALCATEL-4400，装机容量为 1000 门。2008 年，机场电话系统放弃原有自建方式，全部转为电信虚拟网用户并沿用至今。

②无线通信。对讲机系统主要使用 UHF 波段 403MHZ-470MHZ 之间的 4 个频道。中继台主要使用 TKR820/850 和 KG510 型号。对讲机终端为 GP88/GP88S/GP328/GM3688 及 TK3178 型号。至 2010 年，对讲机系统配置 4 个频道，供机场各部门通信使用，主要使用 4 台 KG510 中继台，安放于空管指挥塔 8 楼设备间；

加入对讲机系统的各单位对讲机总共 315 台。2004 年 5 月，上海 ACC 宁波遥控台建成，台站设置 6 个 ACC，每个信道主备机配置，配置地侧两路，空侧一路传输链路连接至上海青浦 ACC 机房，所有设备接入 UPS。2009 年 8 月，上海 ACC 台州遥控台建成，设置 4 个 ACC 专用信道，每个信道主备机配置，通过电信运营商线路传输至上海青浦 ACC 机房，配备直流电源柜并接入当地航管楼 UPS，台站于 2010 年 6 月启用。

③卫星站。宁波卫星站主要使用 C 波段和 KU 波段，C 波段使用频率在 6/4GHZ，KU 波段使用频率在 14/12GHZ。1996 年 3 月，C 波段始建，是年 12 月竣工。2006 年 12 月改扩建，次年 4 月竣工启用。2005 年 11 月，KU 波段始建，系现有 C 波段卫星网的补充网络，和 C 波段卫星网组成以空管信息网作为应用层、ATM 网作为数据交换层、卫星网作为传输层的综合性民航专用卫星通信网络。2007 年 4 月竣工启用。

2010 年，宁波空管站本场航管楼通信机房配置 4 个单体信道供管制使用，同时配置通播信道 1 个，设备由宁波空管站技保部负责安装与维护，全部设备接入 UPS，8 楼设备间配置管制应急单体电台即应急信道 1 个，接入 AK100 应急遥控盒。

（2）导航

①远台。石岭导航台 1989 年 3 月开工，位于机场西北方向，距跑道西端 13.6 千米、偏离跑道中轴以南 361.54 米处，导航台用房 340 平方米，内设 395AD 柴油发电机组 2 台，功率为 16 千瓦，1990 年 6 月竣工启用。2002 年 7 月更换导航设备，使用无方向信标机 NDB-500 设备。姜山导航台 1988 年 7 月开工，位于机场东南方向，距跑道东端 7.6 千米处，导航台用房 340 平方米，内设 395AD 柴油发电机组 2 台，功率为 16 千瓦。1990 年 6 月，导航台竣工启用。2002 年 7 月更换导航设备，使用 MB-1 指点标和无方向信标机 NDB-500 设备。

②近台。2000 年 1 月，机场南近台迁建工程开工，面积 45 平方米，次年 4 月竣工启用。累计完成投资 68.64 万元。至 2010 年 12 月，东南近台使用 MB-1 指点标和无方向信标机 NDB-200 设备。

③指点标台。系保证飞机可在能见度 800 米或 RVR600 米情况下起降，为飞行提供相对于距离跑道入口的标志点信息。1988 年 7 月，位于跑道西端 1 千米处归航台（北中指点标台）、跑道东端 7.6 千米处外指点标台和导航用房 340 平方米开工，1990 年 6 月竣工启用。1988 年 12 月，位于跑道西端 8.3 千米处北外

指点标台开工，建筑面积 130 平方米。是月，位于跑道东端 0.93 千米处中指点标台开工，面积 60 平方米。1989 年 1 月两项工程竣工。2005 年，北外指点标台、北中指点标台因宁波栎社机场飞行区二期扩建撤销。

④仪表着陆。1990 年宁波栎社机场正式通航，配备主降方向的仪表着陆系统，设备型号为 MARKII，主降方向和次降方向均配备中指点标和外指点标，型号为645A 型，同时东南近台及西北近台（两个近台均距离跑道入口端 1000 米）配备63 型 200 瓦中波归航机，姜山台（又称东南远台，距离跑道入口端 7.60 千米）、石岭台（又称西北远台，距离跑道入口端 13.60 千米）配备 63 型 500 瓦中波归航机，设备均在 1990 年 6 月正式投入使用。2000 年东南近台进行搬迁（搬迁后的近台距离跑道入口端 930 米），3 月完成 NDB–200G 和 MB–1 的安装，2000 年5 月设备开放使用。2002 年 7 月年姜山台（东南远台）、石岭台（西北远台）更新 NDB 设备，型号为 NDB–500，2002 年 8 月完成校飞并开放使用。2005 年 4 月东南远台更新 MB 设备，型号为 MB–1。2005 年起宁波栎社国际机场正式着手建设双向仪表着陆系统。2005 年 8 月，宁波栎社国际机场经飞行区二期扩建后，建成双向仪表着陆系统，双向配备 NORMARC7000B 设备，配置 DME 设备 AWALDB–102 一部（主降方向），主降方向安装 NM7000B 双频航向、下滑设备，同时在下滑台安装测距仪与之配套；次降方向安装 NM7000B 双频航向、下滑设备，同时在姜山台和南近台安装指点标设备与之配套。双向跑道均配备 I 类仪表着陆系统，保证飞机可在能见度 800 米或 RVR600 米情况下起降，为飞机提供相对于跑道垂直与水平方向及距离、标志点的引导信号。次降 31 方向在 2005 年 12 月顺利通过投产校飞，于 2006 年 2 月开放使用；主降 13 方向在 2006 年 3 月顺利通过投产校飞，于 2006 年 5 月开放使用；同时西北近台、西北外指点标关闭。

⑤全向信标台 / 测距仪。位于宁波栎社国际机场内，配置设备为汤姆逊公司512D 型全向信标和 721S 测距仪，自 1990 年建成并投入使用。2008 年由于设备老化严重，在该台址西北方向 150 米、距跑道中心线 200 至 250 米处兴建新的全向信标台。新全向信标台于 2008 年动工，设备配置为 S4000 全向信标和 FSD–45测距仪，供电配置为机场两路市电和 1 台 UPS。

⑥庵东航路导航台。位于慈溪市庵东镇，占地面积 2667 平方米，建筑面积480 平方米。建有机房 30 平方米，油库房、车库等附属用房 150 平方米，生活用房 300 平方米。1998 年 7 月动工，次年 3 月竣工。该台供电就近引入，内置 2

部油机和 1 台 UPS，通信线路接入附近邮电局。配置多普勒 S4000 型全向信标机和 FSD45 型测距仪，1999 年 6 月初完成安装调试，8 月 12 日正式开放。该台原属浦东导航站管理，2006 年 2 月起，划归民航宁波空中交通管理站管理。

（三）温州机场通信导航

1. 管理沿革

1990 年 7 月，温州永强机场通航时成立通信队，隶属航务管理科，主要负责民航温州航站所辖的通信导航设备设施的运行保障。下设维修所、东山导航台、灵昆导航台、发报台、电台、信标、导航、电话站等班组。

1993 年，民航温州航站进行机构调整，通信队升格为通信科，下设电话站、导航队、通信队、直属航站管理。

1998 年，通信科归口航务管理站领导，改为通信站，下设有线通信科、无线通信科、雷达站。

2002 年 1 月，民航温州空管站挂牌成立。空管站设技术保障部（副处级）下设雷达导航室、通信室、辅助设备室，主要负责雷达、甚高频、卫星、自动转报、东山导航台等设备设施。主要有 Alenia 二次雷达、Alenia 雷达终端显示系统、NDB、OTE 甚高频、蓝波自动转报系统、DDN 数据通信系统、卫星地面站等传输设备及其他附属设备。

2010 年 12 月，空管站进行机构调整，下设雷达保障室、导航保障室、终端运行室、网络传输室、动力设备室和综合办公室。主要设备有雷神二次雷达系统、DVOR/DME 设备、Alenia 雷达终端显示系统（升级为具备多雷达处理能力的自动化系统）、自动化应急系统、R/S 甚高频主用系统和应急单机、FREQUENTIS 内话系统、航管科技自动转报系统、MDR 语音记录设备、ATM 系统传输系统、办公自动化系统、加拿大 POLARSAT 公司的卫星地面站及附属设施设备、遥控甚高频等。技术保障部还为华东地区其他空管单位不间断提供 2 个二次雷达信号和 16 个甚高频遥控电台信号；在 2006 年和 2008 年先后建设大罗山雷达站和新的东山导航台，新建的东山导航台还是大陆和台湾两岸空中直航的一个重要报告点。

2. 主要通信导航设备设施

（1）通信

①地空通信。1990 年 7 月，民航温州机场开航，温州空管地空通信使用的是海华短波收信机和 2 部河南新乡的 VHF 收发机。1994 年增加 2 部意大利 OTE

VHF 电台。同时，为增加地空通信的备份手段，增加 2 部便携式贝克移动电台。1996 年因不再使用短波通信，发报台暂时关闭。1998 年温州机场对整个地空通信系统进行改造，由成都民航二所协助对温州机场的地空通信系统实施小型机场 VHF 整治，淘汰原使用的新乡 VHF 设备，新增 VHF 设备 3 部（10 瓦 2 部，25 瓦 1 部），与原 2 部 OTE 设备组成一个切换系统。2000 年 7 月，温州机场成立进近管制室，又增加 2 部 OTE 公司的 VHF 设备供进近使用。2003 年民航温州空管站引进内话系统，根据需要将 4 部电台接入该系统，另 3 部电台单独遥控盒与 2 部便携式移动电台组成地空通信的应急备用手段。2006 年 10 月起，新建 8 信道甚高频通信系统，工程总投资 683 万元。2008 年 9 月 19 日完成设备的安装、验收，2009 年 1 月开放使用。

②温州机场电话通信。1990 年 7 月，温州机场通航，民航内部以及相关协调单位的电话通信，均租用电信专线。机场内部的电话通信使用 H-905 纵横制 200 门自动交换机，开通电话中继线路 12 对。1994 年更新为 EAST8000 数字程控用户交换机，初期装机容量为 768 门，1996 年装机容量扩充为 1024 门，开通电话中继线路 45 对，其间还安装 SLD2-1 型 24 门调度程控总机。温州机场初建内部电话时，电话线路以铠装电缆为主，少量采用全塑电缆。1994 年 8 月，机线设备遭到 17 号台风损毁，无法使用。至 1995 年，电话线路全部采用全塑电缆。1996 年，建设程控电话工程中，新的通信机房建成，建立以新机房为中心的中继线路与用户线路网络。2002 年 1 月 8 日，民航温州空管站成立，民航内部以及相关协调单位有关飞行业务的电话通信租用电信 DDN 专线，采用中国电信虚拟网集中式用户交换机，原有交换机归温州机场公司使用。

（2）导航

①温州机场雷达站。1990 年 7 月，温州永强机场开航时，民航温州站尚无雷达设施。1996 年 6 月中国民航总局同意温州设置 1 套二次雷达。工程总概算核定为 3512 万元。在乐清黄华镇岐头山上设置航管二次雷达 1 套，雷达站占地面积 3.26 亩，1998 年 12 月破土动工，1999 年 5 月 8 日竣工。雷达站建筑面积 357.42 平方米，在跑道北延长线 12.5 千米偏东 4 千米处；天线塔高 24 米，天线塔地面海拔 121 米。在跑道外侧，距离跑道 200 米建有微波中转站。温州第二套航管二次雷达为上海—广州沿海航路改造工程温州大罗山航路 Raytheon 二次雷达，雷达设备自 2007 年 4 月 27 日开始安装，2007 年 8 月开放使用。

②自动化系统。1999 年 10 月雷达设备开始安装，2000 年 5 月 24 日通过验收，2000 年 7 月开放使用。总投资 243 万美元。自动化系统升级项目包括 16 路多雷达处理系统 1 套、雷达管制席位 2 套、主任席位 1 套、技术维护席位 1 套。2006 年 11 月 24 日校飞，2007 年 5 月开放使用。应急自动化系统于 2007 年 10 月开始安装，2008 年 1 月开放使用。

③东山航路导航。始建于 1989 年 7 月，1990 年 7 月投入使用。导航台安装设备有 2 台 63 改进中波归航机。1998 年 8 月 14 日台风冲垮飞云江堤，损毁 1 台归航机。1993 年 9 月重建，新购 1 台 NDB500 型中波归航机，2001 年新增 1 台 NDB500 型中波归航机。因东山导航台周边地区电磁环境变化，2007 年 7 月 29 日经民航华东地区管理局批准，东山导航台迁建。新建导航台位于瑞安市飞云镇石碣门村内，占地面积 4290 平方米，总建筑面积 480 平方米，主建筑机房为 9 层建筑，高度 30 米，建筑面积 295 平方米，设备选用 DVOR4000，测距仪设备为 FSD45，地网采用 50 米直径混凝土结构地网，高度 30 米，2009 年 1 月开放使用。

（四）台州机场通信导航

1987 年建站时，航站设立技术科，机场通信导航由技术科负责保障。

1989 年 5 月，购置单边带 2 台。10 月，添置特高频 2 台，架设 1 条 450 米的三相四线专用电源线路。1993 年，实现高频联网，可直接与杭州、宁波、温州各航站和东航通信。主要通信导航设备有：西南远台、西南近台、东北远台、东北近台、定向台、归航台。

1994 年 12 月，通信人员从技术科分出，设立通信科。1996 年，自动转报系统及盲降设备投入使用，并投资 15 万元实现双回路供电。16 声道录音机投入使用，实现陆空通话、站调电话录音。10 月，建成航向台、下滑台、全向信标台等 3 个导航台。

2006 年内设机构调整，通信科更名为通信导航处。2010 年，通信导航处共有航空电信执照人员 7 名。

（五）义乌机场通信导航

1991 年 4 月，义乌机场开航时，通信导航专业职能隶属于航行科。1994 年成立通信科。通信保障设备较为简陋，有甚高频地空通信系统、录音记录仪、对讲机通信系统、程控交换机等。

1994 年，机场扩建新增全向信标 / 测距仪和 02 号跑道 I 类仪表着陆系统，设施设备得到改善。

2010 年，义乌机场新建航管楼启用，通信科迁入新建航管楼，通导设备进行全面更新，提升义乌机场通信导航保障能力。主要更新设备包含德国 R&S 甚高频地空通信系统、蓝波自动转报系统、东进语音通信交换系统、东进多声道语音记录仪、航管信息处理、数字集群对讲机系统等。

（六）衢州机场通信导航

2002 年 5 月 28 日，衢州市民航站通信科成立，是衢州市民用航空站内设二级机构，同时接受民航浙江安全监管局和民航华东地区管理局的行业管理和业务指导。其前身为航务科通信组，属航务科管理，后因衢州民航业的发展，从航务科剥离。通信科按专业下设 3 个保障组，分别是：导航设备机务组、平面通信机务组、地空通信机务组。

2001 年 5 月至 2003 年 3 月间，增加 K/TGR-122 型 VHF 电台 3 台。2004 年 5 月，中国民航局统一安装 ATM 交换机系统，实现全国民航机场的内部联网。2007 年 9 月，在 TKR-720 对讲机中继台的基础上，增添 TKR-820 对讲机中继台 1 台。2007 年 9 月 20—22 日，安装 ZB16164-D8 电报信息处理系统。转报系统改为民航制定专用设备，能满足民航空管设备开放的要求。2009 年，添置航空无线电通信地面设备，安装数字内话系统。

为提高复杂天气下航班保障能力，投入 1100 多万元开展仪表着陆系统建设。2010 年，仪表着陆系统建成，并完成设备校飞、程序试飞以及开放审批工作。当年，有技术人员 5 人。

（七）舟山机场通信导航

1996 年 5 月，舟山市民用航空管理局（舟山民用航空站）成立，下设通信导航科。1997 年 9 月，下设信标组、盲降组、塔台组、转报组、电话组，共有职工 24 人。2000 年 2 月 25 日，通信导航部更名为通信导航分公司，下设航管通信组、转报组、盲降组、信标组、程控电话组。2001 年 9 月，通信导航分公司与航行气象分公司合并，成立航管中心，下设通信导航站。2005 年 4 月，通导站更名为航管中心技术保障部，航管中心气象台气象机务组划归技术保障部。

舟山机场导航台由全向信标 / 测距台、仪表着陆系统、普陀山归航台、北近台 / 北指点标台和南近台 / 南指点标台组成。整套导航设备由加拿大政府无偿援助。

1997年1月开始运行，5月除南近台（NDB）设备及全向信标台测距仪设备外其他设备均通过投产校验，9月全向信标台测距仪设备通过投产校验。南近台因地形原因没有通过1997年投产校验，2000年6月29日因同样原因没有通过年度校飞，设备停机，2005年12月，中国民航总局批复同意撤销南近台。

2008年9月，导航设备更新为NORMARC 7000B型仪表着陆系统和THALES FSD-45型测距仪。2010年10月36日，跑道仪表着陆系统停用，进行原址更新。

电话通信。1997年2月21日，开通通广—北电OPT11型号256门电话交换机，实装243门，外接21条中继线电路到电信局。1999年3月25日，新增郎讯交换机192门供机场民航宾馆使用，共开通使用100门，2个小交换机互相连网。2002年10月，在机场使用电信虚拟网交换机，虚拟网设备是HONETONU-512设备，装机容量512门。

自动转报。转报设备自1997年7月30日开通，使用ZB-16/64D32路自动转报机，主控机柜16路，2008年该套设备更新为新型的ZB-16/64D16路自动转报机。

地空通信。共配备8套地空通信VHF设备。2008年2月，新增1台JOTRONTR-7550地空电台，2012年6月，新增1台R/SXU4200地空电台。

录音设备。舟山机场通航时采用TM164-00124通道多声道记录仪。2008年11月，更新为康潍COMVERST-C型32路数字语音记录仪。2008年11月，新增1台东进MDR-160型32路多通道语音记录仪。

移动通信。舟山机场场内地面移动通信配备摩托罗拉GP63、GP68、GP88、A8和键伍TK-3107等型号模拟对讲机，采用KG-110转信系统。

四、气象保障

航空气象是飞机在空中安全飞行的重要保障之一，其职责是及时而准确地向空勤人员、航行指挥部门提供飞行气象预报和情报。

（一）杭州机场气象保障

1.民航杭州站气象观测哨

1956年1月1日，经国务院批准，民航气象系统归中国气象局建制。1956年2月底，中国民航局批准在杭州建立航空站。10月，民航杭州站建立，当时未设立气象部门，起降飞机所需的气象报告由空军气象台提供。是年12月，在杭州笕桥机场设置气象观测哨，设观测员 1 人，隶属上海市气象局领导。仅配备有小百叶箱 1 只、电传风向风速仪 1 台、气压高度表 1 个、干湿球温度表各 1 支等简单器具。

1957 年 1 月 1 日，杭州笕桥机场正式开辟沪杭昌穗航线（革新 106 号机），每周往返两次，气象观测哨按航班进行供航观测服务，观测项目有本站气压、气温、湿度、风向风速、能见度、天气现象、云况、降水量、地温等。1957 年 1 月至 1959 年 9 月，民航杭州站建立初期，民航的气象保证工作是由民航杭州站与驻场空军以签订气象业务合同的形式共同保证的，飞行所需气象资料均由空军气象台提供。此外，1956 年 6 月 1 日，上海气象局在龙华机场设立上海民航气象台，专为民航飞机起降提供气象保障，该台设有预报、观测、填图 3 个组，是民航华东地区气象业务指导中心，服务区域为民航上海管理处管辖的江苏、浙江、福建、江西、安徽、山东和上海六省一市民航调度区。当时，华东地区仅此一个民航气象台，故民航上海管理处所辖航站天气预报均由上海民航气象台负责。民航杭州站开航初期，航站预报及航路预报就是委托上海民航气象台代做的。

1958 年 2 月 27 日，国务院决定将中国民航局划归交通部领导，改称交通部民用航空总局；3 月，浙江省交通厅成立民航管理处，航站气象观测哨改为天气科，隶属于浙江省气象局管理。

2. 民航杭州笕桥机场气象台

1959 年，民航气象台、哨委托民航部门统一领导。8 月 21 日，中国民航局设立气象处。1960 年 1 月，民航上海管理局设立气象科（后扩为气象处），属上海市气象局建制。

1957 年 7 月 23 日，民航上海管理处就要求民航杭州站筹建气象台。1959 年 9 月 21 日，浙江省气象局负责组建民航杭州笕桥机场气象台，并实施管理。下设预报、观测、填图、报务 4 个组。

气象台承担航站的全部气象保障工作，主要职责是按航班提供本站天气实况和预报服务。固定业务工作内容：每天 8 点地面天气图（国内、蒙古、日本；国际点绘中央气象台分析报）；8 点、20 点高空 850、700、500hpa 天气图（国内）固定（1962 年 12 月增加日本资料）。其中 8 点 700、500hpa 国际高空点绘中央气象台分析报；固定 8 点、20 点上海探空（1965 年 9 月取消）、杭州探空、衢州探空及 2 点、5 点、14 点地面图（视飞行而定）；发布 6 小时重叠航站预报和航线预报；观测工作按照 13 小时（0 点—12 点世界时）定时观测，并根据航班情况增加观测时次，观测项目与 1957 年基本相同，但是取消地温观测，增加日最高最低气温观测；天气会商制度为：每天下午 4 点半与场站空军气象室、省气象台会商一次；视航班需要而定的航危报有湖州、昌化、宁国、屯溪、景德镇、九江、婺源、乐平等气象站，用 OBSMH 向杭州每小时发报一次，固定时间以外保持预约关系；遇有一级专机任务时，每半小时发报一次。1960 年 1 月 1 日开始，每天 6—18 点定时观测，其他时间视飞行动态供航观测，同时制作观测月报表。

3. 民航浙江省管理局气象台

1960 年 5 月 25 日，民航杭州站改为民航浙江省管理处。1961 年 1 月，根据中国气象局和交通部民航总局关于"将民航气象台、哨，移交给民航系统，实行以民航为主的双重领导"的要求，民航杭州气象台人员、设备均交给民航，隶属于民航浙江省管理处，实行民航和省气象局双重领导，以民航为主。有关航空气象科研、仪器设备校订、检查、安装，特殊飞行和专业飞行所需资料（包括地方航危报、雷达情报），科技干部输送、培训等行业管理，由省气象局负责。自此民航杭州笕桥机场气象台更名为民航浙江省管理处气象台。

1961 年 6 月 13 日，民航上海管理局决定将浙江省的民用航空管理处（设在民航杭州站）改为民航浙江省管理局，同时，民航浙江省管理处气象台改称民航浙江省管理局气象台。8 月，民航浙江省管理局精减人员，气象台仅留 7 人。1962 年 4 月 15 日，根据中共中央、国务院《关于"改革民航体制"的通知》要求，民航脱离交通部改为国务院直属。民航虽不属空军建制，但其业务、党务、干部人事工作由空军负责管理。故民航浙江省管理局受民航上海管理局和空五军领导，民航浙江省管理局气象台参与空五军气象处组织的业务活动。1962 年 12 月开始实现报务员抄填合一，以提高工作效率。

1965 年 9 月 2 日，气象台与电信局、气象局签订"民航气象电传安装使用协议"，正式启用电传机（50 波特），报务员改为手工填图，无线电报务作为备用。

1967 年 1 月 26 日，国务院、中央军委颁发《关于民用航空系统由军队接管的命令》，决定对中国民航总局、各大区管理局、省区局、航空站、指挥勤务保障体系、机场和飞行学校，一律由军队接管，接管工作由空军组织实施。自此民航浙江省管理局由空五军接管，气象台由派驻军代表管理。1969 年 11 月 20 日，根据国务院、中央军委把中国民航划归解放军建制的决定，中国民航总局归军队建制，民航浙江省管理局受民航上海管理局和空五军双重领导。1973年，启用711型气象雷达。1974年4月，正式组建气象雷达站，增添传真接收机和弧光测云仪。1975年3月，根据中国民航总局关于"组建气象天气图传真接收"的通知，确定北京、上海、广州、沈阳、杭州、昆明等12地开展接收工作。1976年3月，成立气象传真室，进行传真天气图的接收，主要接收中央台24小时预告图（1988年4月开始接收日本东京台卫星云图分析，24小时天气形势及降水预告图、月预告图、物理量计算图等）。1976年，天气资料又做了调整：02点、14点地面图（东亚部分天气图）固定；08点地面图（国内、蒙古、日本、苏联部分）固定；08点、20点高空图：850hpa（国内加日本）固定；700hpa、500hpa（亚欧）固定。有大型机来杭州时，增填300hpa高空图。1983年8月，观测组改建为观测站。1984年3月根据任务和上级要求，预报分为航站班（主班）和航路班（副班）。

1971年11月，开始扩建杭州笕桥机场。扩建工程包括机场跑道、候机楼、通信导航及改建杭笕公路4个单项工程，机场停航。工程期间，本台保持08点地面及850hpa、700hpa、500hpa高空图（国内加日本，700hpa、500hpa国际高空点绘报）。1972年2月9日复航，气象资料恢复正常。次年2月，美国总统尼克松访华，遇到复杂天气，值班人员做出准确的天气趋势预报，保证专机的安全。

1974年12月30日，中国民航总局规定北京、上海、杭州、太原、广州、乌鲁木齐等地作为对外开放的国际机场气象台，执行国际供航任务。1976年1月，在保障飞行安全中首次执行国际民航组织的技术标准，采用国际航空气象电码。10月1日起，正式按国际航班要求，执行24小时供应天气实况和预报，参与中国与通航国家的气象情报的对等交换。向中国民航总局气象室每隔3小时发布一次有效时间为9小时（后来曾改为12小时）的重叠航站预报、每隔6小时发布一次有效时间为24小时航站预报，同时加发2次7000米以下的航路预报，并随时发布特选报（趋势着陆预报未执行）与国外交换气象情报。1977年11月，中国民航总局下发《国际航行气象服务》第8版及《民航气象工作条例（试用本）》。1978年3月1日零时（世界时）开始执行中国民航总局下达的《国际航行气象供应办法（试行）》和《国内飞行情报供应办法（草案）》及《天气预报评定办法》。10月，结合本台实际，修订完善预报工作的各项规章制度，规定预报员必须于第一架飞机起飞前三个半小时上岗，下午4点会商天气，每月25日翻阅历史图交流下月天气概况。1979年1月，人工制作24小时观测月报表。2月10日0点

（世界时），观测、预报使用世界时及四字代码发报。

1980 年 3 月 1 日，开始执行《国际飞行气象情报供应办法（第一次修改稿）》。3 月 15 日起，民航不再由空军代管。中国民航系统再次改为国务院领导，实行企业化管理。3 月 27 日，中国民航总局开始对义务工分批改为固定工或作退伍处理（1974 年—1981 年 10 月，办理退伍转业人员 23 名，改工人员 7 名），并逐步结束办理退伍转业工作，开始招收技校生和合同工。此后，民航浙江省管理局气象台人员和各种新设备逐年增加，机构扩展。5 月，调整航危报点并与有关省气象局签订有偿使用协议。6 月 27 日，民用航空地区管理局和民航各省份管理局由中国民航总局和各省、自治区直辖市人民政府实行双重领导，但以中国民航总局为主。10 月 1 日开始执行中国民航总局气象处下发的《气象观测月总簿质量检查评定暂行办法》和《有线无线电机务差错事故标准（包括气象雷达、卫星、传真、电传）》。1981 年 1 月 13 日，执行中国民航总局气象处《关于复杂天气情况下值班观测员要求及观测程序》，并规定观测员需否上塔台，由值班调度员决定并通知。3 月 1 日，开始执行中国民航总局气象处下发的《天气预报质量评定办法》。5 月 1 日，开始执行中国民航总局下发的《卫星、传真、雷达电传工作制度和质量评定办法》。5 月 14 日，中国民航总局办公室、航行司联合下发《民航气象资料技术档案管理暂行办法》，开始对气象资料进行管理、分类、登记。7 月 1 日，执行中国民航总局气象处下发的《民航气象观测月总簿编报规定》。1982 年 1 月 1 日 0 点（世界时），执行新的地面天气报告电码（GD-01 Ⅱ），停止使用（GD-01 Ⅰ）。6 月 1 日 0 点（世界时），拍发的天气报告中，必须按规定格式填写收电地址和单位。

1984 年 2 月，根据中国民航局《关于编发气象电码报统一使用世界时的通知》，本台自 3 月 1 日起发报时间均改为世界时。

4. 民航浙江省管理局航行训练科气象台

1984 年 5 月 24 日，民航浙江省管理局进行机构改革，二级机构设科。气象台与调度室合并，成立航行训练科。气象台下设预报组、观测组、填图组、雷达站、传真修理组、电传修理组、资料室。

1986 年 1 月，中国民航局航行司下发关于《中国民用航空气象工作规章汇编》的通知。中国民航局对气象工作提出要求：预报正确率 85%，返航备降率千分之三；观测错情率万分之三；航填万分之二；填图万分之五。本台规定质量检查上报制度，各工种接班后，需检查上一班的工作质量，并进行登记，台领导组织抽查，月底汇总，每月 5 日前填写好工作月报表，并报民航上海管理局。

1986 年 2 月，填图组改建为填图室。4 月 1 日，改变气象观测计算发报方式，正式启用 MZ-700 计算机自动编报、打印。1987 年 1 月 7 日，根据中国民航局航行司要求，经民航浙江省管理局批准，正式成立气象资料室。3 月预报组改建为预报室。是年购置广州海华 RX1002 型无线收信机 1 台。1989 年 3 月 1 日，实施气象填图自动化，填图速度从地面图 3.5 站 / 分、高空图 6 站 / 分提高到地面图 12 站 / 分、高空图 24 站 / 分。为保持手工填图技术，暂时保留双轨制，规定 14 点地面图人工填图，并检查上报质量。此后，1994 年 10 月 1 日 0 点（北京）实行自动填图单轨制。1988 年 3 月筹建卫星接收站，1989 年 4 月 5 日正式组建卫星接收站。1990 年 2 月 1 日，接收卫星云图（图片），每天 9 点、14 点两次；由计算机每小时自动显示、储存等，取消接收传真卫星云图分析；5 点、17 点地面辅助图改为非固定。1990 年 3 月，卫星接收机正式启用。1988 年 8 月根据中国民航局《关于变更月总簿中能见度及云高统计档次的通知》要求，与国际云高、能见度特选报统一标准。1990 年 3 月 1 日，观测站分地面观测班（主班）和航填班（副班）。1991 年 8 月 1 日 0 点（世界时）正式启用 XOY02 型振筒气压仪，水银气压表备用。11 月 1 日执行新的观测规范，其中正点观测时间从 45 分改为 50 分开始。1991 年 11 月 25 日，配备观测用的微型计算机。1992 年 1 月 1 日，用高宝 286 微机自动编发报。2 月 1 日 0 点（世界时）停止使用水银气压表。10 月 1 日用 T&W 微机更换高宝 286 微机自动编发报和制作气象观测月报表、年总簿。

1986 年 6 月 16 日，中国民航局下发《关于改革飞行气象文件的通知》，将原飞行天气报告表改变为飞行气象文件。自 1988 年 2 月 1 日起，正式使用国内飞行气象文件，附 300hpa 高空图及重要天气预告图、航路预报、降落站、备降站预报、实况复印给机组；7000 米以下仍沿用飞行天气报告表。

1987 年 1 月 1 日，执行干部领班制，每日 8 时交接班；负责组织各项值班工作，检查各类人员的工作情况，协调和处理内外有关事宜，做好各类情况的记录；上班后了解天气和预报情况，必要时会同值班预报员发布订正预报；参加天气会商，参与早、中、晚天气预报（航站、航路），与值班预报员负同等责任；制作和复印飞行气象文件；有专机或重要飞行时，亲自参加气象保障和服务工作；及时组织讲评，因气象原因发生的飞行事件，调查核实原始记录，封存待查。

1987 年 8 月 1 日，正式执行中国民航局《关于下发"取消飞机接收制度的暂行规定"的通知》，并落实《"取消飞机接收制度后有关气象服务"的通知》要求，对起降航段上起飞、降落、备降机场，于第一架飞机起飞前 2 小时提供航站预报，实况提前 2.5 小时发布，只对起飞站起作用，是否飞行由机长决定等。1990 年 6 月 1 日，执行中国民航局《关于取消因气象条件关闭机场的决定》。1990 年 5 月 26 日，中国民航局公布中国民用航空气象工作规则，要求于 11 月 1 日按中国民航局的航空气象工作规则执行气象保障工作。

1990 年 2 月 18 日—3 月 2 日及 5 月 1 日—8 月 20 日，因修整跑道停航，经请示中国民航局气象处同意，停航期间国际、国内航站预报不发，7000 米以下航路预报仍发，观测只记录不发报，辅助图、20 点地面图、300 高空图取消；8 月 21 日复航，气象资料恢复正常。

5. 民航浙江省管理航务管理站气象台

1992 年 10 月 28 日，民航浙江省管理二级机构改为处建制，航行科改称航务管理站（正处级单位），气象台隶属于航务管理站，为副处级单位，下设预报室、观测室、雷达室、传真室、卫星接收站、资料室、计算机室、填图室等 8 个队级单位。

1993 年 2 月 24 日至 12 月，受浙江省衢州民用航空站委托，为衢州民航站气象工程提供技术服务。7 月正式开始施工，11 月竣工。9 月 29 日，浙江省气象局、民航浙江省管理局共 4 位专家对舟山新机场气象情况进行分析论证。10 月 29 日，提出舟山机场初步设计中气象工程的意见。1994 年 9 月，受浙江省黄岩民用航空站委托，为其气象扩建工程提供技术服务，1995 年 1 月 11 日完工移交使用。1999 年 5—6 月，派出 5 名技术人员为桐庐直升机机场建立观测场并完成其他气象设备的安装调试工作，从 6 月 22 日桐庐直升机机场成功首次试飞开始，本台代其编发预报。

1995 年 6 月 1 日，实施新的气象情报交换办法。7 月 15 日，正式按照《航空报实况图填写暂行规定》执行；同时根据《关于 FC 预报有效时间标准化的通知》要求，FC 航站预报有效时间统一为 9 小时。8 月 1 日起，每隔 3 小时发布一次有效时间为 9 小时的重叠航站预报，固定发 2106、0009、0312、0615、0918 五份 9 小时预报，在必要时加发 1221 预报；同时开始执行中国民航总局 1994 年版《航站重要天气预报质量评定办法（试行草案）》。1995 年 5 月 1 日起执行中国民航总局、海军、空军联合发布的《专机飞行气象保障协同规定》。遇到复杂天气过程时，为提高预报质量，确保飞行安全，气象台利用电话与空军气象台、省气象台及其他气象台反复进行天气会商。1996年1月1日0点（世界时）正式施行中国民航总局1995年版《航站重要天气预报质量评定办法》；同时正式施行中国民航总局《新国际航空气象电码》。

1995年7月7日，安装调试跑道自动观测系统，1996年5月正式投入运用。1998年6月，自动观测系统软件升级。1997年7月1日起，除每日实行24小时每小时1次的例行观测和报告外，增加每日20次半点例行观测和报告。根据民航华东空管局《关于施行以传真预告图代替航路预报的通知》有关规定，10月1—31日试运行，11月1日0时（北京时）正式执行，即每天两次接收高空重要天气及风、温度预报图；绘制中低空重要天气及风、温度预告图。

1999年，气象自动化程度提高，逐步取消填图室，从9月16日起由预报员兼填图工作。

1999年3月2日，中国民航总局下发《飞行气象情报交换办法》和《关于制作发布飞行气象情报的规定》，逐步完成AFTN网和卫星传真广播网的联网工作，提出并实行"一想、二看、三动、四认、五报"新旧模式交替时的工作要求。6月1日起实施新的气象情报交换办法。2000年6月13日华东确定杭州、温州、济南等10个低空气象监视台。6月30日根据有关发布低空重要气象情报的规定，开始按照天气情况编发。

2000年，根据杭州萧山机场搬迁工作计划，分批参加新机场各气象系统的培训学习。从11月18日开始每天安排1人对新机场进行对比观测、积累资料。12月2日15：30—17：50一架厦门航空公司波音757-200飞机在新机场按照起落航线试飞。预报、观测做好目视气象条件（800米云高、5000米能见度）标准试飞过程的气象服务。12月25日后，在新机场的搬迁、试飞、正式运行过渡期间，开始模拟上岗。

6. 杭州萧山机场空管中心气象台

2000年12月30日，杭州萧山机场有限公司成立，2001年12月13日，更名为杭州萧山机场公司。公司设置机关部室、保障部门和下属公司27个，空管中心是公司的保障部门。中心下设综合办公室、航务管理站、通信总站。航务管理站下设航行管制室、航行情报室、气象台。气象台为副处级机构，下设气象预报室、气象观测室、电子机务室。2001 年，共有气象人员 34 人。

2000 年 12 月 15 日，气象台与船务管理站飞行报告室签订气象服务协议，明确工作职责，将气象情报递交机组工作移交给飞行报告室。2001 年 4 月与飞行报告室签订特殊天气通报协议。4 月根据晚上航班增多的情况，开始增发 1524 航站预报和航路预报。

2001 年 10 月 9 日，制订上海 APEC 期间的备降方案，明确目标、措施和备降保障流程。10 月 17—23 日上海 APEC 会议召开期间，准确预报天气过程以及杭州萧山机场的天气演变趋势，为 APEC 会议期间可能的备降做了充分准备。

7. 民航杭州空管中心气象服务室

2002 年 1 月 8 日，杭州萧山国际机场实施空管体制改革，空管中心从机场公司成建制划出，成立民航杭州空中交通管理中心，气象台也同时划归民航杭州空中交通管理中心管理。

2002 年，综合技术设备室有 7 人。气象服务室有观测员 8 人（后来减少到 7 人）、预报员 7 人，负责提供 24 小时观测（含 20 次半点观测）和定时或不定时机场天气预报和危险天气机场警报；提供服务区内飞行的航空器中低空飞行航线天气预报；为机组、空中交通管制人员讲解天气；监视服务区内航线上的天气演变，并按规定发布低空重要气象情报和其他有关的气象情报等。2004 年 4 月 22 日设备集中监控，综合技术设备室有关设备搬迁。8 月 30 日空管中心决定，将综合技术设备室划入技术保障部通信室。

中国民航总局印发《民用航空机场特殊天气报告标准与规定》，气象台发布的特殊天气报告（SPECI 报）采用《国际航空气象服务》规定的统一数值，与国际标准接轨。气象服务室从 2003 年 1 月 1 日 0 点（北京时）正式实施。2003 年 4 月，GMS-5 卫星云图资料停止发送，气象服务室通过网络调用 GOES 卫星云图有关资料，开展工作。

2004 年 10 月 17 日，开始执行空管日报告制度，以书面形式介绍当天复杂天气对航班影响情况和预报次日可能对航班造成影响的复杂天气。12 月 10 日，民航华东空管局气象处实现华东地区气象信息联网。

2005 年 6 月 27 日，中国民航总局发布《中国民用航空气象工作规则》，自 7 月 27 日起施行。12 月，郑州东西方的自动填图与分析系统启用。

2007 年 7 月 1 日，民航杭州空中交通管理中心更名为中国民用航空华东地区空中交通管理局浙江分局，气象台为航务部下设的气象服务机构。7月，在民航华东地区管理局统一安排下，安装 FY-2C 气象卫星接收系统，2008 年 2 月系统启用。2008 年 2 月 1—3 日，杭州遭遇历史罕见的大雪冰冻，1 日傍晚到 2 日傍晚机场关闭。

2008 年 6 月，新 621 系统安装并投入使用。8 月，气象台完成北京奥运保障任务。

2009 年 1 月，便携式观测仪作为气象观测应急设备投入使用，便携式观测仪可以探测风、气压、温度、露点、湿度等气象要素。7 月 1 日，卫星气象传真广播系统和气象信息数据库系统同时运行。

2010 年 2 月 15 日，气象台采用手机短信方式发布机场天气警报，通过移动 e 管家把气象信息发给相关部门和个人。10 月 1 日，按照《民航华东空中交通管理分局（站）主要职责、内设机构、人员编制实施方案》的具体要求，开展"三定"工作，气象台重新成立，为分局的二级机构，下设气象综合办公室、气象预报室、气象观测室等。

（二）宁波机场气象保障

1984 年宁波航站始建时，租借东海舰队海军航空兵庄桥机场，气象保障单位只设供航观测，没有预报员，只有两名观测员，气象设备少，业务简单。

1987 年 10 月，民航宁波站庄桥机场气象台正式成立，气象台设预报组、观测组、填图组，总人数为 10 名，开展常规供航观测，有单边带 RX100Z 型收讯机 1 台、PACT220 电传打字机 2 台、动槽式水银气压表 2 只和 EY1 型风向风速仪 1 台，实测云高没有制氢和放球条件，以云幕灯为主。

1990 年，宁波航站迁址栎社，气象台归属民航栎社机场航气处，正式开始 13 小时每小时一次的定时地面气象观测，观测要素主要是温度、气压、风向风速、云、能见度等。迁入新机场后，气象设备配置达到一个新的水平。雷达站装备 711 型测雨雷达系统，此设备具备远程模拟图像的传输能力；填图室装备自动填图系统，并与市气象台建立信息通信网络；观测室配备制氢室、IBM 计算机、七七式激光测云仪、CFJ-IIB 测风经纬仪、BD-5511 型复印机等；传真室配备 ZSQ-301 型传真机。

1991 年，观测室新增观测信息自动处理系统，更新配备 XDY02 型振筒气压仪。1993 年，雷达站引入南京大学研制的数字化处理系统，使雷达回波得以数字化处理和显示，进一步提高雷达的保障性能。

1994 年，气象设备引入自动转报终端。

1995 年，卫星传真广播系统开始建设，卫星云图接收系统投入使用，1997 年 4 月开始正式试运行。1999 年初，卫星传真广播系统正式启用，卫星云图系统实现升级改造。1999 年，为解决"千年虫"问题，更新部分计算机设备。2000 年，气象填图组撤销，填图工作由预报员兼任。

2002 年 1 月 8 日，航管机构从机场划出，成立民航宁波空中交通管理站，气象部门也随之划归到空管站的航务管理部，气象服务室和综合技术设备室为航务管理部的下设机构，气象服务室下设气象预报室和气象观测室。

2003 年 3 月，711 气象雷达报废。2003 年 5 月 1 日，综合技术设备室划归技术保障部。2003 年 7 月底，经过近半年建设，宁波市气象局 9210 和多普勒雷达信息系统引接工程完成，8 月正式投入使用。

2004 年 9 月 1 日起启用气象自动站。2005 年 2 月 1 日启用跑道测风仪；2 月，华东地区 DDN 气象联网工程投入使用，并对 621 系统升级改造；8 月，巴特公司的自动填图系统正式开始投入使用。

2006 年 5 月，引接气象局内网信息，通过内网，预报员可以方便地调到会商资料、中尺度模式数值产品，对日常工作起到良好的促进作用；8 月 15 日，自动气象观测系统（AWOS）正式启用。

2007 年 4 月 27 日，新的航管楼启用，可视天气会商系统开始投入正常运行。2009 年 7 月 1 日，新 621 系统正式启用。

2010 年 10 月，剥离原航务管理部气象服务室、原技术保障部综合技术设备室，合并组建气象台。

（三）温州机场气象保障

气象台位于温州东南 21 千米处的龙湾区温州机场内，建于 1990 年 7 月，设有气象观测自动遥测系统、气象卫星云图接收装置、711 气象雷达、自动填图设备等。担任定时、供航观测和航站天气预报，编制气象观测月报表等任务。

（四）台州机场气象保障

1987 年，气象站归属航站技术科，借用海航路桥机场气象台办公场地，使用其气象资料进行保障服务。

1989 年底，开始筹备组建民航气象台。1990 年，成立黄岩民航气象台，购买地面实况观测设备、气象传真接收机、配有自动填图软件的计算机各 1 套。

1991 年，补充部分辅助设备，并增加预报员 1 名。正式启用振动气压仪代替水银气压表作为气压测量设备。1992 年，新增无线电填图员 1 名。预报、观测、填图均有专职人员。1993 年观测启用计算机自动编报机场实况。

1994 年，航站大规模扩建时，气象台投入近百万元的资金进行扩建，并购置高分辨卫星云图接收设备、云幕灯等先进设施。配备专职电子计算机机务员，调入工作人员 3 名。

1995 年，航班大量增加，新增工作人员 4 名。1996 年，开通有线自动填图系统，同时建成自动转报网络系统。1997 年，建成气象台自动遥测系统，新增 1 名预报员。

2002 年，制定气象台运行手册。2003 年，新增气象卫星广播传真接收系统（9210 系统）和气象预报信息处理系统各 1 套。2004 年迁建观测场，更新自动气象站系统。2006 年更新卫星云图接收处理系统 1 套。2008 年修订气象台运行手册。2010 年新增航空气象综合信息系统 1 套，制定气象台航空安全保卫工作手册。

（五）义乌机场气象保障

义乌民用航空站气象台始建于 1990 年 11 月，位于义乌机场内。1991 年 4 月 1 日正式启用。气象台下设预报室、观测室、填图室，提供定时、供航观测和航站天气预报。有预报员 2 名、观测员 3 名，主要靠单频带、电传打印机输出报文，采用手工填写天气图，气象报文通过电传机发报。

1993 年 5 月底至 1994 年 10 月 27 日期间，义乌机场停航扩建，1994 年 10 月 28 日复航。其间，义乌民用航空站购置 286 计算机，建立自动填图系统。此后，逐渐建起卫星云图接收系统、自动编发报终端、自动气象站。

2009 年 9 月，气象信息数据库投入使用。地面气象观测时次为 24 小时观测，观测项目有云、有效能见度、天气现象、风、气压、气温、湿度、积雪深度；在飞行活动结束后实施无人值守；负责提供例行、特殊和事故天气观测与报告。天气预报实行供航预报，即于当天第 1 架飞机起飞 3 个小时前至当天飞行活动结束期间，负责发布机场天气预报（有效时间为 9 小时和 24 小时）、趋势预报、机场警报；同时向值班领导、航管人员、飞行机组等相关用户提供气象情报和咨询服务。2010 年，气象台有 6 名工作人员。

（六）衢州机场气象保障

1993 年 10 月，衢州市民用航空站气象台设立，属航务科下属部门。有人员

8 人。常规气象观测场位于衢州民航站航管楼西北侧约 50 米。建有北京巴特公司提供的 GMS 静止气象卫星云图接收处理系统，可利用单边带、电传机收集天气图报文资料。1999 年 12 月，利用宽带专线从衢州市气象局获取天气图报文资料，经资料处理主机、打印机提供高空、地面天气图。

2007 年 8 月，FY-2C 静止气象卫星云图接收处理系统投入使用，2008 年 1 月 1 日 SAWS-1（B）型自动气象站正式启用。

2009 年 10 月，航站内设机构调整，设立气象科，下设预报室、观测室、设备保障室（气象设备保障工作由通信科负责）。2009 年 11 月，利用宽带专线从衢州市气象局网络中心获取多普勒雷达实时资料。2010 年 6 月，完成 SAWS-1（B）型自动气象站系统安装调试，2011 年 1 月 1 日，正式对外开放使用。

（七）舟山机场气象保障

舟山机场气象台建于 1997 年。当年购入气象局域网络系统和 SAWS 型自动气象站。2001 年对该系统中的服务器及预报、通信、塔台、站调各终端陆续进行更新；2003 年 7 月，9210 卫星接收系统投入使用。2008 年 5 月 FY-2C 静止气象卫星云图接收系统投入使用。至 2010 年，常规气象观测设备有：XDY-03 型振筒气压仪 2 台，XDY-02 型振筒气压仪 2 台，EY-1 型电传风向风速仪 3 台，EY-1A 型电传风向风速仪 1 台，XYU02 型云幕灯 1 台。

五、场道维护

场道维护目的是保持道面的完好与清洁，保障飞机起降、滑行、移位和停放安全。

（一）杭州机场场道维护

1957—1959 年，杭州笕桥机场民航停机坪原为空军的一小块旧机坪，机坪由驻场空军场务连负责打扫。1959 年第二代候机楼建成，停机坪稍有扩大，航站有 1 名搬运工兼管机坪清扫工作。1964 年 9 月，在旧停机坪的基础上修建新停机坪，并新建进出客机坪的五号滑行道。此时，设专职场建技术员和养场工各 1 名。

1972 年初，第三代候机楼建成，停机坪经再次扩建，并成立一支包括锅炉、空调、水电等工种的场务分队，检查清扫停机坪和五号滑行道。1973 年，组建由义务工组成的 3 人养场班，检查打扫停机坪和五号道滑行，并负责班机过站短停的机坪警戒。1980 年，撤销养场班，由花房两名临时工清扫停机坪和五号滑行道。1984 年 5 月，在原场务队的基础上成立修建科，科下设维修队、动力队、变电站、金工车间和绿化办公室，负责场道、房屋维修、供水供电（包括冷暖）、环境绿化等，但停机坪和五号道的清扫工作仍由两名临时工负责。

因为是军民合用机场，跑道、滑行道、联络道均由驻场空军养护打扫，民航只负责客机坪和五号道的维修、养护与清扫工作。若发现道面局部损坏需要修补时，根据损坏面积和损坏程度临时组织施工力量突击修补，确保道面的完好。

1991 年，杭州机场发生过飞鸟撞击飞机造成的飞行事故征候。1992 年，中国民航总局下发《关于加强机场鸟害防治工作的通知》，把防治鸟害作为检查机场飞行区适航性的一项内容，要求各机场于是年 10 月底前制订切实可行的防治鸟害措施，载入《机场管理规则》，并认真付诸实施。

1993 年 12 月 31 日，国务院、中央军委下发《关于加强机场净空保护的通知》，要求各级政府与军队、民航等单位加强协商，及时妥善地解决好城市建设与机场净空保护出现的矛盾。2001 年 1 月，杭州萧山机场有限公司设立场道维护管理部，下设灯光站、场务队、办公室等机构，负责机场地面设施（包括跑道、滑行道、安全道、停机坪、助航灯光）等的保养、维护及管理工作，负责飞行区割草、鸟害防治及净空管理工作等。杭州萧山机场的净空管理按规划的两条跑道控制，包括每条跑道两侧各 6 千米及两端各 15 千米的范围都属机场净空保护区。机场场道维护管理部负责机场的净空保护区管理工作，萧山市负责机场净空保护区的规划控制。2002 年，解决机场附近超高通信铁塔和路灯的超净空问题。机场净空检查人员每月 1 次在机场净空保护区范围内进行巡查，对有超高嫌疑的建筑物及时进行高度测试，若确实超高，便将其位置、超高高度等情况及时通报空中交通管理部门，并报请当地政府和有关职能部门依法处理；每月 1 次在净空保护区范围内进行建筑物和设施的障碍灯巡视检查，对障碍灯失效或未按要求安装障碍灯的单位，立即发出书面整改通知；一旦发现在飞机起降的航线附近修建向空中排放大量烟雾、粉尘、火焰、废气的建筑物，修建靶场、强烈爆炸物仓库，与机场目视导航设施相混淆的其他灯光、标志或物体时，立即通报空中交通管理部门，并报请当地政府和有关职能部门依法限期排除。

2007 年 9 月起，机场公司调整二级机构及其工作职责，场道维护管理部负责飞行区及场地设施设备、隔离区内场地及道路、助航灯光及围界的检查维护和管理，预防野生动物干扰机场运行，净空和噪声管理，《机场使用手册》的编写及动态管理等。

（二）宁波机场场道维护

1990 年 6 月 30 日，宁波栎社机场营运，成立之初由场务队养场分队负责场道维护。场务队养场分队后改名为修建科场务队、机场处场务科，2004 年 9 月划归运行保障中心飞行区管理部，主要负责对机场场道道面清洁和检查维护、跑滑机坪道面修补、标志标线更新、巡场路和围界检查等工作。有养场员 6 名、特种车辆驾驶员 1 名、机械维修工 1 名、场道管理员 1 名，道面摩擦系数车 1 辆、拖拉机 6 台、割草机 4 台、打药机 1 台、压路机 1 台、吹雪车 2 台、除冰液撒布车 1 台、清扫车 4 台。

1998 年，宁波机场发生飞机遭鸟击事件。是年，成立鸟害防治小组，制定驱鸟制度和工作台账，采取猎枪驱鸟、捕鸟网、超声波驱鸟器、煤气炮、风动驱鸟装置、猎鹰驱鸟等多种有效驱鸟方式来防治鸟害。2003 年开始，机场积极争取当地政府的支持，整治机场周边环境，清理垃圾场和养鸽户。

（三）温州机场场道维护

1989 年 6 月 8 日，温州机场设立场务队，开展机场场道道面清洁和检查维护、跑滑机坪道面修补、标志标线更新、飞行区割草作业、机场净空的检查巡视、巡场路和围界检查等工作。有车辆、机具有割草机 3 台，大、小压路机各 1 辆，巡场车 2 辆，农药车 1 辆，清扫车 2 辆，划线机 1 辆，道路摩擦系数测试车 1 辆，货车 1 辆。

温州机场地处东南沿海，气候湿润，飞行区内草地成为各种鸟类的繁殖栖息之地，鸟击飞机事件时有发生。1990 年起，温州机场形成猎枪驱鸟、捕鸟网、超声波驱鸟器、煤气炮、风动驱鸟装置、猎鹰驱鸟等多种有效驱鸟方式，以保障飞行安全。

随着温州城市建设整体东扩，机场周边各类大型建筑物、铁塔等基础设施迅速增多，机场净空环境保护面临考验，同时，民众放养鸽子、燃烧秸秆、燃放烟花、放飞气球和风筝等行为也给机场飞行安全造成较大影响。2009 年起，温州机场将机场净空管理纳入各级政府相关职能部门的规划编制。

（四）台州机场场道维护

1987—1996 年，台州机场场务保障由部队负责。1996 年 1 月设立场务科，负责机场场道修补、航站区基建、日常物品维护和检修，配有手提割草机 2 台、水泵 3 台。2000 年，场务科和动力站合并为场务动力科，增加高压电管理和供电职能。2006 年内设机构调整，场务动力科更名为场务动力处。

（五）义乌机场场道维护

1991 年开航时，义乌机场场道维护职责由航行科、机务科共同承担。

1994 年 10 月，义乌机场实施第一次飞行区扩建工程，跑道盖被由 2200 米延长至 2500 米，主降方向设跑道 I 类精密进近灯光系统，次降方向设简易进近灯光系统，并设南北灯光站，新建两路 10 千伏的变电站。机场成立管理科，开展消防、安全保卫及机场场道道面清洁和检查维护、跑滑机坪道面修补、标志标线更新、飞行区割草作业、机场净空的检查巡视、巡场路和围界检查等保障工作。有科员 11 人。

1996 年 6 月，消防职能从管理科划出，同时，将机场电工班并入管理科，部门职能增加机场航站区和飞行区供配电设施设备及助航灯光的运行维护。有科员 9 人。

1996—2010 年，义乌机场开展几次较大规模的净空普查、整治工作，整个机场净空区得到明显的改善。

（六）衢州机场场道维护

1993 年，衢州机场开航之初，场道维护工作由机务科场务队负责。1998 年 5 月，衢州民航站场务基建维修科成立，承担场站飞行区的管理、水电保障、基建及维修、绿化及驱鸟等工作。2007 年，购置多功能驱鸟车。2009 年，购置巡场车。

2010 年 3 月，机场消防职责划归场务基建维修科，科室更名为场务基建消防科。共有各类专业技术人员 9 人。2010 年，有驾驶员 3 人（含兼职），消防驾驶员和战斗员 12 人（含兼职）。配备有 T1-3000 主力泡沫消防车 1 辆、DM65 中型泡沫车 1 辆。

（七）舟山机场场道维护

1997 年 8 月 8 日，舟山机场通航后，即设立场务灯光队，其职能为：对机场跑道、两条联络道、机坪等道面进行日常检查、修补，负责道面标志标线更新、飞行区割草作业、机场净空的检查巡视、驱鸟、巡场路和围界检查等工作；对跑道助航灯光、灯光变电所进行日常运行、检查维护。2010 年，有割草机 2 台、巡场车 1 辆、驱鸟车 1 辆、农药喷雾器 2 台。

六、运输服务保障

航空运输服务的主要工作是为旅客提供地面运输服务。其主要内容包括客运订座、售票工作、办理旅客乘机工作、行李运输工作、旅客运输的地面服务工作等。

（一）杭州机场运输服务保障

杭州萧山国际机场启用后，开展特色服务：开设单独的特色服务值机柜台，保证团队、军人、老弱病残、要客等特殊旅客随到随办，并优先登机；提出"三提前"的服务措施，即提前了解要客所乘航班的信息，提前联系有关接待单位，提前安排可能出现的改签或转乘手续；在继续开展各类常规服务的基础上，提供"全天候开放值机柜台"服务，在候机大厅开展阳光导乘服务，为首次乘机旅客提供帮助，值机主任柜台提供节假日特情处置服务等特色服务项目；机场把重大节假日期间出现的不正常行李送交旅客手中；开展"阳光一路通服务"，为特殊旅客提供全程跟踪和帮助活动。

进入21世纪，民航管理部门重视乘客的投诉，加强对机票销售的督查，及时处理航班延误事件。2001年1月，杭州萧山机场有限公司发文设立航空地面服务公司、航空客运公司、航空货运公司、航空食品公司、汽车运输公司、商业贸易公司、航空货站有限公司、航空国际旅行社等机构，开展好各项运输服务保障工作。2002年，民航浙江省管理局按照五部委《关于整顿航空市场秩序联合通知》要求，联合省物价局、公安局、国税局、地税局、工商局下发《关于转发民航财发〔2002〕101号文件的通知》，集中力量整顿省内航空市场，完成对48家航空运输销售代理点的检查、45家代理点的复查及代理人的初审验收工作。2003年后，民航浙江省管理局加大对机票销售的督查，受理旅客投诉事件。2006年11月，民航浙江安全监督管理办公室以大面积航班延误处置工作为抓手，合力处置航班延误，构建和谐民航。

（二）宁波机场运输服务保障

1998年以后，机场机型、航班增加，停机坪改用摆渡车接送旅客，结束徒步穿行停机坪上下飞机的历史。

2003年10月，开通宁波—上海航线"绿色通道"，乘机手续延至飞机起飞前10分钟。2006年，开通电子客票试运行业务。2007年，宁波市辖区和周边县、市开通城市候机楼值机业务，旅客可在当地直接办理乘机手续领取登机牌。11月，机场与东方航空股份有限公司浙江分公司签订地面运输服务协议，东方航空公司租赁航站楼 6 个值机柜台，为乘坐东方航空飞机的旅客服务。

2008 年，取消纸制客票，全面推行电子客票。2 月，东方航空开通无托运行李、晚到旅客值机业务，是年，机场开通公共值机柜台，旅客到达机场可随时办理乘机手续。6 月，机场在航空货站仓库外安装地磅，进出港货物进出仓库开始实行复秤制度。

（三）温州机场运输服务保障

1998 年，温州机场投资 60 余万元对候机楼内布局进行改造，更新部分卫生设施，并设立军人优先窗口和候机楼急救中心。2001 年 4 月，投资 135.8 万元的离港系统投入使用，提升温州机场的服务档次。

2003 年 7 月 21 日，民航温州永强机场消费者投诉联络站设立，初步建立起服务质量反馈系统。

2006 年，温州机场开通丽水、青田、福鼎三地直达机场的免费班车，方便周边旅客来温州机场乘坐飞机。

2008 年 1 月 11 日，温州机场出台《温州永强机场消费者投诉管理暂行办法》。8 月 5 日，温州机场与丽汽集团合办的首家异地城市候机厅——温州机场丽水城市候机厅正式开业，延伸机场服务功能。针对温州地区国际中转旅客比例较高的特点，温州机场分别于 2008 年和 2009 年联合国航和东航开通通程登机业务，方便旅客出行。

2003 年 7 月 24 日，成立温州空港尊易商务有限公司，该公司共设 11 个贵宾休息室、1 个会议室，并配有 19 个贵宾专用停车位，提升贵宾及头等舱旅客服务质量。营业总面积 2938.6 平方米。

2007 年 7 月，温州空港尊易商务有限公司荣获共青团浙江省委"青年文明号"称号；2009 年，荣获"青年文明号创业创新示范行动"先进集体称号。

（四）台州机场运输服务保障

1987 年 2 月，台州机场设立商务科（运输服务科），下设值机配载组、服务组、行李查询组、货运装卸组、机票销售。1994 年 11 月 25 日，黄岩候机大楼落成，开通深圳—黄岩—北京新航线，并采用波音 737 飞机执行，飞机座位比原来增加一倍，为更好保障航班，商务科（运输服务科）在原来职能的基础上，增加卫生保洁组、货物收运组两个班组，同时更名为运输科。2000 年，黄岩民航站由台州市政府直接管理，运输科更名为运输处，至 2010 年末有变更。

（五）义乌机场运输服务保障

随着业务的发展，售票和货运职责从商务运输科分离。1999 年 1 月，义乌市民用航空客货运输有限公司成立，主要经营机票和货运的销售工作。

2007 年，义乌机场开通临时口岸，首次执飞义乌至香港地区航线。2008 年 1 月，运输科克服雪灾恶劣天气，完成航班保障任务。

2009 年 4 月，义乌机场启用新航站楼，旅客候机环境、设施设备等方面都有很大提升。新候机楼有 4 个廊桥，运输科开始使用廊桥登离机；隔离区内设置头等舱休息室，提供休闲食品和饮料，首次为高端旅客提供专门的候机休息区；设置 2 个母婴休息室，为母婴旅客提供休息场所；值机柜台增加到 8 个，首次使用 NAWAPP 系统，行李条由手工更改为自动打印，提高值机效率。

2010 年，运输科通过安保审计工作。

（六）衢州机场运输服务保障

2007 年后，衢州市民航局（站）根据支线机场及航班包机的特点，针对不同的旅客采用较为灵活的服务方式。对于不同的商务旅客，采用灵活的票价政策，如外地来衢考察、洽谈招商引资的客商给予同期窗口票价下浮 10%—20% 的优惠；对于已落户的投资客商和企业发放贵宾卡，享受长期票价优惠政策等。在周边地区设立办事处，进行分片区管理，落实专人负责本片区旅行团及重要旅客的服务工作。设立大客户服务岗位，建立和完善大客户资料档案，提供平台和电话订票、免费送票上门的延伸服务；提供随时开票、定期结算票款等便利的服务措施。此外，还主动与来衢及周边地区投资的企业、商会对接，开展上门服务。2010 年有人员 11 人。2007—2010 年，连续 4 年在衢州市直机关满意不满意单位评选中荣获"最佳满意单位"称号。

（七）舟山机场运输服务保障

2000 年 2 月 25 日，舟山机场运输服务科更名为运输服务分公司。2004 年，中国民航总局推进"百家离港"。4 月，中航信公司免费提供离港系统软硬件，实现登机牌全部机打，逐步实现电子客票取代纸质客票。

2005 年 8—9 月，国内候机楼重新装修扩建。新扩建 4 号、5 号登机口，隔离厅旅客候机区域增加 200 个座位；整修 1 号 A、B 两个行政贵宾厅和 2 号商务贵宾厅，并在贵宾厅设置专用的登机口。2006 年首届世界佛教论坛期间，机场临时申请开放口岸。部门组织人员到杭州机场跟班学习国际航班进出港保障业务，顺利保障香港地区航线包机航班。2003年7月，荣获共青团浙江省委"青年文明号"称号；2006年4月，荣获中国民航总局共青团中央"青年文明号"称号。

七、空防安全保障

（一）杭州机场空防安全管理

1. 公安

1992年4月13日，中国民航局下发《关于改变机场安全检查工作体制问题的通知》，改变自1991年民航组建机场安全检查站时将安全检查站划归公安机关管理的管理体制，此后，安全检查站改为由机场、省局、航站直接领导的二级机构，其业务接受公安部门的监督指导，执行公安机关制定的有关安全检查的规章和指令。

1993年5月3日，中国民航总局下发《关于加强空防工作的决定》，要求抓好飞行安全和空防安全，并作为考核各级经济责任制、岗位责任制和治安综合治理责任制的重要指标。

1996年7月6日，国务院发布《中华人民共和国民用航空安全保卫条例》，重申民航公安机关负责对民航安全保卫工作实施统一管理、检查和监督，有关地方人民政府与民航单位密切配合，以防止对民用航空活动的非法干扰，维护民用航空秩序，保障民用航空安全。

2000年12月30日，公安处随省局成建制移交杭州萧山国际机场公司公安局。公安局为公司二级机构，下设办公室、政工科、法制科、治安消防科、空防警保科、刑侦队、交警队、派出所、巡警队、消防中队，编制定员75人。机场公安局主要负责机场区域内安全保卫和综合治理工作，机场空防和地面安全工作，机场消防监督工作，国家警卫对象和重要外宾专机、班机、包机的安全工作，机场区域的交通秩序和巡视工作。至2004年，机场公司公安局共处理非法干扰事件114起，查处治安案件2669起，破获刑事案件15起，完成各级警卫任务261架次，保障游客6084人次，警卫飞机236架次，处理交通违章1.88万起，处理交通事故107起。

2005年，杭州萧山国际机场公司公安局隶属浙江省公安厅，改名为浙江省公安厅机场公安局。

2. 安检

1993 年 4 月 13 日，中国民航局下发《关于改变机场安全检查工作体制问题的通知》，安全检查站改为由机场、省局、航站直接领导的二级机构，其业务接受公安部门的监督指导，执行公安机关制定的有关安全检查的规章和指令。

1999 年，中国民航总局为保障民用航空运输安全正常进行，规范民用航空安全检查工作，制定《中国民用航空安全检查规则》，于 6 月 1 日起正式实施。该检查规则还以附件形式，公布《禁止旅客随身携带或者托运的物品》《禁止旅客随身携带但可作为行李托运的物品》两份清单，以便于操作。

2001 年 1 月，杭州萧山机场有限公司设立安全检查站、护卫公司。安全检查站下设旅客检查科、货邮检查科、行李检查科、监护科、技术维修中心等机构，工作职责为：负责国际、国内民航班机的中外籍旅客及其随身携带和托运的行李物品，进入隔离区、机坪的工作人员及其携带的行李物品的安全检查服务工作；承担货主委托民航托运货物、邮件的安全检查服务工作；负责进出港、过港飞机在短暂停留期间的监护工作；负责候机楼隔离区的巡视工作；等等。护卫公司下设综合办公室、保安部、停车场管理处、监控室等机构，工作职责为：负责机场保安服务管理工作，负责候机楼的监控工作，负责对驻场有关单位提供保安服务工作，负责机场停车场的管理、收费工作等等。2007 年 9 月，机场公司调整二级机构及其工作职责，在安全检查站、护卫公司有关机构的基础上组建安检护卫部，负责相关安全检查、监护、巡视等工作。

（二）宁波机场空防安全管理

1. 公安

1996 年 6 月 18 日，经浙江省公安厅批准，成立宁波市公安局交通警察支队宁波机场大队，由宁波市公安局交通警察支队和民航宁波航站公安分局双重领导，其主要任务是依照《中华人民共和国道路交通管理条例》和有关法规，对机场道路实施统一管理，维护交通秩序，宣传交通法规，处理交通违章和一般交通事故，保障机场道路的安全畅通。1997 年，分局升为副处级单位，下设办公室、机场派出所、交警大队、消防队，共有干部职工 28 人。1999 年，货运仓库安装电子监控设备，对货物交运、储存、出库实施全面监控。8 月，经宁波市法制局确认，民航宁波航站公安分局依法具有行政处罚实施主体资格。7 月，分局增设法制科、治安消防科，人员增至 50 人。

2001 年 1 月 1 日，因民航浙江管理省局公安处整建制划归杭州萧山机场，宁波航站公安分局隶属民航华东地区管理局公安局。7 月 16 日，更名为宁波栎社机场公安分局。12 月，宁波栎社机场国内、国际、地区仓库建成启用，进出港货物始分库存放。2002 年 1 月，公安分局增设空防科。5 月 13 日，经民航华东地区管理局批准，分局机构规格升为相当于正处级。9 月 18 日，机场体制改革，消防队从分局划归机场护卫公司管理，分局干警 20 人。2003 年 7 月，公安分局升格为正处级。

2004 年 11 月 2 日，经民航宁波栎社机场批准，空防科正式纳编，分局下设办公室、法制科、空防科、消防科、刑侦大队、交警大队和派出所 7 个内设机构。

2005 年 12 月，更名为宁波栎社国际机场公安分局。12 月 27 日，宁波机场作为民航华东地区管理局的首家试点单位，顺利通过航空保安审计。2007 年 1 月 16 日，改名为宁波市公安局机场分局，隶属宁波市公安局，同时接受上级民航公安机关的业务指导，内设办公室、空防警保科、侦查大队、治安大队（栎社机场派出所、消防大队合署办公）、交巡警大队。

2. 安检

1991 年 11 月，民航宁波机场安全检查站归宁波航站派出所管理。1992 年 4 月 6 日，原由现役武警官兵组成的宁波边防安检站正式移交民航机场管理，民航宁波机场安检站成立。安检站共有干部员工 34 人，担负着机场旅客检查及航空器监护的任务。1994—1995 年期间，宁波机场安检站对整个安检的流程进行改造。

1996 年，宁波机场安检站开始对旅客交运行李的安检改造和对货邮的安全检查。

2002 年 10 月，新航站楼启用，宁波栎社机场近机位旅客通过廊桥上下飞机，远机位旅客仍由摆渡车接送，托运行李、办理乘机手续、行李安全检查合为一体。国内安检通道增加至 6 条，同时增设安检信息管理系统及交运行李分层管理系统，全程监控旅客、行李的安检过程。此外，宁波机场安检对人员实行准入制，开展民航特有工种职业技能鉴定工作。

2004 年 4 月，机场安检站与刚成立的护卫公司合并成机场二级部门——安检护卫部。业务保障上增加机场控制区道口的管理（人员、车辆、物品的检查），停场航空器的警卫以及候机楼到达厅通道的管理等职能。2004 年底，安检监护又接管旅客登机桥的操作任务。是年，对收运化工、磁性类和医药用品货物加强管理，要求航空运输企业、货物代理人须签署安全责任保证书；运输化工、磁性类和医药用品货物，须持有航空公司或机场认可的检测机构检测证明原件，且一次性有效；从业人员须持有危险品培训合格证。11 月，机场航空货站改建竣工启用，出港货物在飞机起飞前 2 小时内，经 X 射线机安全检测后，可装机运输；未经检测的超大超重货物，仍需存放 24 小时后运输；建立进出港货物由收运员、配载员、门卫和装卸员复核复秤抽查制度。

2007 年，宁波机场安检护卫部根据点多、面广、战线长的工作特点，设旅检科、行货检科、监护科、护卫大队、技术监控室进行组织管理。

2010 年，上海世博会和广州亚运会期间，宁波机场安检护卫部启动"环沪护城河"和"亚运"安保方案，加强对易燃、易爆等危险品货物和普通货物夹带危险品的检查。4 月，宁波机场安检开始创建安检"启航"班组，打造安检服务品牌。

（三）温州机场空防安全管理

1. 公安

1992 年 4 月 1 日，温州航站公安分局正式成立，副科级单位，下设派出所、办公室、消防队、交通队。1998 年，根据民航华东地区管理局《关于同意将民航温州站二级机构规格升格为相当于副处级的批复》和民航浙江省管理局《关于下发温州航站机构设置的通知》，公安分局规格升为副处级单位。1999 年，根据民航华东地区管理局《关于宁波、温州航站公安分局机构规格设置的批复》，公安分局下设办公室、派出所、交警大队、刑侦队、消防科、法制科、空防科等 7 个部门。派出所下设巡警队、保安公司，消防科下设消防队。2001 年，根据民航华东地区管理局《关于民航浙江省局改制后现浙江省民航公安机关有关管理问题的通知》，该局更名为民航温州永强机场公安分局。另外，根据浙江省公安厅《关于同意民航温州站公安分局交通警察队列入温州市公安局交通警察支队序列的批复》，公安分局交警队列入温州市公安局交通警察支队序列，更名为温州市交通警察支队机场大队。

2004 年，温州永强机场公安分局共有正式工 25 人，临时工 20 人。

2. 安检

1990 年，由温州市武警边防支队临时负责温州机场安检任务，安检人员 22 人。安检设备仅 1 台 X 射线检查仪、1 台安全检测仪和 4 只手持探测器。根据国务院批转的民航机场安全检查和消防工作由公安机关移交民航部门管理的文件精神，

1991 年 4 月 6 日，中国民航局同意组建温州机场民航安全检查站。

1992 年，民航安全检查站成立，接管温州机场的安全检查任务，隶属航站派出所领导。1993 年 4 月 13 日，根据中国民航局《关于改变机场安全检查工作体制问题的通知》要求，安检站改由民航温州站直管。1995 年 9 月 20 日，安检站成功破获乘坐温州至福州航班的孙某利用牙膏藏刀预谋劫机去台的案件，安检站二组被民航浙江省管理局记集体三等功一次。

2004 年 5 月，安检站开始使用行李检查分层管理系统。6 月，温州机场第一部安检管理手册制定。9 月，启用新式炸药检测仪。11 月，安检站被民航华东地区管理局批准为中级安检员培训站。2006 年 4 月 11 日，机场护卫公司划归安检站管理。

2008 年 11 月，机场新候机楼启用，安检现场首次使用安检信息管理系统。2010 年，温州机场作为上海世博会 5 个主备降机场之一，严格执行民航二、三级预警响应措施，严格安检等级，完成上海世博会安保任务。至 2010 年，安检护卫公司有人员 333 人，人身检查通道 12 条，行李、货物检查通道 28 条，配有 29 台 X 射线检查仪、12 台安全门、4 台炸药探测仪、54 个手持金属探测器，7 个防爆罐等安全检查设备。

（四）台州机场空防安全管理

1. 公安

1987 年 12 月 31 日，黄岩县公安局浙江航空公司黄岩站派出所成立，属事业性质，负责机场的安全保卫和治安管理工作，不管户口。公安业务受黄岩县公安局领导。所领导的任免必须事先征求县公安局的同意，人员按公安部、劳动人事部《关于吸收人民警察的规定》严格选配。服装及装备造册逐级上报，由浙江省公安厅后勤处调拨。2002 年 3 月 6 日，更名为台州市公安局机场分局并列入公安序列，为台州市公安局派出机构，机构规格正科级，主要领导高配副县级。警务运作模式主要是值班备勤、武装巡逻、维持机场辖区治安秩序，辖区案件移交路桥公安分局路南派出所办理。

2. 安检

1987 年 11 月，黄岩民航站安检科成立。1989 年 11 月，机场安装 X 射线检查仪和安全门。1991 年，建立经济民警队，与安检科实行两块牌子，一套人马，实行双重领导，行政上属民航站管理，业务上属公安局管理，主要任务是负责安检和飞机监护等。2001 年 1 月，更名为台州市民航局安全检查科，2007 年 5 月，更名为台州市民航局安全检查站。

（五）义乌机场空防安全管理

1. 公安

1991 年，义乌民航站通航时，成立机场派出所，由骆建国副站长兼任机场派出所所长，隶属义乌民航站。

1996 年 4 月实行转制，成立义乌市公安局民航机场派出所，下设空防科、值勤科、办公室，共有在编民警 11 人，协警 14 人。6 月，为进一步加强空防安全管理，义乌机场单独成立消联防队，后更名为消防护卫队，承担义乌机场内部安全保障和应急保障职能。有消防车 1 辆，队员 10 名。11 月，根据中国民航总局《关于改变机场安全检查工作体制问题的通知》要求，航站调整机场飞机监管任务，将原有机场联防队监管飞机任务交给安检科监管，安检科人员增加至 12 人。

2008 年，义乌机场二次扩建竣工。义乌机场在消防护卫队的基础上，成立安全保卫科，承担着机场飞行控制区、候机楼、行政办公楼、航管楼、机坪等重要场所目标的看护警卫和消防警卫任务。当时有人员 58 名，拥有消防车 7 辆，机场消防保障等级为 6 级。

2. 安检

1991 年建站初期，设有安检科，共有工作人员 7 名，承担着国内旅客人身和随身行李的安全检查任务。安检设备有 X 射线检查仪 1 台，安全门检查仪 1 台，手持金属探测器 3 只。

1994 年 12 月，义乌机场停航扩建后复航，安检科工作人员增加至 9 人，配备有 2 条旅客检查通道。此后，随着机场等级的提升和旅客吞吐量的增长，义乌机场安检科人员队伍不断扩充、设施设备不断完善，至 2010 年，安检科共有工作人员 42 人，配备有旅客检查通道 4 条。

（六）衢州机场空防安全管理

1. 公安

1993 年 9 月 11 日，衢州市公安局柯城区分局民航站派出所建立。1996 年 7 月，衢州民航派出所隶属衢州市公安局柯城区公安分局，同时接受衢州市民用航空管理局领导。民航站派出所有公安干警 20 人，其中机场管理的干警 8 人，负责机场范围内的空防安全、治安管理、刑事侦查、交通管理等工作，打击违法犯罪，保护机场航空运输免受非法干扰。

2. 安检

1993 年 4 月，设安全检查消防科，安装 MEX-6585X 射线检查仪。2002—2007 年间，机场陆续配备"金吾牌"防爆罐、防爆毯、防爆围栏，安装 METOR-200 型金属探测门，增添 SMEX-V6550B 型 X 射线检查仪、CMEX-T10080 型 X 射线检查仪、X 射线安全液态检查仪各 1 台，增添 PD-140 型手持探测器 2 副。2009—2010 年，购置安全检查门 1 个、金属探测器 2 个、防爆罐 2 个、手持式安检器 2 个、行李 X 射线检查仪 1 台、安全检查门 2 个。2010 年，消防职责划归场务基建维修科，增加隔离区护卫职责，更名为安检护卫科。配备有安检门、安全门、手持式金属探测器和车底检查仪等安全检查设备。共有在编人员 7 人，聘用人员 5 人，其中高级安检员 6 名。

（七）舟山机场空防安全管理

1. 公安

1996 年 7 月 18 日，舟山市公安局普陀区分局机场派出所和消防大队成立。

1997 年 7 月 30 日，机场派出所改为公安分局（正科级）。机场公安分局既是舟山民航站的职能机构，同时列入舟山市公安局业务处序列，受航站和市公安局双重领导。通航初期，机场有公安民警 8 人、消防保安人员 13 人。

1999 年 9 月 29 日，普陀山机场公安分局更名为普陀区公安分局普陀山机场派出所，实行属地管理，为普陀区公安分局的基层派出所，有民警 8 人、消防保安人员 13 人。2000 年 2 月，消防大队从机场派出所分离，归属普陀山机场有限公司。2003 年 8 月 1 日，机场派出所行政实际在岗民警 6 人。2004 年，为加强公安保卫力量，航站抽调从部队退伍复员的人员充实到派出所工作，有民警 6 人、辅警 4 人。为确保空防安全和加强对飞行控制区的管理，机场派出所制定《机动车辆使用管理规定》《机场控制区管理制度》《控制区通行证使用管理规定》《应急处置工作程序》《专机警卫工作程序》等一系列安全管理办法。

2. 安检

1997 年，安全检查站成立，有安检人员 14 人，安检设备有 SMEX 系列 X 射线检查仪 5 台、MD6110 Ⅱ安全门 2 台、PD-140 型手持探测器 4 个。1999 年 2 月 25 日，安全检查站更换为安检护卫分公司。

2005 年 10 月开始，安检护卫分公司陆续配备先进的 CMEX 系列的 X 射线；

2005 年 12 月 23 日，安检护卫分公司更名为机场安检护卫部。安检护卫部依据国家和中国民航总局有关安全检查工作的法律、法规，负责对出港的国内、国际旅客及行李，进入候机隔离区的其他人员及物品、货物、邮件的安全检查，对到达厅、2 号道口安全进行警卫，对候机隔离区的人员、物品实施安全监控，对执行飞行任务的民用航空器实施监护。2007 年 9 月，安检现场首次使用安检信息管理系统，12 月，制定第一部安检管理手册。2008 年，为做好奥运的安保工作，安检护卫部配备爆炸物探测仪、液体探测仪，奥运会期间严格执行民航二、三级预警响应措施，严格安检等级，完成北京奥运会的安保任务。2010 年，安检护卫部有人员 39 人，人身检查通道 4 条，行李、货物检查通道 4 条，配有 X 射线检查仪 10 台、安全门 5 台、爆炸物探测仪 5 台、手持金属探测器 12 个、液体探测仪 1 台、防爆罐等安全检查设备 4 个。

八、油料供应

民用航空油料供应分为航空油料和地面用油两部分。航油包括燃料油、润滑油、润滑脂和特种油。航空汽油、煤油是飞机动力燃料，油品质量对飞行安全影响极大。油料部门的任务是：掌握各种种的储存量，按油料管理条例规定进行检查化验，确保油品质量、保证安全和设备完好，及时准确地供应空地所需油料。

（一）杭州机场

1. 油料供应

2000 年 12 月，杭州萧山机场民航用油计划由中航油浙江分公司向中航油华东公司申报。2004 年 12 月 3 日，中航油浙江分公司员工 15 人划入中国航油集团陆地石油有限公司杭州公司；属中航油浙江分公司的半山油库、卸油站、萧山机场地面加油站等资产划拨给中航油集团陆地石油有限公司杭州公司负责。2005 年 10 月 18 日，中航油浙江分公司更名为中国航空油料有限责任公司浙江分公司。

2000 年 12 月 8 日，首次从镇海炼化公司杭州萧山南阳油库通过管道输送航空煤油 3561 吨至杭州萧山机场油库。2001 年 1 月 23 日，管输油品质量不合格，采用运油车从镇海炼化公司运输航空煤油 8583 吨。

2001 年，杭州萧山机场建成站坪管道加油系统，实现飞机加油自动化。

2. 供储设施

杭州萧山机场供油工程自 1999 年 3 月正式动工，至 2000 年 12 月竣工验收并投入使用，工程质量优良，实际投资 1.06 亿元。

①使用油库。总占地 6.38 万平方米，建筑面积 6893 平方米。罐区总容量为 2.08 万立方米，包括 4 个 5000 立方米立式锥底内浮顶航空煤油罐和 2 个 300 立方米立式锥底内浮顶航空汽油罐及 2 个 80 立方米高架立式污油罐；库区内设有化验室、航空煤油加油泵棚、器材库、含油污水处理间和装卸油棚、综合检测棚及相应检测设施、综合楼、食堂浴室、行政车库、门卫，还设有消防泵房及变配电间、2 座 2000 立方米的消防水池和消防系统；库内主要供油设备、消防设备的使用和管理采用自控仪表监视系统。

②航空加油站。总占地 9905 平方米，建筑面积 2100 平方米。建有综合楼、小油车库、大油车棚、灌油点大棚、门卫等。站区内还设有为机场特种车辆服务的特种车辆加油站，包括营业室、加油棚、4 个 25 立方米的地下卧罐和 2 台双枪双泵加油机。

③站坪管线加油系统。管线直径 377 毫米，总长 7.8 千米，站坪管线加油系统呈环状布置，预留二期管线接口，设有 24 套加油地井，能同时为 12 架飞机加油，并设有站坪紧急停泵按钮等。

④航空煤油专用管线。管线直径 219 毫米，总长 7.6 千米，自萧山南阳油库至机场使用油库。

为满足机场客货运的飞速增长，2003 年 2 月，中国民航总局下发《关于杭州萧山国际机场站坪扩建工程初步设计及概算的批复》，其中供油工程建设规模为新建站坪加油管线 1 套，管径 300 毫米、长 2200 米加油管道，12 套加油栓井。该工程于是年 7 月正式开工，2004 年 6 月与机场站坪扩建工程同步验收并投入使用，工程质量优良，工程实际投资 290 万元。2005 年 2 月，萧山机场在货站扩建工程中同时扩建供油工程，工程规模为新建管径 250 毫米加油管线 640 米，设 8 套加油栓井。10 月，供油工程与机场货站扩建工程同步验收并投入使用。工程实际投资为 200 万元。

（二）宁波机场

宁波站开航之初，所需航空油料全部由海军航空兵庄桥机场油库供应。2007 年 7 月 13 日，组建中国航空油料有限责任公司宁波分公司，隶属中国航空油料有限责任公司华东公司。

这个时期建设的供储设施主要是航空加油站。宁波栎社机场二期供油工程新建航空加油站总占地面积 1.33 万平方米，总建筑面积 1472 平方米，包括综合楼、小车库、大油车棚、灌油棚，铺设至机场油库输油管道直径 219 毫米、长 2.17 千米，总投资 1092 万元。工程于 2001 年 5 月 22 日开工，2002 年 6 月 1 日竣工。

（三）温州机场

机场由中国航空油料有限责任公司温州分公司供应油料。该公司位于龙湾国际机场北侧。2007 年 7 月，改建为中国航空油料有限责任公司温州分公司，归属于中国航空油料有限责任公司华东公司；主要经营民用航空油料储存、加注业务，为温州机场及台州路桥机场进出港航班提供供油服务。分公司机构规格为副处级，下设生产部、综合部、航空加油站、油库。

2010 年 7 月 14 日，经中国航油集团公司批准，中国航油温州分公司调整为二类分公司，机构规格为正处级，下设办公室、业务部、企划财务部、人力资源部、党群工作部、航空加油站、油库、中转油库，台州供应站 9 个正科级单位。主要供油设施有：

①机场油库。1990 年 3 月 31 日竣工投产。2002 年，因其中 6 个 50 立方米覆土油罐腐蚀严重，部分已蚀透，存在严重安全问题，经中国航油集团公司批准同意，安装 40 立方米高架罐 2 个。2003 年 12 月 31 日，25 立方米和 40 立方米油罐及 10 立方米气压罐经中国航油集团公司批准报废。

②白楼下中转油库。1990 年 3 月投产。2003 年 12 月 31 日，5 个卧式油罐经中国航油集团公司批准报废，该油库亦于是年停用。

③扶贫开发区中转油库。2002 年 8 月 7 日交付使用。建有 3000 立方米立式罐 2 个、80 立方米高架罐 2 个、10 立方米底油罐 1 个，安装油泵 4 台。该中转油库至机场油库输油管道直径 219 毫米、长 8 千米。

（四）台州机场

黄岩民航站因属地方管理，航油供应未列入国家民航计划。从开航起到 1991 年 5 月 9 日，所需的油料和加油设备均由部队帮助代供。2000 年 10 月 1 日起，航油指标改由中国民用航空油料总公司提供。2000 年 10 月 1 日，台州东海石化实业联合公司负责航空煤油的油轮靠岸、开封验收、管道运输、入罐储存、化验等有关工作，并完成航空煤油在椒江油库的发货和办理相关手续。航站负责椒江油库至机场的运输及机上加油。

2006年，宁波航发贸易公司从镇海炼化厂将油料以铁路发运至中航油宁波供应站油罐。宁波供应站按民航航油标准进行入库化验，合格入库，中航油宁波供应站油库将油发给运油车，最后由宁波航发贸易公司将油车进行铅封，派押运员、驾驶员将油送至航站。航站负责机上加油。4月，经台州市政府和民航华东地区管理局同意，航站航空煤油供应保障任务全权委托给宁波航发贸易有限公司进行经营管理，实行独立核算，自负盈亏。

2008年3月27日，确定由中国航空油料有限责任公司承担台州机场的航油供应经营保障，将机场纳入中国航油行业管理序列，全面承担机场航油资源配置、安全保障、经营管理职能。8月26日，组建中国航空油料有限责任公司黄岩供应站。9月22日，黄岩民航站航油供应业务及资产正式移交给中国航空油料有限责任公司温州分公司，自此，航空油料的运输、储存、加注等各环节的安全责任以及航空油料的质量保证，均由中国航空油料有限责任公司温州分公司承担。

（五）义乌机场

2005年，义务机场购置1台威海广泰加油车。2006年，宁波航发贸易有限公司接管义乌机场航油保障任务。

2008年，中国航空油料有限责任公司浙江分公司义乌供应站进驻义乌机场。该供应站位于机场公司消防大楼北侧，主要经营民用航空油料加注业务，为义乌机场进出港航班提供供油保障服务。2008—2010年期间航空油料由铁路槽车运输。

（六）衢州机场

衢州民航自1993年11月通航以来，民航航班飞机所需航油（3号喷气燃料），由驻衢空军油库供给。2002年后，因政策限制，军队不再为地方单位提供油料。当年，衢州民航局着手建造民用专用油库，2005年6月10日完工，9月18日通过验收。

2007年9月26日，衢州民航机场航空油料由中国航空油料有限责任公司华东公司供应。2008年，衢州民航站油库工程进行改造，增加配套设施，总投资约500万元。9月26日，油库改造工程通过民航华东地区管理局的验收。10月8日，衢州民航油库正式移交中国航空油料有限责任公司浙江分公司。中国航油衢州供应站负责为衢州民航航班提供航油。2010年，有专业人员7人。

（七）舟山机场

舟山机场由中国航空油料有限责任公司宁波分公司舟山供应站供应油料。该供应站位于舟山普陀山机场的南面，占地总面积 2.80 万平方米，油罐总容量 3760 立方米，分别为 3 个 1200 立方米的锥底油罐和 2 个 80 立方米的高架罐。油品来源为镇海炼油厂由船运至中转油库码头。1997 年 8 月舟山机场通航时，油料由舟山普陀山机场有限公司油料供应部供应。2008 年 7 月 1 日，中国航空油料有限责任公司整体收购机场油料部，改称中国航空油料有限责任公司舟山供应站，隶属宁波分公司。主要经营民用航空油料储存、加注业务，为舟山普陀山机场及普陀山机场进出港航班提供供油服务。供应站共有员工 11 人，设有加油站和油库 2 个班组。

九、安全监察

根据《中国民用航空局飞行安全监察工作规则》，飞行安全监察机构的工作职责有：监督检查民航各部门、单位贯彻执行上级有关保证飞行安全的方针、政策、指示和规章制度等情况；监督检查飞行、指挥调度及各勤务保障部门贯彻执行保证飞行安全的规章制度、做好飞行安全工作的情况，督促有关部门加强飞行安全管理工作；根据各个时期的情况，调查研究，提出搞好飞行安全的指导性措施及建议；督促有关单位对所发生的事故和严重危及飞行安全的问题及时进行调查处理，并对其处理结果进行监察等 10 项工作。飞行安全监察人员持"监察证"进入机场进行飞行专业检查和监督。

1995 年以前，民航浙江省管理局的飞行安全工作由航行处管理。为加强安全工作，1995 年 5 月 4 日，设立安全监察处，负责全局的安全管理工作，原省局交通战备办公室划归安全监察处管理。2000 年 12 月 30 日，杭州萧山机场建成通航，机场公司成立，实行政企分开、局场分离的改革，安全工作移交杭州萧山国际机场公司。

2002 年，根据国务院有关民航体制改革的通知精神，撤销民航浙江省管理局，并于 2003 年 12 月 28 日设立民航浙江监管办。民航浙江监管办作为民航华东地区管理局副局级行政派出机构，担负着浙江民航行业管理职能，主要负责监督检查省内航空公司、机场、维修单位等民航企事业单位执行国家有关法律法规，民航有关规章、标准、制度的情况，同时对省内各民用机场、航空公司的安全运行和民用航空运输市场实施监督管理。

2004年12月17日，民航浙江监管办针对浙江省内通用航空活动较为混乱监管困难问题，起草《关于加强通用航空运行安全管理的通告》，联合浙江省安全生产监督局、工商局向全省发布，促使地方相关部门、企业、个人了解通用航空规章、实施标准和组织运行程序，规范、引导通用航空市场健康发展。2005年6月29日，全面开展全省范围内通用航空非法飞行活动的调查，查处通用航空非法飞行活动。是年，对义乌、衢州、温州、黄岩、舟山5个机场的使用许可证符合性、控制区秩序混乱、货物安检及鸟害防治问题整治审查自查情况逐项进行核查和现场检查。2006年1—5月，国航浙江分公司发生鸟击事件21起次。为防治机场鸟害，最大限度地减少鸟击航空器事件的发生，杭州萧山机场、温州永强机场、宁波栎社机场等均成立有专门的赶鸟机构。

2008年，推进全省各机场落实SMS（安全管理体系）建设，提出五个零的安全控制指标（即飞行事故、航空地面等级事故、劫炸机事件、飞行事故征候和员工因公死亡事故为零），率先成立机场安全管理委员会，对机场运行安全实施统一管理。

2009年2月17日，民航浙江安全监督管理办公室机场、空管、适航处分别对机场、航空公司当前的航空器轮胎扎伤应对举措进行询问和交流。2010年3月18日，针对2009年度辖区机场外来物引起的不正常事件时有发生的情况，民航浙江安全监督局组织召开FOD外来物防范专题研讨会议，推进FOD整治工作。

第六节　浙江航空教育

2002年3月3日，国务院颁发2002年6号文件，批准了《民航体制改革方案》，深化民航改革开始进入实施阶段，也进入了浙江民航全面发展、先行引领的新纪元。

进入21世纪后，浙江大学着手成立航空航天学院，开始系统培养专业性的航空人才，同时，杭州、宁波、金华等地的一些院校也开展了专门的航空服务人才的培养。这些教育活动促进了全省航空事业的进一步发展。同时，教育与航空产业发展相结合，使得产学研相结合的浙江航空教育蓬勃发展。

一、以浙江大学为龙头的浙江航空高端教育与研究

四校合并后的浙江大学适应了当前教育、科技发展的趋势，开始以"面向世界、面向未来"的战略眼光和创一流的竞争意识创建交叉学科，着手成立航空航天学院，开始系统培养专业性的航空人才，开设相关的研究课题，在机械工程学院设立了航空制造工程研究所。浙江大学机械工程学院与中国航天科技集团对接交流会在玉泉校区顺利举行。（见图 5-18）中国航天科技集团一行在机械工程学院领导的陪同下参观了浙江大学流体动力与机电系统国家重点实验室，共同商讨与中国航天科技集团合作发展航空航天重点实验室事宜。

浙江大学机械工程学院杨华勇院士在致辞中提到，浙大机械学院与中国航天科技集团多年来保持良好的合作关系，在解决国家重大战略需求、解决国际前沿问题等方面进行较好的战略合作，该合作将会在未来创新体系中发挥更大的作用，机械工程学院有望与中国航天科技集团进一步合作，共同解决重大问题，攻克科研难关。

图 5-18　浙江大学机械工程学院与中国航天科技集团对接交流会

2003 年，浙江大学以路甬祥教授为代表的课题组，完成《液压气动技术手册（基础篇）》，获全国优秀科技图书二等奖。以航空制造工程研究所为载体的研究生教育也开始立项招生。随后，航空制造工程研究所与中国航天科技集团航天一院，总体部、18 所、15 所、211 厂、五院总体部、八院 805、八院 509 分别

就研究方向、现状以及未来的发展方向进行了互动。

浙江大学机械工程学院结合国家重大战略需求，从航空制造加工工艺基础研究转向飞机装配工程关键技术攻关，为运-20、歼-20、运-9等9个重点型号飞机的成功研制和批量生产提供了工艺、技术、装备及系统的重要支撑。

2004年，浙江大学林建忠等完成流场拟序结构产生和演变机理及其控制的研究，获科技进步二等奖。

2005年，浙江大学刘旭等完成清晰度液晶投影显示技术及系统研究，获国家科学技术进步奖二等奖。

2006年，浙江大学林建忠、朱泽飞、邵雪明、范毓润、范西俊、余钊圣、阮晓东、黄建花、张洪军、石兴、毛德明、宋向群、游振江、张凌新等完成多相与非牛顿流若干问题的研究及应用，获科学技术进步一等奖。

2007年1月21日，正式成立浙江大学航空航天学院。（见图5-19）

图5-19　浙江大学紫金港校区的浙江大学航空航天学院

浙江大学航空航天学院致力于发展航空宇航科学与技术学科及与其相关的力学等学科，以开辟学科建设的新领域为目标，成为有重大国家需求的航空航天领域的先导性、创新性研究的积极倡导和参与者，成为国家、浙江省发展民用和国防航空航天科学研究的一支主要生力军。教学、科研涵盖航空航天系和工程力学系，拥有国家重点学科1个、浙江省重点学科3个、国家工科基础课程力学教学基地和国家级力学实验教学示范中心，设有应用力学研究所、流体工程研究所、飞行器设计与推进技术研究所、无人机系统与控制研究所、空天信息技术研究所、航天电子工程研究所和微小卫星研究中心。学院建有力学一级学科博士点和博士后流动站，与兄弟学院共有 11 个二级学科博（硕）士点，另有航天工程、电子与通信工程专业硕士学位授予权；另设有工程力学和飞行器设计与工程 2 个本科专业。

在教学方面，与传统航空航天院校的专业设置不同，浙江大学并没有专门设置航空、航天或推进技术等方面的学院，而是集浙江大学航空航天学院相关学科于一体，在发展高水平专门学科的同时，重视航空航天领域的综合性人才培养。学院把培养具有创新精神的复合型航空航天、力学领域人才作为教育教学的根本目标，是我国航空航天和力学等领域高层次人才的重要培养基地。每年毕业本科生约 200 人，硕士研究生约 60 人，博士研究生约 30 人。

其后，浙江大学航空模型队（简称"浙大航模队"）成立，为学校理工科学生提供了一个自主创新研究的平台，也为不同专业背景的学生在学术交流、知识整合、技术运用等方面创造了不可多得的机会。2008 年 10 月，浙大航模队首次参加全国航空航天模型（科研类）锦标赛，即获得了"科技创新评比三等奖"和"体育道德风尚奖"等好成绩。（见图 5-20）

图 5-20 浙江大学航空航天学院航空模型队参与比赛

2009—2015 年，每年 10 月浙大航模队都会组队参加全国航空航天模型（科研类）锦标赛，先后获得无线电遥控电动模型滑翔机比赛、太阳能飞机比赛、垂直起降载运比赛等赛事各类奖项以及科技创新奖等优异成绩，并积极开展航空知识普及培训工作，使航空航天研究学习后继有人。

随着信息化、数字化在产业领域的渗透扩散与融合，2008 年 5 月 11 日，上海中国商飞公司成立，开启了中国实施国家大型民用飞机及相关产品的科研、生产、试验试飞的新阶段。与此同时，浙江大学航空航天学院开始开展"飞机数字化装配若干关键技术及装备"的研究。

该项目的研究首先解决了飞机装配柔性定位、装配变形控制、大尺度空间测量场优化等一系列复杂数学、力学和工艺问题，建立了一套全新的飞机数字化装配理论和方法。随后，课题组提出了数控定位器适度刚度设计理论，系统掌握了数控定位器的系列化、模块化设计方法，成功开发了一系列数控定位器产品，为独立自主发展我国飞机数字化装配技术提供了重要的装备保障。其次，课题组又建立了一整套飞机数字化装配核心技术体系和规范，开发了开放式、网络化、组件化飞机数字化装配大系统集成框架，为我国飞机数字化装配系统的创新设计提供了先进、可靠的软件平台。

该项研究由柯映林教授领衔，李江雄、蒋君侠、方强、董辉跃、刘刚等共同参与，累计获国家发明专利35项，发表SCI、EI论文120多篇，成功研制了多个具有世界一流水平的飞机数字化装配系统，大幅度提高了飞机装配质量和装配效率，为我国J-20、Y-20和C919等重点型号研制做出了重大贡献，打破了西方发达国家的技术封锁和垄断，创造了我国飞机装配技术的崭新发展模式，大幅度提高了飞机装配质量，成倍地提高了飞机装配效率，为我国重点型号研制和国防建设做出了重大贡献，取得了巨大的社会和经济效益，相继获得高等学校科学技术奖、2013年国家技术发明奖二等奖。

2015年，针对军方提出的反制隐身战斗机的需求，以及未来通用航空的人工干预自然（降雨、去冰雹）的需求，浙江大学航空航天学院研发了SZ-300高速隐身无人机，并在2016第六届中国国际无人驾驶航空器系统大会上展出。（见图5-12）

图 5-21　浙江大学航空航天学院研发的 SZ-300 高速隐身无人机

在改革开放的新时代中，浙江大学在航空航天领域向更高的起点奋进。以遥感应用为例，开展了涉及省域范围的环境保护遥感、遥感与 GIS 的洪涝灾害风险评估、遥感与森林火燃料湿度、遥感与竹木林碳储量时空演变、浙江省典型地区矿产遥感蚀变异等应用研究。以空中定位监测控制为例，除了北斗 GPS 应用外，辅以雷达与激光三维成像关键技术研究，使得未来浙江省航空产业的制造应用有了较好的基础。（见图 5-22）

图 5-22　无人机与激光三维成像服务于电力输送线监测和基站检测

二、浙江各地区的航空服务业发展

随着国民经济和社会的发展，中国民用航空事业迎来大发展契机。国务院在《国务院关于促进民航业发展的若干意见》中鼓励各地形成安全、便捷、高效、绿色的现代化民用航空体系。受《民航体制改革方案》出台的鼓舞，浙江省政府提出要争创全国通用航空业发展示范省，推进浙江省航空产业发展走在全国前列。各地院校和民营教育机构察觉到发展航空产业培育基础人才的机遇。

杭州、宁波、金华等地的一些院校随之开展了专门的航空服务人才培养。目前已设置相关航空专业高职院校有：浙江交通职业技术学院（见图 5-23）、金华职业技术学院、浙江经济职业技术学院、浙江旅游职业学院、浙江安防职业技术学院（见图5-24）和浙江育英职业技术学院（见图5-25）；其他还有淳安育才学校、东阳浙江广厦建设职业技术大学、华夏航空（衢州）国际飞行培训学校、建德工业技术学校、金华市成功学校、义乌航空航天特色学校、浙江省衢州财经学校、浙江舟山群岛新区旅游与健康职业学院等相关院校。开设的航空类高等职业教育专科有9个，涉及民航运输、民航通信技术、固定翼机驾驶技术、直升机驾驶技术、空中乘务、民航安全技术管理、民航空中安全保卫、机场运行、飞机机电设备维修。

图 5-23　浙江交通职业技术学院

图 5-24　浙江安防职业技术学院空乘仿真教育

图 5-25　浙江育英职业技术学院空中客车 A330-200 服务训练舱仿真教育

　　院校实训设施相对齐全：有用于航空维修类专业教学的主要硬件设施，如波音 737-300 飞机一架，航空机电设备维修相关实训室，航空礼仪实训室和化妆实训室、高仿真性实训基地、航空服务实训中心。

　　设施包括 A320 模拟客舱、仿 A380 客舱教室、CBT 机房以及值机、安检、登机、行李提取等程序的机场实务流程实训点，另有应急撤离、急救模拟、票务中心等教学场所，艺术训练实训室、航空服务实训室等实训设施，民航安全技术实训室和按照仿真比例建造的、创全省之首的空中客车 A330-200 服务训练舱等，为航空服务人才的培养奠定了基础。

　　同时，围绕通用航空的发展，部分院校开展了定翼机驾驶技术、直升机驾驶技术等飞行技术和维修技术的教育培训。学生在校学习基础课程和专业理论，通过互动的通用航空有限公司学习直升机驾驶实践技术，形成了"知识学习—技能培养—执照考取"的通用航空机务学生培养新体系。浙江育英职业技术学院为了更好地做好通用航空产业人才的培养，积极调整学院学科布局和专业设置，使得学校的学科建设与学生的培养更为贴合通用航空产业发展的需要，在通用航空产业人才的培养中以专业的通用航空器机务理论知识为指导，突出通用航空机务维修的实操能力，成为省内首家招收 28 名直升机驾驶技术专业学生的职业学校，获得了开办专业的成功。（见图 5-26）

　　同样，其他职校也在不同的领域扩大了航空职业专科的应用，如空乘服务在高铁服务中应用等。

图 5-26　浙江育英职业技术学院直升机驾驶技术专业学生首次单飞

可是对照国家颁布的《普通高职院校专业目录》，在航空装备类 15 个教育专科和航空运输类 25 个教育专科中，还有大量航空教育专科需要填补。

由于历史和国家布局原因，浙江省航空工业和航空教育基础相对薄弱。配合《浙江省航空航天产业发展"十四五"规划》，今后政府将引导浙江大学、杭州电子科技大学、中法航空大学、中国科学院宁波材料所等省内高校院所，以及浙江交通职业技术学院、金华职业技术学院、浙江经济职业技术学院、浙江旅游职业学院、浙江育英职业技术学院和浙江安防职业技术学院以及淳安育才学校、东阳浙江广厦建设职业技术大学、华夏航空（衢州）国际飞行培训学校、建德工业技术学校、金华市成功学校、义乌航空航天特色学校、浙江省衢州财经学校、浙江舟山群岛新区旅游与健康职业学院等高职院校，做强做全航空装备类和航空运输类教育体系。政府将与国内外知名航空航天高校院所合作，共建高能级创新机构，推动人才引育、科技研发、成果转化、产业培育协同发展，在无人机、数字化装配技术、航电系统、复合材料等特色航空装备领域的设计研发，涡轮机械与推进系统研究，空间技术研究等新型航空领域谋划创建省实验室。与建设中的杭州湾新区航空培训基地、台州湾新区星空飞行教育基地、全国警用无人机考证培训基地等，以及省机场集团、舟山波音、长龙航空等建设专业人才培训基地，联动发展维修员、飞行员、安全员、乘务员等培训实践业务，支持将航空航天经营管理、专业技术等纳入高层次人才培训教育范围。

三、产学研相结合的航空制造业发展

经过 40 多年的改革开放，浙江省航空教育事业蓬勃发展，取得了令人瞩目的成绩：人才培养规模不断扩大，办学层次更加多元，科研创新水平不断提高，支撑服务经济社会发展的能力明显加强。

特别是 2002 年开始，浙江省航空教育特别是地方职业高校通过扩大招生人数、扩大办学规模的外延式发展模式，实现浙江省航空教育的迅速扩张，这种外延式的发展模式在当时的历史阶段起到了一定的积极作用。承担着浙江航空产业人才培养、社会服务、文化传承等时代重任，成为区域经济社会发展的中坚力量。但是，随着浙江省航空教育的深入发展，囿于政策支撑不足、顶层设计缺乏等因素影响，浙江省航空教育出现了严重的同质化发展倾向：重复建设，教育投入重点不突出，求大求全的发展模式，导致许多省内航空教育未能形成自身的办学特色，造成了低质量、低产出、低效率的局面，面临着诸多待解的发展难题、发展困惑、发展瓶颈，浙江省航空教育这种传统的外延式发展模式亟待改变。推进产学研合作是将知识转化为技术的有效途径，也是办学为社会服务的重要抓手。

早在 20 世纪 90 年代，浙江大学光仪系就与余姚第二光学仪器厂开展产学研合作，开展航空航天光学载荷技术的成果转化，并于 1994 年实行股份制改造，同时更名为浙江大学余姚光电（集团）股份有限公司，确立了"你设计、我生产"的合作模式，直到今天，舜宇人都说："我们是'浙大系'企业。"2007 年，该企业经过国家工商总局核准，更名为"舜宇集团有限公司"并在香港上市，开发的很多光学产品多用于航天航空领域，如用于遥感的高速摄像机等。该集团成为浙江大学光仪系（现浙江大学光电科学与工程学院）创新成果的转化和生产基地。除嫦娥四号中继星"鹊桥号"上的双分辨率相机外，浙江大学光电科学与工程学院徐之海团队还先后为嫦娥二号、嫦娥三号、嫦娥五号飞行试验器，嫦娥四号上搭载的监视相机和降落相机提供先进光学系统，让"嫦娥"睁开了眼睛。（见图 5-27）

图 5-27　浙江大学光电科学与工程学院嫦娥四号中继星"鹊桥号"上用的双分辨率相机

2006 年浙江大学成立技术转移中心（简称"中心"），根据《国家中长期科学和技术发展规划纲要（2006—2020 年）》有关精神，开展各类产学研合作和科技中介服务。中心坚持"长三角战略必争、珠三角和京三角战略合作、中西部和东三省战略互动"的科技合作战略，不断优化产学研合作布局，目前在国内已建设 93 家区域分支机构，涵盖江苏、山东、安徽、河南、江西、湖南、黑龙江、广东、贵州、云南、宁夏和四川等 12 个省（自治区）。

其中，致力于航空领域的技术转移项目很多，如浙江大学航空航天军民融合协同创新产业基地项目、杭州艾美依航空制造装备有限公司（见图 5-28）等。这些企业都成为浙江大学航空制造高端装备研究中心研究成果工程化、市场化主体，也成为专注航空、航天、船舶等领域高端数字化装备设计、制造、集成与服务的产学研高新技术企业。目前，这些企业在飞机自动化调姿对接、机器人制孔、自动化钻铆、复合材料自动化铺丝等高端装备研发和系统集成领域处于国内领先、国际先进水平。

图 5-28　杭州艾美依航空制造装备有限公司

产学研相结合的发展模式不仅实现了科研成果的转化、企业和个人价值的提升，更增强了浙江大学航空航天人承担国家责任和社会责任的能力。产学研相结合有利于推广新知识、新应用，有利于农村实现跨越式发展。（见图 5-29）

图 5-29　应用于施肥播种的无人机设备

高职院校不仅是传授知识、培养创新思维和人才的地方，而且逐渐成为航空产业创新学科、新知识、新技术的聚集地。另外，企业也可以反向促进高职院校技术创新，有效将先进技术转化为生产力，提高市场竞争力。产学研协同创新体系的存在，为企业的良好发展提供了重要的渠道。虽然产学研相结合以企业为主导，但是，政府将不同的资源汇集起来，可以使企业、高校、科研院所的优势充分发挥出来，起到相互促进的作用。

航空教育产学研协同在学研绩效、企业绩效、协同绩效三个子维度方面产生成果，对促进浙江省产学研合作创新，建设创新型试点省具有重要的意义。

截至 2020 年底，浙江省航空教育产学研协同已在浙江省内 19 个通用航空机场（其中 A 类通用机场 12 座，B 类通用机场 7 座）、9 个通航产业园、7 座公共运输机场、150 家通航注册企业、32 个航空营地得到应用，累计培养了 1768 名飞行员、数千名空乘服务员（大部分就业于高铁服务业）。

随着《浙江省通用机场布局规划（2020—2035 年）（修编）》《浙江省航空航天产业发展"十四五"规划》的出台，浙江省航空教育产学研协同将在创新能力"攀高工程"中推动人才引育、科技研发、成果转化、产业培育协同方面发展，并大展宏图。

附　录　浙江民航大事记

1928 年

夏，"珠江号"水上型飞机作第一次全国长途旅行，途经浙江。

12 月 8 日，"珠江号"水上飞机做第二次全国长途旅行，途经浙江杭州、宁波。

1930 年

8 月 1 日，中美合营性质的中国航空公司成立。

年底，国民政府航空署迁到杭州。杭州笕桥航空学校修理厂在杭州笕桥机场内建成。

1931 年

6 月 2 日，浙江省水利局着手对钱塘江下游流域进行空中勘测。

1933 年

6 月，"江凤号"水上飞机因天气恶劣遭损，修理改装成陆上飞机后飞往杭州等地。

10 月 25 日，美国太平洋航空公司以中国航空公司名义经营的上海—广州航线正式开航，途经温州，执飞的是西可斯基 S-38 型水陆机。

1934 年

5 月，诸暨县江东畈开始建设诸暨机场，次年 9 月铺飞行跑道，长 700 米，宽 30 米。1939 年毁。

10 月 10 日，建德下二都机场开始筹建。1936 年建成。

12 月，衢州机场开始筹建。

1935 年

11 月，中国航空公司经营的上海—（宁波）—温州—福州—厦门—汕头—广州航线，改用道格芬（Dolplin）式水陆机。

是年，杭州笕桥机场建成。

1936 年

11 月，中国航空公司经营的上海—广州航线在香港设经停站，升级为国际航线。航线为：上海—（宁波）—温州—福州—厦门—汕头—香港—广州。

1937 年

10 月 1 日，美方将中美合资的中国航空公司归还给中方。

1941 年

8 月 1 日，在日本人扶植的中华航空公司公布的航线中，列有上海—杭州的航线。

1946 年

4 月，南京—杭州—台北—台南航线开通。

1948 年

12 月，南京—台湾军用飞机定时飞行，途停杭州，带运邮件以及包裹。

1956 年

1 月 30 日, 国务院第六办公室批准中国民航局所报 1956—1957 年工作安排, 其中同意民航在空军杭州笕桥机场设民航杭州站。

2 月, 民航在杭州笕桥机场筹建民航杭州站。中国民航局批准民航杭州站设站初步设计。

11 月 28 日, 民航上海管理处下达民航杭州站编制及人员配备一览表, 民航杭州站编制为 23 人。

12 月, 在筹建民航杭州站期间共进行 3 项基本建设, 包括候机室、职工宿舍和发报台, 面积共计 650 平方米。

1957 年

1 月 1 日, 民航国内干线上海—杭州—南昌—广州航线正式开航, 首航客机为革新型 106 号飞机。同日, 民航杭州营业处暂设在杭州饭店内, 并开始办理客货运输业务。民航杭州站由省计委运输委员会领导。民航杭州站与驻场空军部队签订"军民航飞行协同规定"。

6 月, 民航杭州营业处由杭州饭店迁至中山中路 420 号营业。

7 月 23 日, 筹建民航杭州站气象台。

8 月 9 日, 民航上海管理处转发中国民航局通知, 任命邵平南为民航杭州站站长, 免去纪星然副站长职务。

1958 年

2 月 27 日, 国务院决定将中国民航局划归交通部领导, 浙江省交通厅相应设立民航管理处, 并由交通厅配备该处干部。

7 月 1 日, 国务院批准国内航空统一客货运价, 比以前平均降低 40% 左右。

10 月 15 日, 民航上海管理处转发中国民航局下达杭州笕桥机场民航候机楼设计任务书。

12 月, 浙江省农业厅购置安–2 飞机 1 架, 因搁置未用, 省政府决定移交民航。

是年, 民航杭州站以杭州笕桥机场为基地, 用 3 架安–2 型飞机在浙江省进行航空磁测, 飞行 150 架次, 飞行总时间 304 小时 24 分。

1959 年

8 月 9 日，浙江省委农村工作部同意省气象局党组关于建立杭州笕桥机场民航气象台的建制，编制定员为 12 人。

8 月 11 日，中共浙江省委批复同意建立杭州民航气象台，由省气象局负责。省气象局通知，民航杭州站在原气象观测哨基础上建立民航气象台。

9 月 21 日，民航杭州气象台在原航站气象观测哨的基础上正式建立。

1960 年

5 月 25 日，民航浙江省管理局在民航杭州站的基础上扩编成立，实行局站合一的体制。杭州笕桥机场改为军民合用机场。

1961 年

1 月 16 日，杭州民航气象台改归民航建制。

6 月 13 日，浙江省民航管理处改为民航浙江省管理局。

1963 年

4 月 13 日，中央军委办公厅通知空军党委，4 月 9 日军委第 174 次办公会议讨论同意空军党委《关于调整民航各级机构设置的报告》。自此，中国民航总局政治部原则上按照军区空军一级政治机关行使职权和配备干部；民航上海管理局大体上按照行使空军军一级职权来考虑设置和配备干部。省局分为甲、乙、丙三级，相当于空军的师、副师、团。民航浙江省管理局为丙级。

4 月 23 日，上海—杭州—南昌—广州航班由立二（革新）型机改用伊尔-14 型机运行。

5 月 6 日，空军党委批转中国民航总局党委关于对民航所属单位实行双重领导建议的报告，此后，民航浙江省管理局及民航杭州疗养院由空五军领导。

7 月 16 日，空军政干字 065 号文任命张铭信为民航浙江省管理局政委。

1964 年

8 月 6 日，首辟北京—杭州—广州航线，使用"子爵号"飞机。

10 月 10 日，中国民航总局批复杭州笕桥机场兴建站坪等工程设计任务书。

10 月 15 日，北京—杭州—广州航线改用伊尔-18 型客机执行。

10 月 19 日，中国民航总局批复杭州笕桥机场站坪等工程施工预算及合同。

12 月，省民航局调度室建立领航室，领航工作由调度员兼管。

1965 年

8 月 6 日，北京—杭州—广州 037/8 航班使用子爵号运行。

8 月 31 日，民航浙江省局应杭州东南化工厂的要求，将被硫酸烧伤双目的工人徐阿明用飞机急送上海抢救。

9 月 2 日，民航浙江省局与电讯局、气象局共同签订民航气象电传机安装及使用协议。本月起，民航浙江省局气象电传机线路接通。

9 月 14 日，中国民航总局下达民航浙江省管理局编制，核定职工人数为 47 人。

1966 年

10 月，民航浙江省管理局实行军管。

12 月，民航杭州营业处由中山中路 420 号迁至延安新村 102 号营业。

1967 年

7 月 1 日，第十四飞行大队在长兴县执行灭松毛虫任务的时候，发生严重事故，机组 1 人重伤、1 人轻伤，另一林业部门技术员牺牲。

7 月，浙江省（长兴机场）航空俱乐部撤销，将 1 架安-2 型飞机 01 号移交民航，由第十四飞行大队接收。

1969 年

11 月 20 日，国务院、中央军委批准民中国航总局党委《关于进一步改革民航体制和制度的请示报告》，民航划归中国人民解放军建制成为空军的组成部分，并实行义务工役制。民航浙江省管理局归空五军和民航系统双重领导。

1970 年

6 月，民航紧急运送新昌县农机厂受伤青年女工裘杏珍到上海抢救。

9 月 10 日，民航浙江省管理局对职工开展正面教育，稳定部队思想，确保航班和专机安全起落飞行。

1971 年

3 月，国务院、中央军委批准调整客票价格，比以前平均降低 30% 左右。

4 月 1 日，上海—杭州—南昌—长沙—广州航线使用伊尔-14 型飞机开航。

7 月 14 日，第十四飞行大队在宁波鄞县执行灭松毛虫任务时，发生事故，飞机螺旋桨损坏，发动机报废。

11 月 8 日，国务院、中央军委针对 1972 年美国总统尼克松访华日程中美方波音 707 型专机要经停杭州，而杭州笕桥机场跑道的长度、厚度均不适应该型飞机起降要求，下达"关于扩建杭州笕桥机场"的紧急指示。随即成立工程指挥部和党的核心小组，迅速开展工作。该工程主要包括：原跑道盖被加厚，再往东延长（新建）1000 米；滑行道、停机坪；杭（州）—笕（桥）公路；候机大楼以及附属设施的建筑。

11 月 12 日，杭州笕桥机场因扩建停航关闭。

11 月 25 日，"118 工程"候机楼工程破土动工，该工程由浙江省工业设计院负责设计，设计方案经周恩来总理亲自审定。浙江省第一建筑工程公司和浙江省安装公司分别负责土建、安装任务。北京工程兵部队参加具体施工。

12 月 29 日，"118 工程"完成跑道和滑行道等主体工程。

是年，使用伊尔 -18 型飞机开辟北京—上海—广州—杭州—北京航线，使用伊尔-14 型飞机开辟上海—杭州—南昌—长沙—广州航线。

1972 年

1 月，"118 工程"候机楼竣工。候机楼面积为 5764 平方米，附属工程 965

平方米，停机坪 2.52 万平方米。

2 月 9 日，"118 工程"候机楼正式交付使用。

2 月 26 日，周恩来总理陪同美国总统尼克松和夫人乘专机 216 号于 12：50 安全降落杭州笕桥机场。

2 月 27 日，尼克松总统和夫人由周恩来总理陪同乘 216 号专机于 9：38 从杭州笕桥机场起飞，10：18 抵达上海虹桥机场。尼克松专机在杭州笕桥机场起飞前，周恩来总理先于尼克松总统一行到达杭州笕桥机场，了解视察"118 工程"建设情况，并分别接见保障专机任务在场的工作人员。

4 月 1 日，上海—杭州—南昌—广州航线使用安-24 型飞机开航，北京—杭州—广州—北京、北京—广州—杭州—北京航线使用伊尔-62 型飞机开航（复航）。

1973 年

3 月 11 日，531/5 航班上海—杭州—南昌—广州航线改用安-24 型飞机运营。

4 月 1 日，181/2 航班北京—杭州—广州航线改用"三叉戟"型飞机运营。

8 月 27 日，国务院、中央军委颁发〔73〕168 号指示，杭州笕桥机场正式定为国际航班备降机场。

9 月 16 日，法国总统蓬皮杜一行在周恩来总理陪同下乘专机到达杭州。次日离杭赴沪。

11 月 1 日，上海—杭州—长沙—贵阳—昆明航线使用安-24 型飞机开航。

11 月 20 日，民航浙江省管理局积极准备开放有线电传打字机通信。

12 月 2 日，181/2 航班北京—杭州—广州航线改用伊尔-62 型飞机运营。

12 月，民航浙江省管理局 791-A 型着陆雷达临时性开放使用。

是年，使用安-24 型飞机开辟广州—长沙—杭州—上海航线。

1974 年

1 月，中国民航总局在国内实行两种客票价。

2 月 5 日，583/4 航班上海—杭州—福州航线使用安-24 型飞机开航。

5 月 3 日，民航组织紧急抢救杭州市职工子女郭尉转院送上海，安全脱险。

12 月 1 日，上海经杭州至福州航线开通。

1975 年

1 月 16 日，中国民航总局通知，在杭州笕桥机场附近新建储备油库 1 座，增设航班飞行自动加油设备，初步规划储备油库为 1 万立方米级，投资 500 万元。

1 月 31 日，省局请示省委拟成立边防、海关、检疫等一整套联检机构，为国际航班备降做准备。

4 月，民航杭州站将通信、机务、汽车、场务四个分队改设为队的建制。

7 月 9 日，民航上海管理局指挥部报经中国民航总局指挥部批准，决定重新划分颁布管理局中低空飞行指挥区域和成立民航浙江、福建省区调度指挥区。

9 月 19 日，省局接待日本航空公司驻上海、北京办事处人员到杭参观。

9 月 26 日，南京军区空司批复杭州笕桥军民合用机场安装仪表着陆系统选址定点。

是年，省农科所及衢县农林部门第一次用飞机超低容量喷雾新技术进行防治松林毛虫的试验。

1976 年

6 月 18—28 日，民航首次在浙江衢县试验"超低量"防治水稻病虫害任务，防治面积 4.15 万亩，杀虫率达到 95% 以上。

1977 年

4 月 1 日，上海—杭州—长沙—桂林使用安-24 型飞机开航。

1978 年

3 月 29 日，中国民航总局后勤部批复同意在半山区建设储备油库和在机场东小营门建设业务油库初步设计概算。

4 月 1 日，上海—杭州—福州使用伊尔-14 型飞机开航。

4 月 6 日，空军司令部批准同意杭州笕桥机场民航浙江省管理局通信队增编 1 个导航台。

4月12日，民航上海管理局指挥部通知，民航浙江省管理局组建桐庐导航台，由上海管理局通信六队调2名无线电机械员、省局抽调1名报务员到该台工作，归属民航浙江省管理局领导。

5月1日，桐庐导航台开放试用。

6月，省农垦局在萧山第一、第二农场和余杭下沙农场进行飞机水稻"立体栽培"试验，包括用飞机直播水稻、施肥、除草、治虫、收割等联合作业。

10月1日，上海—杭州—南昌—长沙—贵阳—昆明（次日返）使用伊尔-14型飞机开航。

10月，省农垦局在萧山第一农垦场进行直播大麦试验。

11月，杭州在萧山农垦二场进行苜蓿飞播试验。

1979 年

3月13日，中国民航总局批复同意开辟杭州至香港旅游包机航班。

3月27日，民航杭州售票处由延安新村102号移至体育场路160号。

3月31日，国内干线上海—杭州—福州停航。

4月，经上级党委批准，民航浙江省管理局通信、机务、汽车、场务4个分队改为队的建制。

6月30日，杭州至香港定期旅游包机开航，每星期六包用"三叉戟"型飞机1架从香港飞往杭州。

8月8日，中国民航总局指挥部同意杭州笕桥机场主降方向仪表着陆系统（单向）按Ⅰ类标准向国内、国际航班正式开放使用。

8月，杭州笕桥机场民航业务油库破土动工。

8月，民航浙江省管理局民航桐庐导航台正式投入使用。

1980 年

3月15日，国务院、中央军委决定，民航脱离军队建制，改为国务院直属局。同时将义务工役制改为招工制。

4月1日，广州—杭州、北京—杭州航线使用"三叉戟"型飞机开航，每周2班。

5月11日，民航上海管理局批复同意云和导航台设计图及施工预算。

10 月 1 日，开始执行《关于加强沪杭三、四号空中走廊飞行管制和指挥调度的暂行规定》。

11 月 4 日，杭州—香港航线正式开航。每周 3 班，使用"三叉戟"型飞机。

1981 年

3 月 27 日，杭州开办国际航空货运业务。

4 月 1 日，民航广州管理局用"三叉戟"型飞机开辟杭州—桂林航线；同日，民航安徽省管理局开辟合肥—屯溪—杭州—上海往返航线，使用伊尔-14 型飞机开航。

4 月 15 日，民航浙江省管理局云和导航台正式开放使用。

4 月 16 日，民航成都管理局用伊尔-18 型飞机开通西安—杭州航线，同年 11 月 17 日本航线延伸至厦门。

6 月 26 日，第十四飞行大队运-5（8104）号机在江山执行灭松毛虫任务时，由于气象风大及地形复杂，飞行高度过低，误入山区口袋形峡谷，飞机撞山，造成飞机报废的二等事故。

6 月 27 日，中国民航总局第九次办公会议决定，将民航杭州疗养院划归民航上海管理局领导。

10 月 6 日，民航浙江省管理局根据中国民航总局"民航飞行指挥区域划分规定"成立中低空飞行指挥区。

11 月 1 日，合肥—屯溪—杭州航线延伸到上海。

11 月 2 日，杭州—香港当日往返的直达航线开辟。

1982 年

5 月 25 日，民航上海管理局根据中国民航总局〔81〕民航计字第 217 号《关于颁发民航上海管理局公安机构编制的通知》和中国民航总局党委批转总局政治部《国内航班安全检查会议纪要》，决定在上海、济南、合肥、南京、福州、杭州、南昌等机场和业务量大的航站编配安全检查员，共计 74 人，隶属公安处、公安分处领导，但不属于公安人员。其中安全检查组长为干部职务，安全检查员为非干部职务。

6月，民航浙江省管理局自筹资金，兴建杭州笕桥机场家属宿舍2750平方米。

6月，民航浙江省管理局应杭州市爱国卫生运动委员会的要求，派3架运 –5 型飞机在杭州市上空喷药消灭蚊蝇。

6月11日，杭州笕桥机场业务油库工程竣工。

1983 年

1月5日，屯溪—杭州—上海的5548航班劫持未遂，飞机安全降落在海军浙江路桥机场。国务院授予仪维海"反劫机英雄"称号并被安徽省人民政府追认为烈士。机组人员史田生、王雷、何辉章、陈锡平，空勤报务员李富友记特等功一次，给予乘务员杨莉萍记大功一次。

5月20日，武警杭州检查站人员进驻杭州笕桥机场，执行民航旅客安全检查。

7月1日，省局航班旅客安全检查，停机坪、隔离区秩序管理和对飞机的警卫工作全部移交给武警安全检查站执行。

7月2日，省民航局开始使用专用微波电话，沪管分转中心开通。

8月，省民航局丁桥卸油站台（6个车位）工程竣工，正式投入使用。

12月31日，省民航局与沪管开通传真电报。

1984 年

3月，中国民航局先后颁发《贯彻〈国营企业职工思想政治工传纲要〉的决定》《关于保证安全的决定》和《关于提高服务质量的决定》。

3月16日，国内干线沈阳—北京—杭州航线开航，使用"三叉戟"型飞机，每周1班。

4月16日，民航成都管理局开通西安—杭州的往返航线。

5月16日，中国人民武装警察部队浙江省总队批复杭州笕桥机场组建杭州市消防支队机场中队。

5月24日，民航浙江省管理局设立科室机构，包括航行科、通信科、运输生产科、机务科、油料科、修建科、办公室、劳资科、财务科、旅客服务公司、调研室、开发办公室。

5月，民航浙江省管理局建设半山油库（3个5000立方米、1个500立方米油罐）

工程破土动工。

6 月 28 日，宁波市政府召开宁波通航建站筹备领导小组第一次会议。

9 月 1 日，民航再次调整旅客票价，比原价提高 30% 左右。

9 月 2 日，民航浙江省管理局新建杭州笕桥机场临时联检棚用房开始使用。

10 月 30 日，民航沪管批复成立宁波航站，全称为中国民用航空宁波站，属民航浙江省管理局和宁波市双重领导。

11 月 15 日，国务院、中央军委批准宁波市、东海舰队航空兵和民航浙江省管理局三方协议，即日起宁波庄桥机场为军民航合用机场。同日，国务院、中央军委同意浙江省人民政府在瓯海县永强区海滨乡修建温州民用机场，按二级机场规模建设。

11 月 16 日，民航宁波航站在宁波庄桥机场举行开航仪式，中国民航班机首降宁波庄桥机场。

11 月 16 日，上海—宁波航线正式开航，使用肖特-360 飞机，每周三、六往返 2 班。

1985 年

1 月 5 日，全省第一家地方航空服务公司——杭州飞达航空服务公司成立。
1 月 19 日，中国民航局转发国务院、中央军委关于批复同意修建温州民用机场。机场征地面积 1810 亩，按一级规模二级机场标准建造。

3 月 10 日，国家计委批准温州民用机场设计任务书，要求力争在开工两年后基本具备通航条件，投入使用。

10 月 27 日，在杭州正式签署温州机场建设工程总承包合同，规定温州机场按国家批准的二级机场规模标准，由中美国际工程公司实行全过程承包。

7 月 13 日，上海—杭州航线使用肖特-360 型飞机试航成功。

7 月 22 日，西安—杭州航线使用伊尔-18 型飞机开航，每周 1 班。

8 月 7 日，国务院、中央军委同意在位于宁波市西南方向的栎社老机场兴建二级民用机场。

10 月 13 日，省民航局和杭州旅游公司联合举办首次杭州—上海空中旅游业务。

10 月 16 日，民航浙江省管理局调派双水獭型机 512 号在杭州市上空进行遥感飞行,为杭州市城乡规划和建设提供彩色图片资料。

11月16日,省内第1条民用航空线杭州—宁波航线使用肖特-360型飞机开航,每周2班。

11月17日,国内干线西安—杭州航线延伸到厦门,国内干线杭州—南京单向航线开通。

12月14日,浙江省人民政府成立浙江省地方民航领导小组。

1986 年

2月19日至3月6日,民航调运-5机4架,在青田、永嘉、临海、泰顺、苍南、平阳、文成7县进行浙江省第1次飞播造林承包试验,飞播造林面积30万亩。7月4日,中国民航局正式批准与省政府合资组建浙江航空公司。

1987 年

3月16日,国内干线上海—武汉—杭州航班开通,每周2班。

5月5日,国内航空干线上海—宁波—北京航班开通,使用机型为BAE-146,每周2班(周二、周五)。

6月14日,中国民航局批准香港港龙航空公司开辟香港—杭州的包机航线,并于6月26日首航。

9月15日,国务院、中央军委同意海军浙江路桥机场实行军民合用。

10月4日,浙江航空公司组建。

10月24日,浙江航空公司黄岩站正式成立,成为全国第1家县级民航站。

11月8日,黄岩路桥机场试航杭州笕桥、上海虹桥机场班机成功。

12月2日,浙航黄岩站正式开通上海—黄岩—杭州往返航线,由民航山东省管理局使用肖特-360型飞机运营,每周3班。

1988 年

3月5日,宁波—广州航线开通,使用机型为BAe146,每周一、周三往返1个航次。

3 月 16 日，国内干线杭州—成都航班开通，每周 2 班。

3 月 24 日，国务院、中央军委批复同意在浙江舟山群岛的朱家尖岛上新建民用机场。

5 月 2 日，国内干线乌鲁木齐—西安—杭州航线开通。

7 月 23 日，中国工业航空公司第二分公司的 3507 号双水獭专用飞机在省内的 7 个市、地共 37 个县（市）进行人工催雨作业。到 8 月 23 日，飞喷作业面积 7.4 万平方千米，使久旱地区喜获甘霖，缓解了灾区旱情。省政府授予机组"1988 年防旱抗旱先进集体"称号。

9 月，路桥机场占地面积为 914 平方米的机场配套设施等投入使用。

10 月 20 日，国务院、中央军委批准浙江义乌机场实行军民合用。机场产权仍属海军，民航站在机场外选址建设，自成体系，资金自筹。

11 月 14 日，宁波—厦门航线开通。使用机型为运-7，每周一、周日往返 1 个航班。

是年起，中国民航余杭代理售票处设立，地点在临平镇保健路。

1989 年

4 月 1 日，宁波至武汉航班开通，为继广州、北京、厦门、上海后第 5 条省际航线。

4 月 24 日，中国东方航空公司 3482 号运-7 客机在由宁波飞往厦门航线中遭一歹徒劫持，机组人员在旅客的密切配合下，挫败了劫机阴谋，飞机安全降落在福州机场。

7 月 31 日，浙江航空公司与波音加拿大德·哈伟兰飞机制造公司在杭州笕桥机场举行首架冲-8-300 型飞机交接仪式。

是年，民航浙江省管理局（杭州）开通杭州—青岛航线，恢复杭州—昆明、杭州—长沙航线。

1990 年

1 月 6 日，浙江航空公司移交中国民航局，中国民航局委托中国东方航空公司管理。

2 月 5 日，浙江省计经委批复同意义乌民航站初步设计方案。

4 月 16 日，民航宁波售票处正式启用营业。

5 月 1 日，浙江省人民政府和中国民航局共同投资 3300 万元，扩建、改建杭州笕桥机场。

5 月 10 日，温州机场一期工程建设竣工。

6 月 5 日，民航余杭代理售票处成立。

6 月 17 日，中国东方航空公司麦道-82 型飞机在温州机场试飞成功。

6 月 23 日，中国民用航空温州航空站成立。

6 月 30 日，宁波栎社机场建成正式通航。宁波庄桥机场的民航业务全部转移到栎社机场。

7 月 3 日，温州机场一期工程通过国家验收。

7 月 4 日，温州机场举行温州至上海航线首航典礼。

7 月 6 日，宁波至南昌航线正式通航，这是栎社机场通航后新开辟的首条航线。使用运－7 机型，每周四往返一个航班。

7 月 12 日，温州机场正式通航。

8 月 2 日，中国国际航空公司使用波音 737 型飞机，开辟北京—温州航班。

8 月 8 日，义乌民航站正式开工建设。

10 月 18 日，中国民航局批准加宽温州机场跑道及滑行道道肩。

8 月 20 日，杭州笕桥机场第 4 次大规模修整和扩建竣工，并提前恢复通航。

9 月 27 日，首次开通黄岩至广州航线，由浙江航空公司承运，机型为冲-8，每周 3 班。

10 月 30 日，黄岩至武汉航班试航成功。

1991 年

1 月，开办温州至杭州邮运业务。

3 月 9 日，民航义乌机场启用。机场位于义乌市区西北 5 千米，年吞吐旅客 10 万人次，总投资 530 万元。

3 月 30 日，浙航黄岩站更名为浙江省黄岩民用航空站。

4 月 1 日，义乌民用航空站举行首航典礼仪式，并由浙江航空公司使用冲-8

型飞机开通义乌—广州、义乌—厦门两条航线。

4月6日，中国民航局发文，组建温州机场安全检查站，检查站隶属民航温州站。

4月25日，黄岩市民用航空管理局设立，为正科级事业单位，与黄岩民航站同一套班子，两块牌子。

4月28日，中国航空油料公司杭州供应站成立。

5月4日，宁波至香港临时客运包机航线开通。

5月15日，温州机场道肩拓宽工程竣工验收。

7月1日，宁波栎社国际机场建成。

7月2日，温州机场盲降设施通过验收投入使用。

7月25日，国务院、中央军委批复同意浙江衢州机场实行军民合用。

12月24日，宁波市政府正式将宁波栎社机场一期工程财产及产权移交给民航浙江省管理局，该工程总造价为1.26亿元。

10月28日，由宁波镇海区技术开发旅游服务公司经营的中国民航镇海售票处正式开业。

是年，温州龙港镇农民企业家王均瑶向湖南省民航局提出包机申请，拿到中国民航局和空军的批准文件，创办天龙包机公司。

1992 年

1月14日，中国民航局发文，批准温州机场飞行区等级由 4C 提升为 4D。

1月30日，国家交通投资公司和中国民航局批复同意杭州笕桥机场过渡候机用房工程初步设计总概算。

3月15日，中国民航温州机场安全检查站挂牌成立，正式接收原武警温州边防支队机场临时安检站担负的安检任务。

3月24日，成立黄岩民航扩建工作领导小组。

3月29日，宁波至深圳民航航线开通。

4月1日，宁波—青岛—哈尔滨民航航线开通。

4月1日，民航浙江省管理局公安处温州航站公安分局挂牌成立。

4月，舟山市民航机场建设指挥部成立。

6月1日，宁波—桂林—成都民航航线开通。

6月6日，黄岩民航站扩建工作领导小组在路桥区召开第一次会议，确定扩建停机坪选址。

7月6日，国务院正式同意开放宁波航空口岸。

8月，黄岩路桥松场扩建工程开工建设。

9月2日，宁波至香港空中航线开通。

11月30日，衢州机场航站工程开工建设。

1993 年

1月29日，宁波市政府成立栎社机场二期扩建工程领导小组和办公室。

4月30日，栎社机场停机坪、联络道、停车场扩建工程正式开工。该工程总投资730万元。

5月1日，宁波机场二期工程开工。

5月20日，华东地区第一个海岛机场——舟山朱家尖机场工程正式开工建设。

5月26日，中国民航总局第三届局级机场工程优秀设计评审揭晓，获一等奖项目共有3个，宁波栎社机场工程名列其中。

5月，浙江航空开发总公司成立。

6月，香港港龙航空公司正式开通香港至宁波往返的包机航班。

6月10日，浙江民航在全省范围内取消购票乘机介绍信。

6月11日，港龙航空公司包机首航宁波。

7月27日，新建的杭州笕桥机场国内出港大厅正式启用。

7月30日，杭州空勤疗养院整建制划归东航，民航华东地区管理局不再行使代管职责。

8月31日，黄岩至郑州、南京航线开通，由中原航空公司承运，机型为运-7，每周3班。

9月1日，杭州笕桥机场新建国际联检厅正式投入使用。

10月18日，温州机场第一次候机楼扩建工程开工，工程拟在原候机楼北侧新建国内候机楼，并在国内候机楼竣工后，将原航站楼改造为国际（地区）候机楼。

10月27日，宁波机场总体规划通过评审，机场飞行区按4E级，机型按波音 747–400 全载起降标准建设。

10 月 28 日，义乌机场扩建工程正式通过竣工验收，扩建后的机场规模由 3C 级升至 4C 级。

11 月 25 日，黄岩至深圳航班开通，由深圳航空公司承运，机型为波音 737–300，每周 2 班。

11 月 26 日，衢州机场正式通航。首批开通衢州—杭州、衢州—厦门 2 条航线。

11 月 26 日，民航浙江省管理局接到东方航空公司江苏分公司 2231 号飞机被劫持信息后，各部门迅速行动，密切配合，制服了歹徒，保证了人机安全。

11 月 28 日，黄岩民航站新航站区建成。

12 月 11 日，黄岩至北京航班开通，由通用航空公司采用雅克-42 机型承运。

12 月 28 日，民航义乌机场扩建工程开工。

是年，浙江中青国际旅游有限公司航空货运中心成立。

1994 年

1 月 26 日，开通衢州至温州航线。

1 月 29 日，杭州笕桥机场在地面制服东航 2318 号飞机上两名劫机歹徒，成功粉碎一起劫机事件。

2 月 1 日，宁波栎社机场停机坪、联络道扩建工程通过正式验收并投入使用。

2 月 13 日，宁波栎社机场停机坪扩建工程竣工，总面积 3.36 万平方米。

3 月 28 日，宁波到汕头空中航线开通。

3 月 28 日，宁波至重庆空中航线开通。

5 月 30 日，温州机场国内新候机楼通过验收投入使用，建筑面积 6700 平方米。

8 月 21 日，受 17 号台风影响，温州机场关闭 12 天，9 月 3 日恢复 7：00-17：30 昼间飞行，直至 10 月 1 日零时恢复夜间飞行。

9 月，义乌机场扩建工程竣工。12 月 17 日，义乌机场正式复航。

9 月 30 日，国务院批复同意温州航空口岸开放，限使用中国籍飞机飞香港航线。

10 月 30 日，开通衢州至上海、衢州至广州 2 条航线。

12 月 5 日，义乌民航机场经停航一年半时间的扩建，正式复航。

1995 年

1 月，国家商检局、中国民航总局等部门颁布《关于发布〈空运进出口危险货物包装检验管理办法（试行）〉的联合通知》，规定自当年 5 月 1 日起，对空运进出口危险货物包装正式实施检验。

4 月 10 日，义乌机场开通义乌—西安航线，使用运-7 型飞机，每周 2 班；同日，开通义乌—广州航线，使用波音 737 型飞机，每周 2 班，这是义乌机场首次接收中型飞机起降。后使用波音 737 型飞机，增加义乌—广州航线，使该航线每周航班量增至 4 班。

4 月 13 日，宁波航站新办公楼正式启用。

5 月 4 日，杭州至厦门航班加降衢州机场。

7 月 16 日，义乌机场使用波音 737 型飞机开通义乌—北京、义乌—深圳 2 条航线，每周各 2 班。

8 月 2 日，杭州笕桥机场配合 2239 号飞机机组，在地面制服劫机歹徒，成功粉碎一起劫机事件。

8 月 17 日，温州航空口岸通过国家口岸办等有关部门验收，正式对外开放，国内航空公司可通过温州机场直飞港澳地区。

9 月 20 日，民航温州站安检站成功破获乘坐温州至福州航班的张某利用牙膏罐藏刀预谋劫机去台的案件，安检站二组荣立民航浙江省管理局集体三等功。

9 月 29 日，国务院、中央军委正式批准新建杭州萧山民用机场。

11 月 1 日，开通衢州至北京航线。

12 月 1 日，海南航空公司驻宁波过夜航站正式开业暨首航。

12 月 29 日，大连经温州至澳门航线开通。

1996 年

3 月 10 日，义乌—广州 180 次航班被劫，经机组人员与地面配合，制服歹徒，粉碎罪犯劫机企图。

7 月 28 日，舟山朱家尖机场建成通航，民航华东地区管理局向舟山航站颁发民用机场使用许可证。

8 月 30 日，中国民航总局同意浙江航空公司归属中国航空股份有限公司，并更名为中航浙江航空公司。自 10 月 7 日起使用"中航"呼号、"F6"航班号和"CAG"3 家代码。

9 月 23 日，中国民航总局应宁波市人民政府要求，批复同意民航飞行学院所属长城航空公司迁址宁波栎社机场。

11 月 7 日，温州至香港航线开通。

1997 年

2 月 14 日，义乌机场开通义乌—哈尔滨、义乌—潍坊航线，每周各 2 班。

2 月，金华邮政航空站邮电部正式设立。

3 月 30 日，中国民航总局批准同意长城航空公司永久性基地正式迁址宁波并首航。

4 月 2 日，开通衢州—南京—青岛航线。

5 月 16 日，舟山普陀山机场通过中国民航总局校飞中心的校飞。

5 月 28 日，舟山普陀山机场通过浙江省民航局的初验。

6 月 2 日，温州机场站坪扩建工程开工，扩建规模为 5.37 万平方米。

6 月，经中国民航总局批准，浙江东华通用航空公司投入正式运营。

7 月 4 日，通用航空公司波音 737 首航温州，并在温州机场建立临时过夜基地。

7 月 9 日，中国民航总局发文将民航宁波站的机构规格升格为副司局级。

7 月 28 日，舟山民航机场举行通航仪式，由上海东方航空公司 B2235 载着 97 名旅客从舟山机场起飞首航上海。8 月 8 日正式通航。

9 月 11 日，使用麦道-82 型客机开通义乌—大连、义乌—汕头 2 条航线，每周 2 班。

9 月，东方航空公司开通上海—舟山—厦门—舟山—上海航线。

9 月，浙江航空公司开通杭州—舟山—杭州、温州—舟山—厦门、晋江—舟山—晋江航线。

10 月 4 日 14 时 56 分，南航珠海直升机公司 S-76 直升机（机号 7301）在温州机场起飞执行温州—东海 6 号平台包机任务时，因机械故障在洞头附近坠海失事，机上 2 名飞行员和 5 名石油公司乘客共 7 人全部遇难。

10 月 26 日，黄岩至厦门航班复航。10 月 27 日，中航浙江公司在温州机场建立临时过夜基地。

1998 年

2 月 1 日，民航浙江省管理局货运公司正式成为国际航协货运销售代理人，标志着民航浙江省管理局航空货运业务迈上一个新高度。

3 月 30 日，义乌机场开通义乌—郑州航线，每周 2 班。

4 月 29 日，中国民航总局批复同意舟山机场更名为舟山普陀山机场。

5 月 18 日，温州机场站坪扩建工程完工，机位数增至 9 个。

5 月 28 日，宁波栎社机场候机楼扩建工程竣工验收。

10 月 6 日，宁波经澳门至台北／高雄航线试航成功。11 月正式开通。

12 月 28 日，宁波国际航空货运报关报验中心正式启用，宁波国际航空货运业务同时开通。

12 月 28 日，民航华东地区管理局同意《关于要求审批实施民航浙江省局局场分离方案》的请示，要求民航浙江省管理局于 1999 年 1 月 1 日起实施局场分离。是年，杭州萧山机场有限公司正式组建。

1999 年

1 月 10 日，开通义乌—济南航线，使用萨伯 340 型飞机，每周 2 班。

2 月 9 日，黄岩至重庆通航，由南方航空公司贵州分公司执飞。

2 月 13 日，义乌—晋江临时加班航线开通。

2 月 24 日 16 时 40 分，中国西南航空公司图-154 飞机（机号 B2622）在执行成都至温州 SZ4509 航班任务时，因机械故障在瑞安市阁巷镇柏树村坠毁，机上 50 名乘客与 11 名机组人员共计 61 人全部遇难。

3 月 10 日，浙江航空广告策划有限公司成立。

3 月 15 日，宁波航站客货销售业务正式剥离，组建新的航空发展公司。

6 月 10 日，温州机场站坪扩建工程通过竣工验收。

10 月 8 日，开通义乌—宁波、义乌—成都 2 条航线，每周 2 班。

10 月 9 日，宁波—上海—福冈国际航线延伸航班开通。

12 月 25 日，宁波栎社机场二期扩建工程开工建设。

是年，杭州民航新辟杭州—曼谷、杭州—长沙—南宁、杭州—潍坊、杭州—桂林—北海等 4 条航线。

2000 年

1 月 11 日，宁波栎社机场新建的 2 万平方米停机坪通过民航华东地区管理局检查组综合验收并投入使用。

1 月 18 日，黄岩民航站与长安航空公司达成设立临时过夜站的协议。

3 月 6 日，杭州萧山机场有限公司在浙江省工商行政管理局办妥注册登记手续，领取企业法人营业执照。

4 月，浙江东华通用航空公司入股建德千岛湖通用机场有限公司。

5 月 17 日，新疆航空公司使用 ATR-72 客机开通义乌—上海航线，并恢复义乌—厦门航线，每周各 2 班。

6 月 29 日，温州机场二次雷达投入使用。

8 月 23 日，中国民航总局党委召开会议，结合国务院研究室《民航改革若干问题的意见》，研究民航管理体制改革问题。会议确定，民航地区管理局作为中国民航总局的派出机构，其性质为行使政府职能的行政机构。撤销省（区、市）局，并在机场较多、业务量较大的省（区、市）设立地区管理局安全监察派出机构。会议研究认为，机场具有社会公益性和非营利性，机场管理与经营应当分开，100 万人次以上吞吐量的机场要逐步由经营型向管理型转变。机场性质应为事业单位，实行企业化管理。机场不同区域应采取不同的投资政策和不同的管理方式。机场飞行区等基础设施部分由政府投资。机场空管设施、设备，除支线机场外，也应由国家投资。机场的经营性项目可鼓励社会各方以及外商投资建设和经营管理。会议研究了杭州笕桥机场转场涉及民航浙江省管理局体制改革有关问题。会议决定组建行政性的民航浙江省管理局，负责浙江省内民航行业行政管理工作，人员编制不超过 20 人。原民航浙江省管理局管理的宁波、温州航站划归民航华东地区管理局直接领导。原民航浙江省管理局（不含宁波、温州航站）的人员、留在新组建的行政性省局之外资产全部划入杭州萧山机场有限责任公司。会议同意组建民航杭州空中交通管理中心，空管中心组建后先整体进入萧山机场，如果以后明确机场下放，再将空管部分的资产划出来交民航华东地区管理局管理。会议同意组建萧山机场公安机构，由机场公司管理，民航公安实施行业管理。

12月1日，《浙江省航空运动经营活动核准开办暂行规定》颁行。

12月19—22日，杭州萧山机场工程通过中国民航总局与浙江省人民政府共同组织的竣工验收。

12月29日晚，杭州笕桥机场在保障好最后一个航班后，所有民航保障人员、设备连夜转场至杭州萧山机场。次日8时，杭州萧山机场正式启用。9时40分，该机场第一个航班中航浙江航空公司空客320飞机执行的杭州—广州F65949航班顺利起飞。

2001年

1月1日，宁波航站划归民航华东地区管理局直接管理。

1月9日，黄岩民航站成建制划归台州市人民政府直接领导，同时设立台州民航局。

2月1日，黄岩至昆明航线开通，并举行首航仪式，该航线由昆明航空公司采用波音737-300型客机承运。

3月14日，温州机场离港系统投入使用。

4月20日，厦门航空公司开通杭州—曼谷往返定期航线，每周2班。这是杭州萧山机场开航后的首条国际航线。

5月1日，黄岩至南京恢复通航，由长安航空公司采用多尼尔328机型承运。

7月25日，台州民航局正式列编，为正处级差额拨款事业单位，人员编制130人，保留黄岩民航站名称。

8月21日，温州机场站坪扩建工程通过验收，改建面积约9000平方米，增设4个多尼尔328型飞机专用停机位。

9月4日，港龙航空公司宁波—香港航线正式恢复运营。

12月5日，台州民航局更名为台州市民用航空管理局。

12月13日，杭州萧山机场更名为杭州萧山国际机场。

12月24日，杭州萧山国际机场航站楼工程获2001年度中国建筑工程"鲁班奖"。

2002 年

1 月 8 日，中国民航杭州空中交通管理中心挂牌成立。同日，民航宁波空中交通管理站、民航温州空中交通管理站成立，直属民航华东空管局管理。

1 月 18 日，中国民用航空温州站更名为民航温州永强机场。3 月 19 日，经温州市工商行政管理局批准注册登记，民航温州永强机场正式授牌挂牌成立，注册资本 1.8 亿元，经济性质为国有企业。

2 月 20 日，宁波栎社机场恢复开通宁波至郑州、南昌 2 条航线。

3 月 17 日，衢州机场因扩建飞行区而关闭，民航航班停飞（停飞时间至 2003 年 3 月 30 日止）。

4 月 27 日，经民航华东地区管理局批复同意，民航宁波站正式更名为民航宁波栎社机场。

9 月 2 日，宁波栎社机场升格为国际机场。

9 月，横店集团开始参股浙江东华通用航空公司。

10 月 8 日，宁波栎社机场新航站楼正式启用。

10 月 11 日，中航浙江航空公司正式加盟中国国际航空公司，并更名为中国国际航空浙江公司。

12 月 18 日，恢复黄岩—武汉航班。

是年，杭州萧山国际机场通航国际航线 6 条，地区航线 2 条，国内航线 43 条。

2003 年

3 月 31 日，开通衢州至深圳航线。

8 月 4 日，浙江省成功实施 1994 年以来首次大范围飞机人工增雨作业。自 8 月 2 日试飞至 18 日，累计飞行 12 个架次，增水 20 亿立方米，增雨作业范围覆盖全省，全省旱情得到缓解。

8 月 16 日，美国 KEB 飞机租赁公司的 1 架麦道-87 型飞机飞抵温州永强机场，结束了温州机场无外航飞机起降的历史。

9 月 27 日，国务院批复浙江省人民政府，同意杭州航空口岸扩大对外国籍飞机开放，并增加查验单位人员编制 45 名。

12 月 18 日，中国民航总局和浙江省人民政府签订浙江省民用机场移交协议，宁波栎社机场纳入浙江省管理序列。

12月28日，民航浙江的杭州、宁波、温州3个机场移交暨民航浙江安全监督管理办公室成立大会在杭州召开，民航浙江省管理局随即撤销。

12月28日，中国民航总局和省政府签署协议，民航把在杭州萧山国际机场所持的股份以及宁波栎社机场、温州永强机场整体移交给浙江省人民政府，民航浙江省安全监督管理办公室正式成立。

2004 年

1月，中国国际航空浙江公司组建。

2月11日，浙江东华通用航空公司购买的两架 Y12B-3838、Y12B-3839 号飞机进驻公司飞行基地义乌机场。

3月28日，日本航空和全日空开通杭州—东京、杭州—大阪航线。

4月28日，舟山市岛际航空正式开通。

4月28日，宁波栎社机场正式移交宁波市政府，实行属地化管理。

6月10日，开通义乌—广州始发航班。

6月25日，开通义乌—北京始发航班。

7月23日，宁波栎社机场飞行区扩建工程正式开工建设。

8月31日，温州永强机场举行航站区扩建工程开工仪式。

9月15日，大连—宁波—新加坡航线正式开通，这是宁波空港首条国际航线，航班每周三、周日执飞，机型为空客319B。

9月16日，青岛直升机有限公司 EC-135 型 B-7009 号直升机执行宁波电视台航拍任务时，在宁波余姚大隐镇附近山坡上坠毁。机上机组和乘客7人（2名机组人员，5名电视台拍摄人员）中，4人死亡（包括1名机组成员），3人受伤。该直升机系江苏春兰集团公司所有，由青岛直升机有限公司执管。

11月2日，华东地区民用运输机场应急救援工作会议在杭州召开，杭州萧山国际机场2004年度应急救援综合演练举行。

12月28日，民航华东地区管理局向浙江东华通用航空有限公司颁发"商业非运输航空运营人运行合格证"。浙江东华通用航空有限公司成为全国第一家通过运行合格审定的通用航空公司。

2005 年

1 月 8 日，温州永强机场停机坪扩建工程竣工，增加 3 个停机位。

3 月 1 日，宁波至香港全货机航班正式开通。

3 月 28 日，海军司令部批复，黄岩路桥机场波音 737–300、波音 737–700 型飞机起飞重量限制在 54 吨以下。

3 月 29 日，韩亚航空开通杭州—釜山航线。

4 月 1 日，国务院批准宁波航空口岸对外国籍飞机开放。

4 月 15 日，杭州萧山国际机场公司与香港机场管理局正式签订增资认购协议。机场公司通过增资扩股、引进战略投资者的方式，与香港机场管理局合资共同投资和经营管理杭州萧山国际机场。机场公司评估后，经省国资委确认的净资产出资，计人民币 36.96 亿元，占股份的 65%；香港机场管理局以港币现汇方式出资，折合人民币 19.90 亿元，占股份的 35%。

4 月 25 日，温州永强机场驱鸟系统投入使用。

5 月 11 日，南航汕头公司开通义乌—福州—深圳航线。

9 月 2 日，宁波栎社机场对外籍飞机开放通过国家验收。

10 月 30 日，南方航空公司温州至香港航线首航。

11 月 18 日，经中国民航总局批复，宁波栎社机场正式更名为宁波栎社国际机场。

12 月 8 日，春秋航空公司空客 320 型飞机在温州永强机场降落，这是在温州永强机场首架降落的民营航空公司班机。

12 月 8 日，杭州萧山机场航空货站海关二级监管仓库建成启用，成为继北京、上海、广州、厦门机场后全国第 5 个拥有二级库的空港口岸。

12 月 13 日，港联航空公司首飞宁波至香港。

12 月 17 日，宁波栎社机场被正式命名为宁波栎社国际机场。

2006 年

1 月 8 日，杭州萧山国际机场开通至苏州的机场巴士专线。这是该机场开通的第一条跨省专线。

2 月 8 日，宁波栎社国际机场飞行区扩建工程顺利通过民航行业验收。2 月

16 日零时正式启用 3200 米跑道及新的飞行程序。

2 月 26 日，温州永强机场公安分局破获中华人民共和国成立以来最大的国内航班陈某盗窃案。机场公安分局荣立集体二等功，苏红光、汤葱茏荣立二等功。

3 月 26 日，澳门航空开通杭州—澳门航线。

3 月 27 日，南航汕头公司使用波音 737 型客机开通义乌—长沙—昆明航线，每周 3 班。

4 月 3 日，黄岩路桥机场与宁波航发公司签订协议，委托宁波航发公司进行航空油料的保障经营。

4 月 22 日，东方航空公司空客 320 型客机由宁波直飞韩国首尔国际机场。这是宁波栎社机场升格为国际机场后开通的首条定期国际航线。

4 月 29 日，黄岩—成都（经停长沙）航班复航，由鹰联航空公司采用空客 319 客机运营。

6 月 18 日，温州永强机场航站区扩建工程之新建国内候机楼工程开工兴建；同年，站坪扩建工程也开工建设。

10 月 30 日，南航新疆分公司开通义乌—西安—乌鲁木齐航线，每周 2 班。

10 月 31 日，南航汕头分公司开通义乌—重庆—成都航线，每周 3 班。

12 月 12 日，深圳航空公司开通义乌—深圳直飞航线。

12 月 18 日，杭州萧山国际机场合资公司成立仪式在浙江省人民大会堂举行，杭州萧山国际机场成为国内首家整体对外合资的民用机场。

2007 年

1 月 16 日，宁波栎社国际机场滑行道系统扩建工程正式动工。

1 月 20 日，上海吉祥航空公司开通上海（虹桥）—黄岩航线，采用空客 319 型飞机承运。

1 月 20 日，使用空客 319 型客机开通义乌—南通—深圳航线，每周 3 班。

1 月 21 日，浙江大学成立航空航天学院。

2 月 2 日，杭州萧山国际机场引入首家低成本航空公司——春秋航空公司。

3 月 20 日，联邦快递中国区转运中心落户杭州萧山国际机场。

4 月 3 日，全球载货量最大的民用货运飞机——澳洲航空波音 747-400 型货机,满载 200 头新西兰种牛从澳大利亚飞抵宁波栎社国际机场。

4 月 27 日,国家发改委正式发文批准温州机场飞行区扩建工程立项,同意新建 1 条 3200 米跑道,将现跑道向南延长 800 米作为平行滑行道,机场飞行区等级指标由现在的 4D 提升到 4E,可满足波音 747、空客 340 等大型飞机的起降,具备国际机场标准。

5 月 26 日,中外运敦豪(DHL)正式开通青岛—杭州—香港货运包机航线。

6 月 14 日,使用 EMB-145 型客机开通义乌—长沙—成都航线,每周 3 班。

7 月 1 日上午 9 时 30 分,首班直升机从普陀山机场通航东极岛,朱家尖与东极岛直升机固定航班正式开通,飞行用时 16 分钟。

7 月,杭州萧山国际机场被中国民航总局确定为奥运备降机场。

7 月 13 日,使用波音 737 型客机开通义乌—青岛—长春航线,每周 1 班。

8 月 30 日,中国民航总局公布《中国民用航空总局职能部门规范性文件制定程序规定》。

9 月 3 日,民航浙江空中交通管理分局挂牌。

10 月 2 日,开通义乌—香港航线,每周 3 班。

11 月 8 日,杭州萧山国际机场旅客吞吐量首次突破 1000 万人次,成为继北京、上海、广州、深圳、成都和昆明机场之后内地第 7 个达到千万人次级别的机场。是日,杭州萧山国际机场二期工程开工典礼在国际航站楼工地现场举行。

11 月 8 日,中国民航总局与浙江省人民政府在杭州签署《关于加快浙江民航发展的会议纪要》。

11 月 11 日,黄岩路桥机场跑道盖被工程正式施工。

11 月 12 日,杭州萧山国际机场二期工程开工。

2008 年

1 月 20 日,使用 CRJ 型客机开通义乌—贵阳—昆明航线,每周 4 班。

1 月 25 日,黄岩路桥机场跑道盖被工程竣工。

2 月 4 日,亚洲航空开通杭州—吉隆坡航线。

3 月 30 日,新开通黄岩至武汉 / 西安航班,每周 4 班,由鲲鹏航空公司采用 CRJ 飞机执飞。

7月30日，温州永强机场站坪扩建工程竣工通过验收。扩建后的站坪面积达到15.4万平方米，停机位达到25个。

8月5日，温州永强机场首个异地城市候机厅——丽水城市候机厅正式启用。

8月20日，衢州至厦门航班复航。

10月8日，中国国际航空公司正式开通北京—黄岩航线，每天1班。

11月7日，温州永强机场新航站楼建成投入使用。新楼面积2.27万平方米，设4座登机桥、7个安检通道和26个值机柜台。

12月15日，厦门航空开通杭州—台北航线，拉开杭州机场至台湾海峡两岸直航平日常态包机的序幕；当日，台湾中华航空开通杭州—台北航线。16日，台湾长荣航空开通杭州—台北航线，复兴航空开通杭州—高雄航线；20日，中国国际航空开通杭州—台北航线；21日，台湾华信航空开通杭州—台中航线。杭州—台湾每周计划执行平日常态包机达14班、航点4个。

12月16日，浙江省机场管理公司和市政府举行温州永强机场交接仪式，温州永强机场下放给温州市实施属地管理。

12月17日，宁波市人民政府和浙江省机场管理公司在富邦大酒店举行宁波栎社国际机场移交仪式。

12月23日，黄岩路桥机场正式更名为台州路桥机场。

12月，宁波栎社国际机场货运仓库改扩建工程及生活配套设施工程正式开工。

2008年，中国航空传媒广告公司浙江分公司成立。

2009年

4月1日，温州永强机场首次执行温州飞往韩国釜山出境航班。

4月10日，民航义乌机场新航站楼正式启用。

4月13日，衢州至上海虹桥航线开通。

4月28日，浙江民航安全监督管理办公室更名为民航安全监督管理局。

7月5日，宁波栎社国际机场升为4E级。

7月27日，菲律宾航空公司开通杭州—卡里波（长滩岛）航线。

8月31日，宁波栎社国际机场开通宁波直航台湾地区航班。宁波往返台北桃园、高雄、台中三地的固定航班每周 13 个，分别由东方航空公司、海南航空公司、长荣 / 立荣航空公司、华信航空公司执飞。

9 月 1 日，温州永强机场开通东航温州至上海 MU2424 航班的通程登机业务。乘坐该航班的旅客可在温州永强机场一次性办理整个航程的手续，经上海转机至温哥华、洛杉矶、纽约、巴黎、法兰克福、伦敦等国际大城市。

10 月 12 日，国家发改委批复同意实施台州路桥机场改扩建工程，中国民航局安排民航专项基金 5000 万元。

10 月 25 日，台州至成都（经停武汉）航班开通，由鹰联航空公司采用空客 319 型飞机执飞。

10 月 27 日，中国国际航空公司使用空客 330-200/B6091 飞机正式开通杭州—北京—法兰克福航线，这是杭州萧山国际机场开通的第一条欧洲定期客运航线。

12 月 29 日，温州永强机场飞行区改扩建工程举行奠基仪式。

2010 年

3 月 10 日，宁波栎社国际机场飞行区滑行道系统扩建工程于 7 点 30 分正式投运。

3 月 18 日，温州永强机场航站区扩建工程之国际候机楼改造工程开工建设。

3 月 25 日，经过修编的《宁波栎社国际机场总体规划》通过中国民航工程咨询公司组织的评审。

3 月 28 日，南方航空公司开通台州至广州航线，每周一、周三、周五，由空客 319 型飞机执飞。

4 月 17 日，温州首架民间赈灾货包机——中货航 A300-600 货机，满载帐篷、药品等首批支援青海玉树地震灾区的救灾物资，在温州永强机场起航飞往西宁。

5 月，根据国际机场协会公布的数据，杭州萧山国际机场 2009 年旅客吞吐量首次进入世界机场百强，排名第 86 位，货邮吞吐量排名第 73 位。

5 月 10 日，杭州萧山国际机场开通首条直达欧洲航线——杭州至阿姆斯特丹航线。

6 月 4 日，温州永强机场首条全货机定期航线——温州至深圳往返航班正式开通运营。

6月25日，杭州萧山国际机场国际航站楼启用仪式举行。

7月3日，该楼正式启用，机场所有国际及地区航班全部搬迁至该楼运行。

7月28日，杭州萧山国际机场第二国内航站楼及隧道工程开工仪式举行，项目内容包括17万平方米的第二国内航站楼及1900米长的东西联络隧道。

8月—11月，浙江东华通用航空公司与中核总公司合作，首次派出飞机和机组在内蒙古乌海执行航空物探任务，圆满完成7万测线千米。

9月15日，浙江省机场管理局正式挂牌成立。副省长王建满、省交通运输厅厅长郭剑彪、民航华东地区管理局局长沈泽江、省政府办公厅副主任谢济建为省机场管理局揭牌。

10月31日，台州路桥机场执行冬春季航班时刻。新的航班时刻中，深圳航空公司新增每天1班至广州航班。

11月2日，昆明航空公司开通义乌—贵阳—昆明航线。

12月9日，衢州至深圳的航班复航。

12月14日，温州机场集团有限公司依法在市工商行政管理局注册登记，注册资金20亿元。

12月30日，温州机场集团有限公司揭牌，温州机场集团有限公司正式成立。

2011 年

4月11日，《浙江省公路水路民用机场交通运输发展"十二五"规划》通过审查。

5月20日，《杭州空港综合交通规划》通过审查。

12月13日，浙江省在北京与中国民航局签署《关于加快推进浙江民航发展的会谈纪要》。

15日，《浙江省公路水路民用机场交通运输发展"十二五"规划》作为浙江省"十二五"规划编制体系目录的专项规划，经省发改委和省交通运输厅联合印发实施。

2012 年

1月6日，义乌机场国际航站楼工程正式开工，该工程概算总投资2.2亿元，是浙江省"十二五"重点工程，也是义乌市国际贸易综合改革试点的重要项目。

2月23—24日，温州航空口岸扩大对外国籍飞机开放筹备工作通过省级预验收。

3月6—7日，中国国际工程咨询公司在宁波召开《宁波栎社国家机场三期扩建工程预可行性研究报告》评估会议，同意机场三期扩建工程预可研方案。

3月25日，温州机场举行温州—台北首航仪式。

4月30日，中台办国台办研究局局长黄文涛调研台台直航。

8月9—10日，丽水机场项目预可研报告评估会举行。

2013 年

7月16日，《浙江省通用机场发展规划》评审会在杭州召开。舟山群岛新区党工委副书记、舟山市委副书记、代市长周江勇一行专题调研舟山市航运业发展情况。

11月26日，浙江省委常委、杭州市委书记龚正赴机场高速公路改建等重点工程现场，督查协调项目推进工作。

2014 年

5月15日，省政府党组副书记、省政府顾问王建满督查萧山机场高速公路改建工程现场。

12月19日，义乌航空口岸正式开放暨香港航班首航仪式在义乌机场举行，义乌机场成为浙江省继杭州萧山国际机场、宁波栎社国际机场、温州龙湾国际机场之后第四个对外开放的口岸机场。

12月26日，顺丰航空执飞的波音737-300型全货机飞离宁波栎社国际机场直飞台湾桃园国际机场。这是浙江省首条对台全货机航线，同时是宁波空港开通的第六条全货机航线，也是继2011年宁波至香港全货机航线开通后的第二条国际（地区）全货机航线。

2015 年

3月15日，2015年春运顺利结束。春运40天，全省民航运输共完成客运量519.31万人次，与2014年同比增长13.73%。

5 月 19 日，温州机场通用航空基地举行开工仪式。

10 月 27 日，温州机场交通枢纽综合体主体工程正式开工。

2016 年

12 月 1 日，浙江省委常委、杭州市委书记赵一德调研杭州综合交通，强调要深入实施交通大通道、大网络、大枢纽、大物流、大公交"五大建设"，扎实补齐补好交通基础设施短板，全面提升交通规划建设管理水平，加快构建现代综合交通运输体系。

12 月 22 日，义乌航空口岸正式开通航空货运。

2017 年

7 月 3 日，浙江省委财经领导小组 2017 年第一次会议审议通过"整合全省机场资源、搭建航空大平台方案"。

10 月 30 日，浙江杭州临空经济开发有限公司注册成立。

10 月 31 日，浙江省机场集团有限公司召开第一次股东会，以增资扩股形式整合宁波、温州、舟山机场（资产和人员以 2016 年 12 月 31 日为基准日），并采用所有权与表决权分离的模式进行管理。

11 月 17 日，浙江省机场集团有限公司揭牌仪式在省人民大会堂举行，浙江省委书记、浙江省人大常委会主任车俊，浙江省委副书记、省长袁家军共同为浙江省机场集团有限公司揭牌。机场集团下辖杭州机场、宁波机场、温州机场、舟山机场，托管衢州机场、台州机场、义乌机场、建德千岛湖通用机场等。

11 月 24 日，浙江省机场集团公司与顺丰、韵达、中通、圆通、申通等五家快递上市公司签订重大项目合作协议。

11 月 30 日，衢州机场管理公司、台州机场管理公司、义乌机场管理公司分别取得所在地市场监督管理局颁发的营业执照，标志着三家省内军民合用机场委托管理实施主体顺利完成工商注册登记工作。

2018 年

3 月 15 日，杭州临空经济开发有限公司揭牌，该公司由省机场集团与萧山区合资组建。

6月1日，温州机场 T2 航站楼正式投入使用，能满足年旅客吞吐量 1300 万人次的生产需求。

7月13日，浙江省通用航空产业发展有限公司揭牌成立。该公司于当年 4月 23 日注册成立，注册资金 5 亿元人民币，为省机场集团全资子公司。

8月8日，舟山普陀山机场新航站楼正式启用，建筑面积约 1.7 万平方米。

11月9日，宁波机场年旅客吞吐量首次突破千万人次。

11月21日，浙江省空港融资租赁有限公司挂牌。该公司于当年 5 月 17 日注册成立，注册资金 5 亿元人民币，为省机场集团全资子公司。

11月23日，温州机场年旅客吞吐量首次突破千万人次。

11月24日，台州机场旅客吞吐量突破百万人次。

2019 年

1月19日，根据中共浙江省委办公厅、浙江省人民政府办公厅印发的《浙江省交通运输厅职能配置、内设机构和人员编制规定》，省交通运输厅下设厅机场处，浙江省机场管理局同步撤销。

1月23日，杭州圆通货运航空有限公司开通义乌—首尔货机航线，填补了义乌机场货机航线的空白，成为全省第三个开通国际货机航线的机场。

8月20日，中国邮政航空公司开通义乌直达日本大阪货机航线，这是中国邮政航空公司首次进驻义乌机场开辟国际货运航线。

9月29日，杭州航空口岸正式实施 24 小时无障碍通关。

11月26日，浙江省低空飞行服务中心正式通过民航华东地区管理局的符合性验收，成为华东地区首个通过局方符合性检查和测试评估的飞行服务站。

11月29日，埃及航空开通杭州—开罗航线，每周 2 班，机型为 B787。该航线填补了浙江省非洲航线的空白，使杭州机场的国际航线覆盖到全球五大洲，浙江航空网络真正实现"五洲战略"。

11月29日，义乌机场创建国际卫生机场顺利通过世界卫生组织验收，正式被授予"国际卫生机场"称号。

12月2日，温州机场新版总体规划正式获民航华东地区管理局批复。

12月23日，温州机场变更机场使用许可证申请获得民航华东地区管理局批复，正式步入 4E 机场行列。

12月26日，义乌机场年旅客吞吐量突破 200 万人次，跨入中型机场行列。

12月28日，宁波栎社国际机场三期工程正式投入运营。

12月30日，杭州机场年旅客吞吐量突破 4000 万人次，跃升至"4000 万级"全球最繁忙机场行列。全省机场年旅客吞吐量突破 7000 万人次，温州机场喜迎第 7000 万名幸运旅客。

12月30日，温州航空物流园区仓储基地（一期）工程正式开工。

12月31日，华东地区首条横跨浙皖两省、连接三个国家 5A 级景区的"黄山—建德—舟山"短途运输航线成功首航，浙江省低空飞行服务中心正式启用。

2020 年

1月20日，全国新型冠状病毒感染的肺炎疫情防控工作电视电话会议在北京召开。省机场集团公司迅速反应，紧急通过微信、电话部署各机场立即开展武汉进港航班旅客体温监测，组织做好疫情防控准备。当晚，杭州机场即刻落实，对 2 架次武汉进港航班旅客进行测温。1月21日，浙江全省机场启动武汉进港旅客测温工作。

1月24日，杭州机场成功处置新加坡入境酷航 TR188 航班事件，该航班 335 名旅客中有 116 名为从武汉出境的旅客，其余 219 名同机旅客全部接受医学隔离观察。

6月18日，GJ8817 和 GJ8757 航班分别在杭州萧山国际机场 25 跑道和 24 跑道滑跑、起飞。这是杭州机场通航史上首次开始常态化实施两架飞机同时起飞，标志着杭州机场双跑道独立运行第一阶段独立离场正式实施，杭州机场成为全国第五家具备真正意义双跑道独立运行能力的机场。

6月23日，宁波机场空域优化调整方案通过审查，实现自 1992 年来最大范围优化调整，新增民航可常态化使用 3 块关键空域，常态化可用空域面积从 1660 平方千米增加到 2312 平方千米，空域扩容近 40%，宁波机场具备了满足二跑道投运前保障年客运量 2000 万人次以上以及小时高峰容量 32 架次的空域资源条件。

　　9 月 21 日，中国民航局正式批复《杭州萧山国际机场总体规划（2020 年版）》。杭州机场定位为全国区域航空枢纽，近期为长三角世界级机场群的核心机场之一，远期为国际航空枢纽。按照近期 2030 年旅客吞吐量 9000 万人次（未来通过智慧化水平和运行管理效率的提升，争取保障能力提升至 1 亿人次），货邮吞吐量按照近期 2030 年 180 万吨，远期 2050 年 360 万吨的目标进行规划。

　　9 月 29 日，中国民航局正式批复《宁波栎社国际机场总体规划（2020 年版）》，至此，杭甬温三大机场新一轮总体规划修编正式落地。宁波机场定位为区域枢纽机场，按照近期旅客吞吐量 3000 万人次、货邮吞吐量 50 万吨，远期旅客吞吐量 6000 万人次、货邮吞吐量 120 万吨的目标进行规划。

　　10 月 14 日，建德千岛湖通用机场新划设低空空域及低空航线方案获中国人民解放军东部战区空军参谋部批复，同意新增空域面积 1700 平方千米，新增建德至杭州、宁波、温州三大运输机场等 12 条低空航线，总航线达到 14 条。

　　10 月 14 日，杭州机场与宁波机场互为异地货站项目在宁波机场签约揭牌。杭州、宁波机场互为异地货站项目是继杭州、义乌机场异地货站之后我省第二个异地货站项目。

　　10 月 25 日，华夏航空有限公司执飞的衢州有礼号 CRJ—900 型飞机驻场衢州机场，该架飞机由贵阳飞抵衢州，将首次执行衢州—武汉航线，标志着衢州市首次开通衢州和武汉之间的直飞航班，也是衢州机场历史首次迎来驻场飞机。

　　11 月 26 日，浙江省空港贵宾服务有限公司揭牌成立，实现杭州、宁波、温州机场贵宾业务资源整合。

　　12 月 22 日，杭州机场联合国航、南航两家航空公司推出"杭京""杭穗"两条精品快线，实现快速通关、随到随飞。

　　12 月 28 日，杭州萧山国际机场改扩建（国际货站及机坪）工程开工建设。

　　12 月 30 日，杭州地铁 1 号线三期、7 号线江南段开通运营，萧山国际机场站正式启用，杭州机场正式进入地铁时代。

参考文献

［1］浙江省政协文史资料委员会.浙江文史集萃［M］.杭州：浙江人民出版社，1996.

［2］李琦.建国初期全国高等学校院系调整述评［J］.党的文献，2002（6）.

［3］杭州市交通志编审委员会.杭州市交通志［M］.北京：中华书局，2003.

［4］赵大川.中国对日空战画史［M］.杭州：杭州出版社，2005.

［5］渠长根.笕桥中央航校史话［M］.北京：中国言实出版社，2009.

［6］渠长根.浙江航空史志［M］.北京：光明日报出版社，2010.

［7］渠长根.国民党中央航空学校教育系统与管理体制述略［J］.军事历史研究，2010（1）.

［8］《中国民用航空志·华东地区卷》编纂委员会.中国民用航空志·华东地区卷［M］.北京：中国民航出版社，2012.

［9］中国航空工业史编修办公室.中国近代航空工业史（1909—1949）［M］.北京：航空工业出版社，2013.

［10］孟雁，吴志军，等.航空报国 杏坛追梦：范绪箕传［M］.上海：上海交通大学出版社，中国科技出版社，2015.

［11］杭州市政协文史委员会.起飞在杭州：中央杭州飞机制造厂史料图辑［M］.杭州：杭州出版社，2018.

后 记

　　《浙江民航简史》全面记述了浙江民航从 1929 年至 2020 年共 90 余年的发展历史，完整展现了浙江民航发展的重大事件和重大变化。全书按历史发展阶段分为 5 个部分，即浙江民航的起步阶段，艰辛探索、曲折发展阶段，解放思想、改革开放阶段，深化改革、快速发展阶段，全面发展、先行引领阶段。全书脉络清晰，编排缜密，史料翔实，并辅之以一定量的历史图片和统计数据。

　　主持编撰《浙江民航简史》，是我多年的心愿。光阴似箭，在我 36 年的工作生涯中，从事民航业就有整整 25 个年头。这 25 年，我经历了从军民合用机场到新建民用机场的历史变迁，见证了浙江民航从小到大、从弱到强的发展历程。回顾中国航空发展史，浙江民航可谓其中浓墨重彩的一笔。浙江民航蓬勃奋进，积累了相当丰富的历史经验和特色成果。工作之余，我总是希望在有生之年将这些收集到的历史资料整理汇编，记录好浙江民航发展过程中所发生的重大事件和取得的辉煌成就。10 多年前，我在浙江省机场管理局工作时曾牵头组织《浙江通志·交通运输业志》民航部分的编撰工作，积累了大量鲜活资料。此次，得益于浙江省社会科学界联合会的大力支持，《浙江民航简史》获得了 2022 年浙江省哲学社会科学规划课题的立项（编号：22KPDW03YB），并以省级社会科学技术著作专项资金资助出版。

　　在编写过程中，我又从各种渠道收集了大量一手民航发展资料，并对相关史实进行了反复核对。浙江省民航业多位专家、数十家民航单位或机构也对书稿提出了补充修改意见和建议，确保内容真实、准确、可靠。浙江省交通运输厅、民航浙江安全监管局、浙江省机场集团有限公司及下属各民航机场、各家驻浙江地区航空公司、浙江大学档案馆、浙江省档案馆、浙江交通职业技术学院等单位也都对编撰工作给予了大力支持，在此表示衷心的感谢！此外，我要重点感谢参与编写、调研、收集、复核材料的徐子寿副研究馆员、周利敏副教授、邹小平教授，以及民航业、历史学界的相关专家们！在完成本书的过程中，他们给予我全面、具体、精心的指导和帮助。本书还引用了有关学者的研究成果，通过分享他们的成果，本书的内涵得到了充实和提高，在此一并致谢！

　　特别要感谢的是钱永刚教授，他在百忙之中为本书作序，并予以悉心指导。最后，我要感谢评审的各位专家，你们的真知灼见为拙作增添不少光彩！感谢浙江工商大学出版社对本书出版给予的大力支持！

钱秋英

2023 年 8 月于杭州